정치심리학

political psychology

저자 소개

김도종 金道鍾

주요 학력 및 경력

- 서울 生
- 연세대, 정치외교학과 졸업(1981, 학사)
- University of South Carolina, 국제정치학과 졸업(1986, 석사)
- Arizona State University, 정치학과 졸업(1991, 박사)
- 명지대학교 정치외교학과 교수(현재)

주요 저서

『세계의 학생운동』(1993)
『한국정치동태론』(1996, 共)
『한국현대사의 재인식』(1998, 共)
『탈냉전기 미국외교정책』(2000, 共)

정치심리학 〈개정판〉

발행일 | 2016년 11월 3일
2020년 1월 30일 개정판 2쇄

저 자 | 김도종
발행인 | 유병진

명지대학교 출판부
서울특별시 서대문구 거북골로 34
전 화 (02) 300-1740
팩 스 (02) 300-1722
http://press.mju.ac.kr
등 록 제 9-25호, 1969.10.15
제 작 네오프린텍(주)

값 20,000원

ISBN : 978-89-7335-391-0 93340

CIP제어번호 : CIP2016025480
이 도서의 국립중앙도서관 출판예정도서목록(CIP)은 서지정보유통시스템 홈페이지(http://seoji.nl.go.kr)와 국가자료공동목록시스템(http://www.nl.go.kr/kolisnet)에서 이용하실 수 있습니다.

〈개정판〉

정치심리학

political psychology

저자 김도종

명지대학교 출판부

목 차

제1부 정치심리학 연구의 주요 접근방법

제1장 정치심리학의 역사와 연구경향 ······ 2

I. 정치심리학이란 무엇인가? ······ 2
II. 정치심리학의 역사 ······ 5

1930-40년대 : 성격과 문화의 시기/1960-70년대: 태도와 투표행태의 시기
1980-90년대 : 인지와 의사결정의 시기/최근의 경향

제2장 정신분석학 ······ 13

I. 정신분석학의 기본 가정 ······ 13
II. 성격의 구조 ······ 14

원본능/자아/초자아

III. 성격의 발달과정 ······ 16

구강기/항문기/남근기/잠복기/청년기

IV. Erikson의 성격발달단계 ······ 20
V. 방어기제 ······ 22

제3장 행동주의와 학습이론 ······ 26

I. 행동주의 ······ 26
II. 학습이론 ······ 27
II. 학습이론의 주요 내용 ······ 28

고전적 조건화/도구적 조건화/강화, 소거, 처벌

IV. 학습이론과 정치사회화 ······ 38

제4장 인지이론 …… 41

I. 인지이론의 개요 …… 41
II. 인지일치이론 …… 42
III. 귀인이론 …… 47

귀인이론의 주요 방식/인과추리에서 발생하는 오류 및 편견

IV. 프레이밍 효과 …… 52
V. 인지이론의 적용 …… 55

인지불협이론 사례/귀인이론 사례/정책결정자의 인지구조
정책결정과 정보처리과정/국내 연구사례

제5장 정치인과 퍼스낼리티 연구 …… 64

I. Harold Laswell의 정치인 연구 …… 64
II. 기타 정치인 유형 …… 67
III. 심리학적 전기연구 …… 72

우드로 윌슨/리차드 닉슨/빌 클린턴/아돌프 히틀러……

IV. 권위주의적 인성 …… 81
VI. 마키아벨리스트 …… 86

제2부 정치행위의 심리적 기제

제6장 동기와 욕구 …… 94

I. 서론 …… 94
II. 생리적 욕구와 사회적 욕구 …… 95

성취욕구/내재적 욕구/자아존중욕구/군집욕구/
Maslow의 욕구 5단계설

III. 욕구불만 …… 101

목 차

제7장 태도와 태도변화 ·· 105

I. 태도의 정의 및 특성 ·· 105

정의/특성

II. 태도의 구성요소 ·· 107
III. 태도의 형성 ·· 108
IV. 태도의 기능 ·· 109
V. 태도와 행동의 변화 ·· 111

태도와 행동의 관계/태도의 변화/태도변화의 과정/설득

VI. 정치효능감과 정치참여 ·· 118

정치효능감의 개념과 유형/정치참여의 개념 및 범주/정치효능감과 정치참여의 관계

제8장 합리적 선택이론 ·· 125

I. 합리성의 개념 ·· 125

개인적 선택과 집단현상/합리적 선택과 문화적 맥락

II. 결정이론 ·· 128
III. 게임이론 ·· 130

2인영합게임/maximin과 minimax전략/죄수의 딜레마
사슴사냥 게임/겁쟁이 게임/공공재형성이론

IV. 정치와 게임이론 ·· 144

연정 구성하기/2000년 미국 대통령선거/대통령 선거전략

제9장 대중사회 ·· 150

I. 대중사회의 성격 ·· 150

대중의 의미/대중사회의 특성/대중의 심리

II. 소외 ·· 156

III. 아노미 ·· 159

Emile Durkheim의 아노미/Robert Merton의 아노미

제10장 인간행동에 대한 심리적 분석 ·· 163

I. 서론 ·· 163

II. 공격행동 ·· 164

공격의 개념/공격의 분류/공격행동의 원인/미디어와 공격행동
포르노와 공격행동/공격행동의 억제

III. 친사회적 행동 ·· 175

타인의 존재/환경적 요인

IV. 집합행동 ·· 178

집합행동의 개념/집합행동에 대한 이론들/
집합행동의 사회적 수준/촛불시위 사례

V. 동조행동 ·· 190

동조에 대한 실험연구/동조의 심리적 기제/

VI. 편견과 차별 ·· 201

고정관념, 편견, 차별/편견에 대한 이론/

VII. 유언비어 ·· 207

목 차

제3부 한국의 정치문화

제11장 정치문화와 정치의식 ········ 216

I. 정치문화 ········ 216
II. 한국인의 정치의식 ········ 218
권위주의 체제 하: 1970년대/민주와 이후

III. 가치변화와 민주주의 ········ 228
관용성/신뢰성/정치참여 양태

IV. 한국인의 정치인식 유형 ········ 235

제12장 정치불안 ········ 242

I. 서론 ········ 242
II. 한국정치문화에 대한 경험적 분석 ········ 243
묵종성향/관용성/신뢰성/의인주의/형식주의/평등의식/
개인의 권리의식/결론

제13장 정치불신 ········ 259

I. 서론 ········ 259
II. 정치불신의 개념 ········ 261
III. 정치불신의 원인 ········ 265
IV. 한국정치와 정치불신 ········ 271
정치불신과 정당비호감도/투표율과 정치불신/

V. 정치불신 해소방안 ········ 273
VI. 결론 ········ 276

제14장 지역감정 ········ 281

I. 지역간 불균등한 경제적 발전 ········ 282

II. 지역감정 및 편견 ······ 284
III. 역사적 접근 ······ 294
IV. 기타 접근방법 ······ 295

제4부 정치커뮤니케이션

제15장 여론과 대중설득 ······ 300

I. 여론의 특성 ······ 300

잠재적 여론과 현재적 여론/여론형성과정/여론의 기능

II. 대통령 지지도 ······ 304
III. 매스미디어와 대중설득 ······ 306

매스커뮤니케이션의 효과/매개요인

IV. 선전 ······ 308

선전의 의의/선전과 교육/선전의 종류/선전의 방법과 효과

V. PR ······ 316

제16장 선거와 미디어 ······ 319

I. 대중조작과 매스미디어 ······ 319
II. TV토론의 정착과 선거전문가의 등장 ······ 320
III. 미디어 선거의 특징 ······ 323

커뮤니케이션 기술의 발달/퍼스낼리티의 중시/
정치컨설턴트의 등장

IV. 과학적 선거의 문제점 ······ 326
V. 미국 대통령선거 사례 ······ 327

TV토론/정치광고

VI. TV토크쑈의 영향력 ······ 334

서문

지난 20년 넘게 정치학을 강의해오며 가진 불만은 전공과목에 적당한 교재가 없다는 점이었다. 특히 정치심리학의 경우, 국내에서 발간된 관련 교재는 물론 외국서적도 정형화된 것을 찾기 힘들었다. 매해 여러 논문이나 저서에서 필요한 부분을 발췌하여 제본한 것을 교재로 사용하는 번거로움을 반복해왔다. 강의를 하는 나도 불편했고 또 수강학생들에게 미안한 마음 뿐이었다. 이를 극복하고자 아직 정교하게 정립되지 않은 전공분야임에도 불구하고 감히 용기를 내서 교재를 집필하였다. 그 첫 번째 결과가 지난 2014년에 출간되었다.

그 후 그 교재를 사용하여 강의를 하며 당분간 큰 불편함이 없었다. 그러나 시간이 지남에 따라 부족한 부분이 눈에 띠게 드러났고 활용된 자료들을 좀 더 새로운 것으로 바꿔야겠다는 필요성을 느끼게 되었다. 무엇보다도 출간된 교재가 소진되어 절판되고 말았다. 이러한 상황 속에서 평소 강의보완을 위해 모아 놓았던 자료들을 새로 삽입하고 시의성이 떨어지는 교재내용을 삭제하여 원고를 틈틈이 정리하였고 이제 개정판을 내놓게 되었다. 그럼에도 불구하고 새로 개정한 원고를 꼼꼼이 살펴보니 부족한 점이 한 둘이 아니다. 앞으로도 꾸준히 책의 완성도를 높이기 위한 노력을 하겠다는 다짐을 한다.

인간행위를 이해하기 위한 심리적 접근은 거의 모든 학문분야에 확산되고 있다. 정치행위도 예외가 아닐 것이다. 특히 아직 제도적인 접근이 주종을 이루는 우리나라의 정치학 교육의 현실을 고려할 때 행태주의적 접근의 입문이라고 할 정치심리학의 소개는 전공학생들에게 매우 필요하다고 판단된다. 결국 인간은 왜 그렇게 행동할까 하는 의문에 대한 근본적인 답은 심리적 분석을 통해 얻을 수 있기 때문이다.

정치의 영역이 어디까지고 따라서 무엇이 정치행위인가에 대한 명확한 정의는 힘들다. 특히 우리나라의 정치문화에서는 모든 분야가 정치권력을 중심으로 연계되어 작동되고 있기 때문에 더욱 그러하다. 따라서 이 책은 사회적 존재로서의 우리 행위 중 정치적 의미를 가질 수 있는 것들을 다수 포함시키려 노력하였다.

최근 행동경제학에 대한 관심의 고조나 행동심리학과 진화심리학의 소개 등으로 다양한 인간행위에 대한 심리적 접근과 분석의 필요성이 대두되고 있다. 이 책은 정치학 분야에서도 그러한 접근방법이 필요하고 또 가능하다는 점을 인식시킬 수 있는데 조금이라도 도움이 되었으면 하는 바램을 담고 있다.

끝으로 이 책이 출간될 수 있도록 지원해준 명지대학교 출판부에 감사드린다.

2016년 10월 서울 연구실에서

저자 **김도종**

제 1 부

정치심리학 연구의 주요 접근방법

제 1 장

정치심리학의 역사와 연구경향

I. 정치심리학이란 무엇인가?

사회과학의 연구대상은 사회현상이다. 그 사회현상은 인간관계와 인간행위의 상호작용에 의해 이루어진다. 결국 사회과학의 대상인 사회현상은 인간 행위로 구성된 것이다. 정치학은 이 사회현상 중 권력을 중심으로 발생하는 정치현상을 연구하는 학문이다.

심리학은 인간이 살아가는 사회 속에서 이루어지는 인간의 행동과 심리과정을 체계적으로 연구하는 학문이다. 따라서 대부분의 학문분야와 관련이 있다. 아마 학문분야 중 가장 많은 하위 전문분야를 가지고 있는 것이 심리학일 것이다. 심리학은 심리와 행동을 강조하며 결국 인간이란 어떤 존재인가 하는 문제와 관련하여 궁극적인 답을 구하려 노력한다. 수상학이나 관상학, 그리고 골상학, 심지어 최면술도 심리학과 유사한 시도를 한다. 그러나 그러한 시도들은 과학적이지 않다는 점에서 유사심리학으로 분류된다.

인간은 동일한 문화와 환경에 처해 있고 성, 연령, 계층, 직업 등의 사회적 특성과 배경이 비슷하더라도 각각의 정치행동이나 정치적 선택이 다를 수 있다. 이러한 현상은 정치행위자의 심리적 특성의 차이에서 발생하는 것이다. 정치심리학은 정치현상을 심리학 이론을 통해 설명하는 학문분야이다. 인간의 정치행동을 이해하고 설명하고 예측하기 위해 인간의 심리적 특성와 그 기제를 연구한다. 인간의 정치행동을 유도하는 심리적 과정에는 동기, 의식, 감정, 사고, 지각, 인성 등 수많은 심리적 요소가 포함되어 있다. 정치심리학자들이 관찰할 수 있는 것은 정치행위를 둘러싼 상황과 행동인데 그러한 반응을 보이는 인간 내부에 어떤 심리적 요소가 있을 것이라고 가정하고 여러 이론적 구성물을 만들어 분석을 시도하는 것이 정치심리학의 목적이다. 이것은 심리학의 여러 이론을 단순히 정치현상에 적용한다는 의미에 그치는 것이 아니라 정치현상 속에서 독특하게 나타난다고 생각되는 인간의 심리적 특성을 연구하는 것을 말한다. 그러므로 심리학적 모든 관심이 정치심리학의 대상이 되는 것이 아니다.

정치심리학은 심리학에서 개발하고 발전시킨 여러 연구방법을 원용하고 있다. 그러나 심리학에도 상호융화가 불가능한 여러 갈래의 접근방법이 있고 기본개념에 대해서도 견해가 상충되는 경우가 많기 때문에 그것을 원용하는 정치심리학에도 일관성있는 연구경향이 정립되어 있는 것이 아니다.

정치학의 한 분야인 정치심리학은 정치현상이나 인간행위를 다루는데 있어 '왜'라는 의문에 답하고자 하는 시도이다. 정치현상을 설명하는데 있어 정치학의 관심은 크게 제도적 접근과 행태적 접근으로 나누어진다. 헌법에 규정된 대통령의 권한은 무엇인가, 대의성을 가장 잘 반영하는 국회의원 선거구는 소선거구제인가 중선거구제인가, 그같은 선거제도는 양당제를 지향하는가 아니면 다당제를 가능하게 하는가 등의 문제를 다룬다면 이는 제도적 접근이라 하겠다. 반면 국회의원 개개인은 의정활동 중 정부의 감시와 견제에 중점을 두는가 아니면 지역주민의 여론수렴에 더 치중하는가, 대통령의 국정운영방식이 국회와의 원활한 관계를 바탕으로 하는가, 아니면 여론을 중심하는가 등을 연구한다면 이는 행태적 접근이라 하겠다. 정치심리학은 행태적 접근을 채택하면서 그중 '왜' 그런 행위를 하는가에 대한 심리적 기제를 분석하려는 시도이다.

정치심리학은 이미 사회학의 주요 연구분야로 자리잡은 사회심리학이 다루는 인간의 태도, 감정, 의식, 집단과정 등을 비롯하여 기억과 인지, 의사결정 등의 과정을 연구대상으로 하고 있다. 따라서 정치심리학은 사회심리학과 정치학의 연계학문분야라고 볼 수 있으며 이론의 구축방법과 문제의식에 있어서는 사회심리학과 동일하지만 다루는 대상이 정치현상이라는 점에서 정치학의 한 분야이다. 정치심리학은 정치의식에 대한 구조와 내용, 태도, 정치와 관련된 정보의 처리, 정치적 판단과 결정에 영향을 미치는 요인들에 대해 초점을 두어 미시적인 차원에서 정치행태를 분석함으로써 인간의 정치행위에 대한 폭넓은 이해를 구할 수 있다. 정치심리학은 크게 ▲퍼스낼리티와 정치, ▲정치과정, ▲여론과 투표행태, ▲정치사회화, ▲매스커뮤니케이션 등에 관해 관심을 집중하고 있다.(정치학대사전편찬위원회, 2002)

정치는 이익을 둘러싸고 복잡한 인간관계가 상호작용한 결과이다. 따라서 심리학을 통해 정치현상을 분석하려는 시도는 매우 자연스런 논리적 귀결이라고 할 수 있다. 그러나 독자적인 영역에서 개별적으로 발달해온 두 학문분야를 연결하는 것은 쉬운 작업이 아니다. 이와 관련 정치심리학에는 몇 가지 난제가 내포되어 있다.

첫째, 심리학은 실험에 바탕을 둔 연구방법이 주류를 이루고 있다. 하지만 정치학은 실험을 연구방법으로 채택하기 어려운 근본적인 문제를 가지고 있다. 예를 들어 국제정치의 주요 연구대상인 전쟁의 원인을 파악하기 위해 실제 전쟁을 일으킬 수는 없는 일이다. 최근 일부 정치학자들이 실험을 통한 연구결과를 내놓고 있지만 정치학 분야에서 실험을 통해 연구를 진행시킬 수 있는 연구대상은 매우 한정되어 있다. 실험은 두 변수 사이의 상관관계나 인과관계를 밝히기 위해 기타 다른 변수들을 인위적으로 완전히 통제하여야 한다. 그러나 정치현상을 연구하는 과정에서 그러한 완벽한 통제가 가능한 인공적인 실험환경을 만들기란 매우 힘든 일이다. 또한 실험은 표본을 대상으로 실시하는데 표본추출과정에서 발생하는 편향성으로 인해 표본의 모집단에 대한 대표성 확보가 어려운 실정이다.

둘째, 집단적인 현상인 정치현상을 개인 단위의 심리적 분석으로 환원시킬 수 있느냐 하는 문제이다. 2012년 대통령 선거의 유권자는 4000여만명이고 투표자는 3000만명이 넘는다. 이들 유권자 중 자기 나름대로의 동기에 의해 투표권 행사를 포기하거나 거부한 유권자가 1000만명 가량되며, 투표자 3000만명도 각자의 다양한 판단에 의해 특정후보에 투표하였다. 그 결과 박근혜 후보가 51.3%의 득표율, 1577만표를 얻어 대통령에 당선되었다. 대통령 선거 결과는 개개인 선택들이 집합된 현상이며 이를 각 개개인 투표자의 동기로 환원하여 설명될 수는 없는 것이다.

종합하면 정치심리학은 인간의 정치적 행동에 대한 체계적 연구이며 정치적 맥락 속에서 개인의 정치행동을 분석하려는 시도이다. 즉, 정치적 · 사회적 존재인 인간이 타인들과 어떻게 상호작용하며 집단, 조직 또는 제도로부터 어떻게 영향을 받고 개인과 개인, 개인과 사회의 관계는 어떻게 형성되는가 등을 심리과정에 초점을 두어 체계적으로 이해하고 설명하려는 학문이다. 정치심리학에서 활용되는 이론적 구성물들에는 정신분석학, 퍼스낼리티이론, 동기 · 욕구이론, 학습이론, 인지이론 등이 있다.

II. 정치심리학의 역사

고대 그리스 철학자이자 정치학자인 플라톤은 철인정치를 주장한 자신의 저서 『국가론』에서 인간의 정체성에 기초하여 국가의 정체와 형태가 결정된다고 보았다. 철인의 성공적인 지도력은 인간의 본성이나 동기 등에 근거하여 발휘되어야 한다는 것이다. 인간심리에 대한 이해가 없이는 통치가 어렵다는 것을 전제로 하고 있는 것이다.

17-8세기 계몽시대의 철학자들은 인간의 본성에 기초하여 인간행위에 대한 설명을 시도하고 있다. “만인 대 만인의 투쟁”이라는 명제를 내세운 토마스 홉즈는 권력을 추구하는 것이 인간의 본성이라고 하였으며, 아담 스미스는 이익의 추구와 극대화가 인간행동의 바탕이라는데 기초하여 시장경제의 원리를 설명하였다. 제레미 벤담은 쾌락추구와 고통회피가 인간의 본성이라고 보는 공리주의를 내세웠다. 이후 사상가들은 다수의 고통이 소수의 쾌락보다 클 경우 국가는 최대 다수의 최대 행복을 위해 개인들의 생활을 규제할 수 있다는 논리를 내세움으로써 공리주의는 후에 20세기 복지국가이론을 형성하는데 영향을 주었다.

산업화와 민주화에 바탕을 둔 근대화가 급속히 진행되던 19세기 말과 20세기 초 학자들은 인간의 정치적 · 사회적 행동의 결정요인에 관심을 갖기 시작했다. 이 기간 중 정치심리학의 주요 연구대상들인 본능, 태도, 암시, 모방, 군중심리 등에 대한 본격적인 연구가 전개되었다. 이러한 연구의 활성화는 1908년 사회심리학 서적의 발간으로 이어졌는데, 같은 해 Graham Wallas의 정치심리학 저서 Human Nature in Politics가 출간되었다. Wallas는 런던대학에서 자극, 합리적 선택, 본능 등을 주제로 정치심리학 과목을 개설하여 가르쳤는데 1923-4년 기간 중 한 미국학생이 그의 강의를 듣고 큰 감명을 받게된다. 그가 바로 정치심리학의 태두라고 할 수 있는 Harold Laswell이다. Laswell은 1930년 Psychopathology and Politics, 1948년 Power and Personality를 발간하여 초기 정치심리학의 체계를 수립하였다.(Long, 1981) 제2차세계대전 이후 정치심리학은 비약적인 발전을 하게 된다. 전쟁의 원인

중 하나인 세계적인 대공황, 유태인 학살이라는 인간의 잔인성, 파시즘에 대한 독일국민과 이탈리아 국민들의 순종 등 기존의 연구방법으로는 분석이 어려운 현상이 발생한 것이다. 이와 함께 대중사회의 출현에 따른 인간소외와 아노미, 그리고 이데올로기의 문제 등이 새로운 연구대상으로 등장하였다. 이에 따라 정치심리학은 매스미디어의 발전과 매스커뮤니케이션, 정치선전, 편견, 인종차별, 집단행동, 투표행태 등 인간생활의 광범위한 분야에 걸쳐 이론적 · 경험적으로 접근하는 활발한 연구를 진행하였다.

이후 정치심리학은 몇 가지 단계를 거쳐 현재에 이르고 있다. 현대 정치심리학의 발전과정을 살펴볼 때 학자들은 주로 세 개의 시기로 구분한다. 첫째는 1940-50년대 기간 중 '성격과 문화의 시기'이다. 둘째는 1960-70년대의 '태도와 투표행태의 시기'이다. 셋째는 1980-90년대의 '정치적 인지와 결정의 시기'이다.(이상신 2009)

(1) 1930-40년대 : 성격과 문화의 시기

현대 정치심리학의 태동기였던 1930년대 말부터 1940년대 시기의 정치심리학은 맑시즘, 정신분석학, 그리고 행동주의의 영향을 많이 받았다. 이 이론들의 공통점은 개인의 심리는 환경의 영향에 의해 구성된다고 보는 것이다. 맑시즘에 따르면 개인의 심리나 행태는 하부구조의 영향에 의해 형성된 상부구조이다. 프로이드의 정신분석학은 어린 시절의 환경과 경험이 개인의 성격을 결정한다고 본다. 파블로프와 스키너 등 행동주의자들은 인간의 행동은 외부의 자극에 의한 반응이라고 본다. 이렇게 개인의 유전적 특질보다 외부환경을 통해 인간의 심리를 이해하려는 경향은 20세기 초 유럽사회와 학계의 각광을 받았던 사회진화론(social Darwinism)에 대한 반작용이라고 하겠다.

이 시기에 가장 관심을 끈 주제는 성격과 정치행위의 연관성이었다. 성격은 어린 시절의 경험을 통해 형성되며 외부로부터의 엄청난 충격이 없는 한 변함없이 개인의 행동에 영향을 미친다. 따라서 개인의 성격을 분석하고 파악할 수 있다면 그 사람의 정치적 행동까지 예측할 수 있는 것이다.

이에 근거하여 당시 유행했던 연구방법 중 하나는 '성격분석적 전기'(psychobiography)였다. 주요 정치지도자들의 생애 관련 자료들을 정신분석학을 활용하여 분석하여 개인의 행태를 설명하려 시도하였다. 이 방법으로 정치지도자 뿐 아니라 많은 저명한 인물의 성격을 분석한 연구결과가 나왔다. 이차대전 이후 프로이드의 정신분석학은 많은 비판에 직면하여 그 영향력이 크게 상실되었다. 그러나 의료계의 임상현장에서는 아직 치료법으로 많이 응용되고 있으며, 주요국의 정보기관은 상대방 국가 지도자들의 성격분석결과를 정책결정에 활용하고 있다. 미국 CIA는 산하에 '성격과 정치행위 분석센터'(Center for the Analysis of Personality and Political Behavior)를 두고 국가정책수립을 위한 타국의 정치지도자 성격분석 작업을 진행하고 있다.(이상신 2009)

이 시기 개인에 대한 심리분석과 함께 대중심리의 분석도 활발히 진행되었다. 대표적인 연구결과로는 Erich Fromm의 『자유로부터의 도피』(Escape from Freedom, 1941)와 Theodor Adorno의 『권위주의적 인성』(The Authoritarian Personality, 1950)이 있다. Fromm은 나찌즘의 등장을 대중심리 측면에서 분석했는데, 자본주의 발달이 가져온 경제적 풍요, 사회의 다원화, 정치적 자유가 사실은 대중들의 소외와 불안의 근원이었다고 지적하고 있다. 대중들은 그들에게 주어진 자유를 적극적이고 창조적으로 활용하기 보다는 권위주의적이고 파괴적인 욕구의 충족과 권력에 대한 복종 등의 성향을 보였다고 분석하였다. 그 결과가 구체적으로 1930년대 독일에 나타난 나찌즘의 등장이었다.

한편 Adorno는 미국 버클리대학의 심리학자들과 함께 사회적 차별의 정신적 원인에 대한 연구에 착수하였는데 그들은 특히 반유대주의를 연구대상으로 삼았다. 그들의 연구질문은 "어떤 사람들이 반유대주의에 쉽게 빠지는가?"였으며 이 질문에 대해 정신분석학을 바탕으로 답을 찾으려 하였다. 이들의 연구결과는 『권위주의적 인성』이라는 저작으로 나타났으며 이 책에서 그들이 제시한 F척도(Fascism-scale)는 반유대주의를 넘어서 일반적 차별성향을 측정할 수 있는 도구로 개발되었다. 이 책은 정치학과 심리학 모두에서 고전으로 꼽히고 있다.

(2) 1960-70년대: 태도와 투표행태의 시기

1960년대 들어서면서 정치심리학 연구가들의 관심은 민주주의의 가장 중요한 기제 중 하나인 선거로 이동하였다. 그 과정 중 특히 유권자들의 투표행태에 대한 연구가 활발히 진행되었다. 이는 당시 큰 발전을 이룬 여론조사 기법과 컴퓨터 활용의 확대에 힘입어 의미있는 경험적 연구가 가능해졌기 때문이다.

투표행태 연구에 있어 가장 중요한 개념 중 하나는 태도였다. 태도는 감정(affection), 행동(behavior), 인지(cognition)의 세 요소로 구성되어 있다고 정의되는데, 한 유권자의 특정정당에 대한 태도는 그가 정당에 대해 느끼는 감정(좋다, 싫다), 그 정당에 대해 보이는 행동(그 정당의 후보에게 투표하는 행위), 그리고 인지(그 정당이나 후보에 대해 알고 있는 지식 수준)를 함께 포괄하고 있는 것이다. 따라서 그 유권자의 특정정당에 대한 태도를 파악할 수 있으면 어느 정당 또는 어느 후보에게 투표할 것인가를 예측할 수 있는 것이다.

이 시기의 투표행태 연구 중 가장 괄목하고 현재까지도 큰 영향력을 행사하고 있는 결과물은 Angus Campbel과 Warren Miller 등이 공동연구한 『미국의 투표자』(The American Voter, 1960)이다. 이 연구는 연구자들이 제시한 깔때기 모델(funnel model)을 통해 유권자의 지지정당을 예측할 수 있다고 주장했다. 이에 따르면 개인들은 부모와 사회화 과정을 통해 정당 일체감을 획득하며 이를 통해 특정 정당에 대한 심리적 소속감을 느끼게 된다. 이 정당일체감은 개인의 정치적 태도를 결정한다. 이에 따라 특정 정당과 그 정당의 정책을 지지하는 것이 태도의 일관성을 유지시키기 때문에 심리적 갈등을 겪지 않게 되는 것이다. 이 태도를 통해 각 정당의 후보나 정책 등을 평가하게 되며 이 평가를 종합하면 유권자가 어느 정당을 지지할 것인가를 매우 정확하게 예측할 수 있다는 것이다. 『미국의 투표자』는 선거연구와 투표행태연구에서 가장 많이 인용되는 연구결과물이다.

(3) 1980-90년대: 인지와 의사결정의 시기

지난 1980년대 들어오면서 심리학 분야에는 소위 '인지주의 혁명'(cognitive revolution)이 일어난다. 20세기 중반부터 사이버네틱스, 정보이론, 컴퓨터의 발전으로 인지심리학이라는 새로운 분야가 체계화되기 시작하였는데, 이는 인간의 두뇌활동을 정보를 인식, 저장, 처리, 그리고 추출하는 기제의 과정으로 보는 관점이다.

인지심리학은 연구를 통해 인간의 생각은 의외로 비논리적이고 인지과정에서 많은 오류가 발생한다는 것을 밝혀냈다. 이는 그동안 학계를 지배해왔던 합리적 선택이론에서 크게 벗어나는 발견이었다. 인간의 인지구조에는 어떤 편향성(bias)이 있으며 또한 나름대로의 편의법(heuristics)에 의해 의사결정을 내린다는 것이다. 즉, 인간은 의사결정을 위해 가능한한 많은 정보를 수집하여 이를 분석한 후 최대의 이익을 얻을 수 있는 선택을 하는 것이 아니라 나름대로의 편리한 기준에 따라 일부 정보만 활용하여 문제를 해결한다는 것이다. 이는 합리적이지 않은 행태이다.

지난 2002년 노벨경제학상을 수상한 Daniel Kahneman은 전망이론(prospect theory)을 제시하였는데 이에 따르면 인간은 이익이 쉽게 예상되는 상황에서는 안전하게 위험을 회피하는(risk-aversive) 선택을 많이 내리지만 위기상황에서는 오히려 위험부담적인(risk-taking) 결정을 내리는 경향이 있다는 것이다. 이같은 전망이론의 내용은 정치심리학에서도 외교정책결정과정을 설명하는데 많이 활용되었다. 전망이론이 가진 폭넓은 응용가능성에 비해 아직 정치학에서의 활용은 제한되어 있으며 앞으로 정치현상을 설명하는데 적극적으로 활용되어야 할 것이다.

(4) 최근의 경향

지난 2001년 발생한 9.11테러사건은 정치심리학계에도 큰 영향을 끼쳤다. 냉전종식 이후 발생한 1991년 유고슬라비아와 소말리아에서의 내전, 1994년 르완다 학살과 체첸 내전 등 인류는 히틀러 이후 또 다시 인종적 · 종교적 갈등에 따른 대학살을 경험하게 되었다. 인종청소(ethnic cleansing)이라는 용어가 등장할 정도로 인간의 잔인성이 내전과정에서 나타나자 나찌즘의 등장을 설명하기 위해 지난 1950년대 진행되었던 권위주의 성격에 대한 연구들이 다시 주목받기 시작하였다. 이에 따라 정치심리학 연구자들은 '죽음과 공포'로 점철된 갈등과 분쟁에 대한 연구를 심도있게 진행하고 있다.

이와 함께, 진화심리학에도 정치심리학 연구자들이 관심을 보이고 있는데, 최근 연구에서 쌍둥이들을 조사한 결과 정치적 정향이 유전적으로 아래 세대에 전달된다는 근거를 발견하였다. 이는 정당일체감은 부모의 양육과정에 의한 사회화의 결과라는 기존의 주장과는 상반되는 것으로 사회화 뿐 아니라 생물학적 차이에서 발생할 수 있는 문제라는 것을 시사하는 것이다. 발달된 의학적 · 생물학적 기술 등에 힘입어 진화론이 정치심리학과 결합하는 연구현상이 등장한 것이다. 정치심리학에서 이러한 경향이 더욱 심화될 것인지 아니면 일시적인 현상으로 그칠 것인지는 앞으로 지켜봐야 할 것이다.

이러한 과정을 거치며 1970년대 정치심리학은 결국 독립적인 연구분야로 성장하여 1978년 약 1,000여명의 회원을 가진 International Society of Political Psychology라는 학회가 결성되었으며 그 다음 해 Political Psychology와 Micropolitics라는 학술지를 발간하기 시작하였다.

우리나라의 정치심리학 현황은 매우 일천한 실정이다. 전국 200개의 4년제 대학에 정치학 관련 학과는 약 60여개가 있다. 이중 정치심리학 강의가 개설됐었거나 현재 개설된 대학은 4-5개에 불과하며 정치심리학을 전공으로 한 학위소지자는 채 10명이 안되는 형편이다.

다음 장부터는 정치심리학의 주요 접근방법인 정신분석학, 학습이론, 인지이론을 차례대로 소개하기로 한다.

제 2 장

정신분석학

I. 정신분석학의 기본 가정

정신분석학을 체계화시켜 심리학의 한 분야로 정립시킨 사람은 Sigmund Freud이다. 그의 이론을 중심으로 정신분석학의 주요 내용을 살펴보기로 한다.(홀, 1986)

정신분석학은 ▲정신결정론(psychic determinism)과 ▲무의식(unconsciousness)의 가설에 바탕을 두고 있다. 정신결정론은 모든 신체현상이 인과법칙에 의해 발생하듯이 정신적 현상도 과거에 있었던 어떤 원인에 의해 그 결과로 나타난다는 가설이다. 무의식 가설은 겉으로 보기에 다른 원인이 있는 것 같거나 혹은 무의미하게 보이는 인간의 행동과 사고가 실제로는 무의식의 내용에 근거해 발생한 의미있는 행동이라는 것이다.

Freud는 이를 빙산에 비유해 설명하고 있다. 빙산의 물 위에 드러난 작은 부분이 의식의 영역이라면 물 속에 잠겨있어 눈에 보이지 않는 빙산의 대부분이 무의식의 영역이라고 보았다. 그는 인간의 정신구조를 의식(consciousness), 前의식(preconsciousness), 무의식(unconsciousness)으로 나누었다.

의식이란 어떤 사람이 어떤 순간에 쉽게 알아차릴 수 있는 정신생활의 부분을 말한다. 대부분의 자아가 여기에 해당된다.

前의식은 어떤 시점에서 의식되어 있지는 않으나 비교적 쉽게 의식화되는 것, 즉 주의를 집중하고 노력하면 비교적 쉽게 의식화될 수 있는 정신생활의 부분이다.

무의식이란 전적으로 의식 밖에 있기 때문에 전혀 알지 못하는 정신생활의 부분으로서 그 내용이 영원히 알려지지 않을 수 있다. 가끔 그 일부가 前의식으로 넘어가 거기서 의식되는 경우도 있다.

정신분석학에 따르면 주로 원본능과 초자아로 구성된 무의식의 내용이 인간의 행동과 사고에 결정적인 영향을 미친다.

II. 성격의 구조

Freud는 성격을 원본능(id), 자아(ego), 초자아(super-ego) 등 세 개의 체계로 구성되었다고 주장한다. 각 체계는 그 자체의 기능을 가지고 있으며 이들은 상호작용을 통해 인간의 행동을 지배한다.

(1) 원본능

원본능은 신생아 때부터 존재하는 성격의 원천으로 모든 심리적 과정의 에너지원이며 자아와 초자아의 작동에 필요한 에너지도 여기서 제공된다. 원본능은 본능적 욕구의 즉각적 만족을 요구하고 현실여건을 고려하지 않으며 정신적 긴장이 감소되기를 바라는 쾌락원리(pleasure principle)에 따라 움직인다.

본능은 성적 본능과 공격 본능으로 구분되는데 성적 본능은 개인의 만족과 종족번식을 위한 본능적 에너지가 포함되어 있으며 대부분 성적 충동과 관련되어 있다. 성적 충동은 쾌감을 주는 성기, 구강, 항문과 같은 신체영역의 자극을 통해 충족된다. 성적 본능에서 유래하는 것들로 열정, 사랑, 생식에 대한 욕망, 타인의 필요성, 일이나 예술과 관련된 창조성 등을 들 수 있다.

공격 본능은 인간의 마음 속에 있는 모든 파괴적이고 공격적인 힘이 포함된다. 자기주장, 야심, 경쟁심, 성공욕구, 결단력 등이 여기에서 유래된다.

(2) 자아

자아란 성격을 집행하는 부분으로 원본능과 외부와의 중재자이며 초자아, 과거의 기억 및 신체적 욕구와도 타협한다. 자아는 현실원리(reality principle)에 따라 움직인다. 이 현실원리는 현실을 판단하고 평가하며 필요 시 만족할 만한 대상이나 방법이 발견될 때까지 욕구의 충족을 연기시킨다.

자아는 원본능의 본능적 충동을 만족시키려 노력하며 환경을 고려하여 필요한 경우 간접적이고 지연된 방법으로 이를 수행하는 이차적 사고과정을 사용한다. 이차적 사고과정은 언어적이며 논리적이고 객관성을 갖는 성숙된 인간의 사고형태이다.

(3) 초자아

초자아는 타인으로부터 습득한 사회적 가치와 도덕의 내면화된 표상을 의미한다. 초자아는 무엇이 옳고 그른 것인가를 판단하는데 관여한다. 초자아는 도덕원리(moral principle)에 따르며 양심과 자아이상(ego-ideal)의 두 부분으로 이루어져있다.

양심은 부모 등 양육에 밀접한 관계가 있는 사람이 아이의 언행에 대해 제재를 가했거나 벌을 주었던 경험 등에 근거한다. 이 때 금지되었던 행동이나 사고를 할 경우 그 사람은 죄책감을 느끼게 된다. 자아이상은 아이가 부모 등 영향력을 미치는 사람으로부터 크게 인정을 받았거나 칭찬받았던 경험 등이 토대가 된다. 자아이상을 따르거나 만족시키게 되면 행복감과 자존감을 느끼게 된다.

초자아는 오이디푸스 콤플렉스(Oedipus complex)가 해결되는 시기, 즉 기본적 도덕법칙과 부모가 갖고 있는 이상적인 것을 믿고 자기 성격의 일부로 만들어 가는 시기에 형성된다. 이 때부터 자기통제가 부모의 통제를 대신한다.

III. 성격의 발달과정

Freud는 사람의 생애 첫 5년 동안 성격에 영향을 미치는 몇 개의 발달단계를 거친다는 가설을 제시했다. 그는 이러한 단계들을 심리성적단계(psychosexual stage)라고 이름지었다. 각 단계에서 원본능의 쾌락추구는 신체의 특정부위와 그 부위에 관련된 활동들에 초점을 둔다. 이미 널리 알려진 그 단계들의 특징과 정치심리적 함의를 요약하면 다음과 같다.

(1) 구강기(oral stage, 0-1세)

인간은 태어나서 입으로 할 수 있는 활동, 즉 젖이나 손가락을 빨거나 하는 등의 구강을 만족시키는 것에서 즐거움을 느낀다. 구강기의 후기에 들어서면 깨무는 것에서 쾌감을 느끼는 공격성이 나타난다. 성장한 후에 먹고 마시고 말하는 등 구강활동의 지나침, 남에 대한 험담이나 악담 등은 이 단계의 경험이 고착된 것이다. 이와 반대로 이 시기에 갈등이나 과잉보상의 영향을 받았을 경우 잘 안 먹고 말하기를 꺼리는 등의 행동으로 나타나기도 한다.

이 단계에서 유아가 가질 수 있는 욕구불만은 자기의 욕구를 충족시켜 줄 수 있는 어머니의 계속적 보호가 결여될 때 발생될 수 있다. 이 시기는 어머니 사랑의 적절한 배려와 관련하여 유아들의 바깥 세계에 대한 믿음 혹은 불신의 싹을 트게하는 중요한 고비가 될 수 있다. 이 시기에 유아가 충분한 만족감을 얻는 데 실패할 경우 정신분석학에서 말하는 고착(fixation)이 발생하는데 이를 겪은 사람들은 커서도 구강대의 만족을 추구한다. 이들을 구강형 인성(oral personality)이라고 부르는데 자기애(narcissism)가 강하고 남에게 지나친 요구를 하거나, 참을성이 없으며, 시기심, 탐욕, 격분, 비관성 등의 성격적 특징을 가진다. 일부 정신분석학자들은 히틀러(Adolf Hitler)를 구강형 인성으로 구분하며 그의 자기도취적인 장황한 연설, 야간독백, 말대꾸에 대한 비관용, 음식물에 대한 애착, 격분의 습성 등이 구강적 고착에서 비롯되었다고 지적한다.(Crosby, 1981)

(2) 항문기(anal stage, 1-3세)

이 시기의 리비도(libido)[1] 에너지는 대변을 계속 몸 안에 갖고 있느냐 아니면 배출하느냐에 달려 있어, 많은 관심이 항문 괄약근의 조정(대소변 가리기 훈련)에 집중된다. 괄약근을 자신이 조절하느냐 못하느냐에 따라 자신의 신체와 부모를 조정할 수 있다는 만족을 갖게 된다. 이같은 조절과 통제의 능력 속에서 강박적 행동의 뿌리를 찾을 수 있다. 가학적 행위의 근원도 여기에 있다고 할 수 있다. 이 시기는 대변을 몸 속에 갖고 있으려는 마음과 방출하려는 마음이 공존하는 등 양가감정(ambivalence) 현상이 시작된다.

---

1) 욕망이나 생명적 충동 등 인간의 모든 행동 속에 숨어 있는 근원적 욕망을 뜻하는 용어이다. Freud는 초기 리비도를 '성욕 에너지'라고 하였는데, 후에는 삶의 본능에 의해 사용되는 에너지의 형태라는 훨씬 넓은 뜻으로 사용했다. 그는 정신현상을 생명본능(life instincts)과 죽음본능(death instincts)으로 분류하고, 리비도를 성적 반응과 행위의 원동력으로 생각하였다. 한편 스위스의 정신분석학자 Carl Jung은 이것을 더욱 확대시켜 생명보존본능의 원동력인 생명의 에너지로 간주하고, 그것이 바깥으로 향하는가 안으로 향하는가에 따라서 인간의 기질을 내향적인 것과 외향적인 것으로 구분하였다.

항문기를 적절히 넘기는데 실패하면 항문형 인성(anal personality)이 형성되는데 이들은 배설을 참을 수 있는 데까지 참고 그 과정에서 오는 긴장을 축적하였다가 그것을 일시에 배출하는 데서 쾌감을 느낀다. 따라서 일을 적절한 시간에 처리해야 한다는 철저한 양심과 충동억제능력을 강조하게 되며 질서를 중시여기는 보수주의적 경향과 개혁에 대한 반대심리, 모든 일에 자기주장을 앞세우는 성격적 특징을 지닌다.(Pervin, 1984)

(3) 남근기(phallic stage, 3-5세)

남근기는 성기가 리비도 에너지의 초점이 되는 시기이다. 남자 아이들은 남근이 있다는 사실을 큰 자랑으로 여기고 여자 아이들에게는 그것이 없다는 사실에 관심을 갖는다. 이는 권력, 남자다움, 강한 것, 큰 것 등에 관심을 갖게되는 시발이 된다. 즉, 다른 사람보다 강하고 더 힘세고 뛰어나게 되려는 욕망이 이 때부터 싹튼다. 대중 앞에서 뛰어난 존재가 되려는 욕망도 이 시기에 시작된다.

이같은 욕구가 승화되면 사회적으로 성공하게 되고 운동이나 창작활동에서 업적을 낳게 된다. 그러나 승화되지 못할 경우 지나친 성욕이나 반대로 성불능 등 과잉현상이나 반동현상이 일어나기도 한다. 남근기 초기에는 성적 관심이 주로 자기애적이나 점차 이성의 부모로 향하게 되는데 이것이 오이디프스기의 시작이다.

정신분석학은 성격형성과정에서 오이디프스기를 가장 중요한 시기로 여긴다. 이 시기에 아이는 이성의 부모에게 성적 관심을 가지고 동성의 부모에게는 강한 적대감을 갖는다. 심지어 자신이 동성의 부모를 제거하고 그 자리를 대신했으면 하는 욕망도 갖는다. 이러한 과정에서 불안감, 죄책감, 그리고 처벌에 대한 두려움 등을 느끼게 된다. 이것이 남아에게 거세불안(castration anxiety)으로 나타난다. 거세불안이 견딜 수 없을 정도로 심화되면 아이는 강력한 경쟁자인 동성의 부모에게 굴복하게 되고 남아의 경우 아버지와의 동일화를 통해 위기를 해결한다. 아버지와 같은 가치와 도덕율을 습득하면서 초자아를 형성하게 된다. 이 과정을 거치며 성적 감정은 억압된다.

정치인 연구에 있어 남근기는 매우 중요하다. 이 단계에서 오이디푸스 콤플렉스로 말미암아 부분적 고착을 겪는 경우 남근형 성격(phallic character)이 형성된다. 그는 거세불안을 극복했다는 심리에서 남성적이며 힘이 있다는 것을 과시하는 전시적 성격을 나타내며 남보다 앞서려는 성공심과 성적 정복욕을 가진다. 그러나 아버지와의 경쟁의식에서 발생한 죄의식과 성적 무능에 빠질 수도 있으며 지나친 충동심, 경직성, 비현실적 태도 등으로 욕구불만을 극복하는데 실패할 수도 있다.(Pervin, 1984) 많은 독재자들에게서 나타나는 지나친 지배욕과 여성편력 등은 그들의 남근기 과정과 관련하여 시사하는 점이 많다.

(4) 잠복기(latency stage, 7-12세)

이 시기에는 오이디프스 콤플렉스가 해결된 후 성적 흥미가 제한되고 성적 특징이 생리적으로 노골화되지 않게 된다. 대부분의 성적 환상이나 활동은 억압되지만 자기의 성정체성 확립이나 동성간의 동일화는 한층 강하게 진행되는 시기이다. 이 과정에서 사람들은 논리적 사고를 습득하게 되고, 사회에서 요구하는 태도와 기술을 익히는 등 공동체적 가치를 배움으로써 사회생활에의 적응능력을 배양한다. 주로 정치체제에 대한 기본적 태도와 믿음을 갖게되는 이 시기에 정치사회화가 급속히 진행된다. 정치지도자에 대한 이미지가 자리잡히고 정치의 정당성문제와 체제의 안정성과 관련된 쟁점과 사안들을 익히게 된다.

(5) 청년기(genital stage, 13세 이상)

생리적으로 내분비 활동이 갑자기 활발해져 성기를 비롯한 성적 특징의 급작스런 발달과 함께 소위 사춘기가 온다. 이성에 대한 관심이 갑자기 증대되며 다시 성적 발달이 진행된다. 청소년은 그들의 성적 관심을 타인에게 돌리고 더욱 성숙된 방식으로 사랑하기 시작한다.

이 시기에 자기가 누구이며 무엇을 할 수 있느냐 하는 자아정체의식(ego identity)이 확립된다. 정체성 확립에 실패하면 역할분산(role diffusion)으로 인하여 직업선택이나 사회적 경쟁에서 심리적 불안을 겪게 된다.

Freud는 앞의 여러 단계를 거치는 동안 어떤 한 단계에서 문제가 발생하면 성격발달이 지체되거나 고착될 수 있고 개인의 성격에 지속적인 영향을 준다고 생각했다.

이같이 정신분석학은 인간의 무의식적 욕구와 갈등이 인간의 많은 행동을 동기화시킨다는 것을 인식하고 성격발달에서 아동기 경험의 중요성을 강조하고 있다. 20세기 후반부터 프로이드의 정신분석학은 많은 비판을 받게 된다. 그 비판의 논점은 첫째 프로이드 이론이 그가 직접 관찰한 오스트리아 비엔나의 환자들에 근거하기 때문에 대표성이 떨어지고, 둘째 과학적 분석으로 인정하기에는 표본에 대한 통제가 전혀되어 있지 않으며, 따라서 셋째 경험적으로 증명할 수 없는 추론에 불과하다는 것이다. 심지어 칼 포퍼는 정신분석학을 '사이비과학'(pseudo-science)의 대표적인 사례라고 비판하였다.

IV. Erikson의 성격발달 단계

한편 Freud의 분석을 상당부분 공유하면서도 이를 보완하여 사회적 요구, 자기존중 등의 중요성을 강조하는 학자들이 있다. 이들을 후기Freudian이라고 부르는데 그중 Erik Erikson의 이론을 소개한다.

Erikson의 성격발달이론은 정신분석학 모형에서 발전된 것인데 일단 성격형성은 Freud와는 달리 '전생애를 통한 발달'(life-span development)이라고 보았으며 자아를 성격의 중심적 구조로 보고 있다는 점에서 Id를 강조한 Freud와 구분된다.(Erikson, 1963)

〈표 1〉에 나타나듯이 Erikson에 따르면 발달이란 개인의 심리적 발달(성격과 가치관)과 개인이 만든 사회적 관계들이 병행하여 성장해 나가는 이중적 과정이다. 그러한 심리사회적 발달은 8단계로 구분되는데 각 단계마다 개인의 생리적 성숙과 더불어 개인에게 부과된 사회적 요구가 따르고 이 요구는

표1 : Erikson의 성격발달 단계와 특성

단계	심리사회적 위기	바람직한 결과 / 바람직하지 못한 결과
생후 1년	신뢰 대 불신	다가올 사건들을 믿음
		다가올 사건에 대한 의혹과 두려움
생후 2년	자율성 대 수치심과 의심	자기통제감과 자기효능감
		수치심과 자기 의혹
3-5세	주도성 대 죄책감	자신의 활동에서의 자율감
		죄책감과 부족감
6세-사춘기	근면성 대 열등감	사물을 이해 · 조직하는 능력
		사물을 이해 · 조직하지 못하는 열등감
청년기	정체성 대 혼돈	자기정체성의 확립
		자기정체성에 대한 혼미감
성인 초기	친밀감 대 고립감	타인을 위해 봉사 · 사랑할 수 있는 능력
		타인과 애정관계를 형성하지 못함
중년기	생산성 대 침체성	가정과 사회에 대한 책임감
		자신의 복지와 번영에만 관심
노년기	통합감 대 절망감	통합과 성취감 속에 죽음에 대비함
		생에 대한 불만과 죽음에 대한 낙심 및 불안

* 출처: 송명자, 『발달심리학』 (서울: 학지사, 1995).

하나의 위기로서 이것의 해결여부가 개인에게 인생전환점이 된다. 그들이 새로운 경험을 성공적으로 극복하면 더 성숙하게 되고 성격 또한 보다 원숙하게 된다. 그 반면 그들이 문제를 해결하지 못하면 성장은 왜곡된다고 보았다. 이러한 Erikson의 성격발달 이론은 개인과 사회의 역할을 동등하게 중요시했다. 즉, 성격발달을 단순히 초기 아동기의 좌절과 갈등으로부터 계속 영향을 받는 것으로 간주하지 않았다. 성격발달은 성인기 이후까지 계속되는 발달과업의 해결과 관련이 있는 것으로 파악하고 성격의 점진적인 발달을 설명하였다. 특히 Erikson은 Freud가 관심을 보이지 않은 청소년기를 사회와 관련된 개인의 심리발달에 중추적인 역할을 하는 시기로 보았다.(Erikson, 1963)

V. 방어기제 (defense mechanism)

정신분석학에서 Freud가 말한 인성의 구성요소인 원본능(id), 자아(ego), 초자아(super-ego)는 상호작용을 하는데 주로 본능충족(cathexis)와 본능충족억제(anticathexis)간의 갈등양상으로 나타난다. 즉 원본능에서 오는 본능적 충동과 이에 대응하는 초자아의 처벌위협 사이에 발생하는 갈등은 심리적 불안을 조성하며 이 불안은 고통과 감정상의 변화를 야기하고 심지어 인체에 대한 위험을 가져온다. 따라서 인간은 갈등을 일으키는 충동들과 타협하고 내적 긴장을 완화시킬 수 있는 다양한 심리적 기술을 발달시킨다. 이 기술들은 무의식적으로 선택되고 작동되는 자동적인 자아기능이다. 이를 방어기제라고 한다. 주요 방어기제는 다음과 같다.

1. **억압** repression : 억압은 갈등을 해결하기 위해 가장 흔히 사용되는 무의식적 정신기제이다. 용납되지 않는 욕구나 충동, 사고 등을 의식 밖으로 몰아내서 무의식 속

에 두는 것이다.

2. 동일시 identification : 동일시란 외부의 대상이 지니고 있는 여러 가지 속성을 자기 것으로 획득하게 되는 심리과정이다. 인간은 성장하면서 가족 구성원이나 주변 사람들과 어울리며 그들의 가치관을 받아들이고 역할을 동일시해 나가는데 이는 자아와 초자아를 건강하게 성장시키는데 필요한 정신기제이다. 문제가 되는 것은 병적인 동일시이다. 부모에게 맞고 자란 아이가 커서 자녀를 구타하는 아버지가 되는 것이 그 예이다.

3. 반동형성 reaction formation : 용납할 수 없는 감정이나 충동 또는 성향과 반대로 행동하는 것이다. 예를 들어 음란스런 생각을 많이 하고 있는 사람이 오히려 음담패설을 하는 장면에서 이를 비난하며 지나치게 혐오스런 감정을 표출하게 되는 경우이다.

4. 보상 compensation : 현실이나 상상 영역에서의 결함을 다른 분야에서 상쇄하기 위해 노력하는 것을 말한다. 의식적인 경우도 있으나 대부분 무의식적이다. 의식수준에서 자신의 열등감을 인식하고 이를 보상시키는 것은 훌륭한 적응에 속한다. 예를 들면 말을 더듬거리는 사람이 이를 극복하고 열심히 노력해 웅변가가 되는 경우이다. 그러나 키가 작은 것을 열등감으로 가지고 있으면서 이를 보상하기 위해 작은 키에 대한 열등감이 없는 것처럼 행동하지만 지나치게 우월하게 보이고자 하거나 아주 공격적이고 지배적인 모습을 보이는 것은 문제가 있는 보상기제이다.

5. 합리화 rationalization : 자신이 지니고 있으면서도 받아들이고 싶지 않은 충동이나 행동 또는 결함을 정당화시키기 위하여 사회적으로 용납되는 그럴듯한 설명이나 이유를 대는 것이다. 주로 죄책감을 막고 자존심을 유지하고 비판으로부터 스스로를 보호하기 위해 사용된다. 개인적인 일로 매우 화가 나있는 상태에서 잘못된 행동을 한 자녀를 심하게 처벌한 부모가 아이를 강하게 키우려면 때려야 한다고 스스로 다짐하는 행위가 합리화의 예이다.

6. 대치 substitution : 얻고자 하는 목적이 좌절되었을 때 다른 것으로 대신하여 만족을 얻는 것이다. 꿩 대신 닭이라는 속담과 실연을 당한 사람이 먹는 것에 집착하는 경우 등이 이에 해당한다.

7. **전치** displacement : 중립적이고 위협적이 아닌 목표물을 향해 긴장을 해소하거나 또는 증오감을 표현하는 것이다. 종로에서 빰맞고 한강에서 화풀이 한다라는 속담이나 부모에게 불만이 있는 형이 동생을 괴롭히는 것들이 예이다.

8. **투사** projection : 자기 자신이 지니고 있으면서 자신이 받아들일 수 없는 충동이나 속성을 타인의 것으로 돌리거나 자신의 실패를 타인의 탓으로 여기는 것이다. 착각, 환각은 투사에 의한 현상이다. 또한 피해망상도 투사에 의해 야기된 현상이다.

9. **상징화** symbolization : 억압된 생각이나 충동 또는 소원을 어떤 표상으로 바꾸는 것이다. 상징화는 무의식의 언어라고 볼 수 있다. 꿈, 공상 신화 등이 상징화의 흔한 예이다. 보편적 상징이란 많은 사람들에게 공통적으로 존재하는 상징을 말하는데 곧게 서있는 바위나 뱀 등이 남근을 상징한다는 것 등이다.

10. **분리** detachment : 고통스런 불안을 일으키는 느낌을 방지하기 위해 냉정한 태도를 취하면서 외상적 사건을 기억해내는 것이다. 고문을 당한 사람이 그 당시 상황을 말하면서도 그 때 겪었던 분노와 공포의 감정을 드러내지 않는 경우이다.

11. **부정** denial : 실존하는 위험이나 현실을 인정하지 아니함으로써 불안을 회피하고 편안한 상태를 유지하는 것이다. 불치병에 걸렸다는 의사의 통보를 받은 후 이를 오진이라며 자신의 병을 인정하지 않는 경우이다.

12. **승화** sublimation : 원시적이고 용납되지 않는 충동을 충분히 해결하지 못할 때 그 충동에 내재되어 있는 에너지를 변형시켜 사회적으로 용납되는 건설적이고 유익한 목적을 위해 표출되게 하는 기제이다. 방어기제 중 가장 건전하고 바람직한 기제이다.

13. **고착** fixation **과 퇴행** regression : 인격발달과정이 중단된 상태이다. 심리적 장애를 일으키는 일과 상관없는 그 이전의 어린 단계로 되돌아가는 것이 퇴행이다. 대개 퇴행하게 되는 그 단계가 바로 고착된 단계로 본다. 예를 들어 소변을 잘 가리던 아이가 동생이 태어난 이후 다시 소변을 가리지 못하는 경우이다.

14. **해리** dissociation : 인격의 부분들간에 의사소통이 잘 이뤄지지 않을 때 괴롭고 갈등을 느끼는 인격의 일부분을 다른 부분과 분리시키는 것이다. 예로서 한 사람 안에 여러 인격을 보이는 다중인격 등을 들 수 있다.

15. **반복강박** repetition of compulsion : 자신의 경험으로부터 배우지 못하고 계속 일정한 병적 행동양상을 반복하는 것이다. 무의식이 주로 행동을 결정하기 때문에 발생한다. 계속 결혼에 실패하면서도 비슷한 유형의 배우자와 재혼을 거듭하는 경우이다.

제 3 장

행동주의와 학습이론

I. 행동주의

심리학의 주요 접근방법 중 하나인 행동주의는 인간의 심리보다는 눈으로 관측되는 행동을 연구대상으로 한다. 정신분석학이 정신결정론(psychic determinism)을 기본가정으로 한다면 행동주의는 환경의 자극에 의해 인간행동이 결정된다는 환경결정론적 입장을 취하고 있다. 행동주의 심리학을 대표하는 행동적 접근(behavioral approach)은 객관적으로 관찰할 수 있는 행동에 초점을 맞추고 있기 때문에 인간의 내적 과정에는 관심이 없다.

행동주의적 접근은 인간의 심리과정이나 인지과정을 검은 상자(black box)에 비유한다. 따라서 과정 자체에는 관심이 없고 인간은 환경의 자극에 수동적으로 반응하는 유기체로 간주할 뿐이다. 행동주의적 접근방법에 따르면 인간은 환경의 자극만 바꾸면 행동도 바뀌게 된다. 인간의 행동은 좋은 결과를 가져올 경우 그 행동은 늘어나고 나쁜 결과를 가져오는 행동은 줄어드는 것이다. 행동주의적 접근에서 보상과 처벌은 인간의 행동을 변화시킬 수 있는 강력한 도구이다. 그래서 행동주의를 '자극 · 반응 심리학' (stimulus-response psychology)이라고도 부른다.

행동주의는 인간의 심리구조와 심리기능을 주관적 자기관찰법으로 연구하는 심리학 초기의 구성주의에 대한 반발로 형성됐다. 행동주의는 반복가능하고(repeatable) 관찰가능하며(observable) 객관적으로 검증가능한(testable) 행동만을 연구대상으로 삼아야 한다는 입장을 취하고 있다. 이를 'ROT원칙'이라고도 하는데 심리학의 과학화에 상당한 기여를 했다. 이같은 행동주의적 접근은 환경자극을 통제하고 결과에 따른 보상과 처벌을 통해 인간의 행동을 수정하거나 치료하는데 많은 시사점을 주고 있으며 학교교육, 자녀교육, 교도소 수형제도, 정신과 치료 등에서 활용되고 있다.

이 부분에서는 행동주의 심리학을 학습이론을 중심으로 살펴보기로 한다.

II. 학습이론

학습(learning)이란 일반적으로 배우고 익히는 것을 의미한다. 즉 모르던 것을 알게되거나 할 줄 알게 되는 것을 말한다. 좀더 세련되게 표현하면 훈련의 결과 일어나는 행동잠재력의 비교적 영속성있는 변화라고 할 수 있을 것이다. 이를 다시 풀어 말하면 첫째, 학습은 행동의 변화를 가져온다. 학습 후의 학습자는 학습이 일어나기 전에는 할 수 없었던 어떤 행위를 해야한다. 둘째, 행동변화는 비교적 영속적이어야 한다. 일시적이어서는 안된다. 셋째, 행동의 변화는 경험 내지 연습에 의해 발생해야 한다. 질병이나 약물 등에 의한 변화는 학습에서 제외된다.

학습은 매우 보편적인 현상이며 중요한 하나의 적응양식이다. 교육은 학습을 위한 것이다. 학습은 어떤 자극이 항시 동일한 반응을 인출해내는 반사(reflection)와 같이 매우 간단한 것에서부터 어려운 문제해결과 같이 복잡한 정신과정을 거쳐야 하는 것에 이르기까지 매우 광범위하다. 동일한 반응인 반사도 항상 똑같은 강도로 반복되는 것은 아니다. 자극이 여러 번 반복될 경우 소위 습성화(habitation)가 일어나서 강도가 약해질 수 있다. 반대로 강도가 강해지는 경우도 있는데 이를 민감화(sensitization)라고 한다. 예를 들어 식당종업원들이 뜨거운 그릇을 자주 만지다 보면 익숙해져서 뜨거운 것을 잘 견디는 습성화가 일어나며 소음의 경우, 익숙해지는 경우보다 소리에 더 짜증이 나는 반응이 생기는 민감화 현상이 발생한다. 학습은 인간만이 독점하는 현상이 아니다. 하위동물들도 학습능력을 가지고 있다. 서커스단의 곡예 동물들은 학습을 통해 기술을 익힌 것이다.

학습을 통한 행동에 대한 관심을 갖는 이유는 인간이 어떻게 학습하는지를 더 잘 이해하게 되면 적절한 행동을 학습하고 부적절한 것을 제거하는 기제를 찾아냄으로써 바람직한 행동으로 변화를 유도해낼 수 있는 잇점이 있기 때문이다. 이같은 기대에 따라 학습과 행동에 대한 연구는 다음의 세 가지 가정에 근거하고 있다.(Lieberman, 1993)

첫째, 행동은 법칙에 따라 지배되어 질서정연하다. 둘째, 행동의 법칙을 알면 행동을 더 잘 통제할 수 있다. 셋째, 행동을 통제할 수 있는 능력을 갖는 것은 바람직하다.

III. 학습이론의 주요 내용

학습에 대한 연구는 많은 이론들을 생산하였으며 크게는 연합적 해석(associationist, 결합주의, S-R이론, 행동주의)과 인지적 해석의 두 가지로 나누어진다. 이 부분에서는 행동주의 관점에 입각한 학습이론의 대표적인 이론인 고전적 조건화와 도구적 조건화에 대해 다루기로 한다.

(1) 고전적 조건화(classical conditioning)

러시아의 생리학자 Pavlov는 개가 먹이를 보기만 해도 타액을 흘리는 현상을 발견했다2).

심지어 먹이주는 사람의 발자국 소리를 듣기만해도 침을 흘리는 것을 목격하고 이를 심리적 문제의 연구대상으로 삼기로 했다. 생리적으로 타액의 분비와는 아무런 관련이 없는 발자국 소리에 침을 흘리도록 개의 행동이 변화되었다면 개는 새로운 학습을 한 것으로 추정하였다. Pavlov는 개에게 먹이를 줄 때 종을 울린다던지 하는 중성적 자극을 병행시켰다. 예를 들어 5초간 종을 울린 후 2초 뒤에 먹이를 주었다. 이러한 종과 먹이의 병행을 일정한 간격으로 시행하며 매 10회마다 종만 울리고 그 종에 의해 분비된 타액의 양을 측정하였다. 그 결과 타액의 양이 시행이 거듭될수록 매우 완만한 곡선을 그리며 증가하는 것을 발견하였다. 이같은 실험을 바탕으로 학습현상을 설명하는 이론을 고전적 조건화라고 한다.

고전적 조건화 실험에는 네 가지 요소가 포함된다. 먹이에 의해 인출되는 타액분비는 무조건 반응(UR: unconditioned response)이라고 부르는데 그 타액분비에는 학습이 필요없기 때문이다. 종소리에 의한 타액분비는 훈련의 결과이기 때문에 조건반응(CR: conditioned response)이라고 부른다. 먹이는 타액분비에 무조건자극(US: unconditioned stimulus)이며 종소리는 조건자극(CS: conditioned stimulus)이다. 조건자극과 무조건자극을 병행시켜 조건자극에 대한 반응을 증가시키는 전체 과정을 고전적 조건화라고 이름 붙인 것이다.

개와 같은 하위동물들 뿐 아니라 인간의 행동도 고전적 조건형성의 원리에 따른다. 인간도 맛있는 음식냄새를 맡으면 타액이 분비되는 자연스런 현상을

---

2) Ivan Pavlov(1849-1936): 러시아(후에 소련)의 생리학자. 소화생리학을 연구한 공로로 1904년 노벨상을 수상.

보인다. 그러나 어떤 행동들은 실험적으로 조건형성을 할 수 있다. 예를 들어 아기들의 눈에 입으로 바람을 불면 눈을 깜박거린다. 바람을 부는 것은 무조건 자극이며 눈의 깜박거림은 무조건 반응이다. 그런데 바람을 불기 전에 종소리를 들려주는 병행시행을 반복한 다음 종소리를 들려주면 아기들은 종소리를 들을 때마다 눈을 깜박이게 된다. 이때 종소리는 조건자극이고 종소리에 대한 눈의 깜박임은 조건반응이 형성된 것이다. 그렇다면 인간이 어떤 대상을 특별히 두려워하거나 미워하거나 사랑 또는 애착을 갖게 되는 것은 성장과정의 경험에 의한 조건형성을 통해 학습된 것이라고 할 수 있다.

그러면 무조건 자극없는 조건자극은 언제까지 조건반응을 불러일으킬까? Pavlov의 개는 종소리를 듣고 타액을 분비하는 것을 학습하였다. 그런데 개에게 종소리를 들려주고 먹이는 주지 않는 실험을 반복적으로 실시하였더니 타액분비량이 점차 감소하였고 끝내 종소리를 들어도 타액을 분비하지 않는 상태에 이르렀다. 이를 소거(消去, extinction)라고 한다. 학습자가 더 이상 무조건 자극과 조건자극을 연합시키지 않음으로 인해 조건반응이 일어나지 않게 된 것이다.

Pavlov는 타액분비라는 조건반응을 소거시킨 후 며칠 뒤 개를 다시 실험실로 데려와 종소리를 들려주었다. 그랬더니 개는 즉각 침을 흘리기 시작했다. 일단 학습하였다가 소거된 반응이 재훈련없이 되살아난 것이다. 이같은 현상을 자발적 회복(spontaneous recovery)이라고 한다. 자발적 회복은 소거 이전의 강도보다 약했지만 이는 학습이란 영원히 상실되는 것이 아니라는 것을 말해주는 것이다.

이 밖에도 고전적 조건화에서는 조건화가 일단 일어나면 조건자극과 비슷한 자극에도 조건반응이 일어난다. 개에게 종소리 대신 비슷한 다른 소리를 들려주면 침을 흘리는 것이다. 이같이 유사한 자극에 반응하는 것을 자극 일반화(simulus generalization)라고 한다.

조건화가 형성되면 이를 고착화시킬 수 있다. Pavlov는 종소리를 듣고 타액을 분비하는 훈련을 시킨 후 개에게 검은 사각형을 보여준 후 종소리를 들려주었다. 물론 종소리 후 먹이를 주지 않았다. 몇 차례의 시행 후 개가 검은 사각형만 보고도 침을 흘리는 것이 목격되었다. 이 경우, 종소리가 무조건 자극으로, 검은 사각형이 조건자극이 되었던 것이다. 이같은 절차를 고차적 조건형성(higher-order conditioning)이라고 한다.

(2) 도구적 조건화(instrumental conditioning)

러시아의 Pavlov가 고전적 조건화를 체계화시키고 있을 때 미국에서는 이 사실을 알지 못한 채 일련의 학자들이 후에 도구적 조건화라고 불리우는 실험을 진행시키고 있었다. 그 들은 당시 자극과 반응과의 관계에 대해 연구했던 러시아 심리학자들과는 달리 행동과 그 결과 간의 관계성에 대해 연구하였다.

고전적 조건화는 특정한 자극에 대해 변함없이 반응하는 수동적 행동에 관한 것이다. 그러한 자극은 무조건자극에 의해 인출(elicit)된 것이라고 할 수 있다.

그러나 대부분 동물의 행동은 처음은 인출된 것이 아니라 방출(emit)된 것처럼 보인다. 풀어 말하면 대부분의 행동은 외적인 자극에 의해 불가피하게 발생된다기 보다는 행동주체의 의식이 포함되어 있다고 보아야 한다. 사람들은 약속장소에서 상대방이 나타나 자리를 찾아올 때까지 그저 가만히 있지 않는다. 입구에 상대방이 들어서는 모습을 보면 고개를 좀더 처들거나 손을 흔들거나 해서 자신의 위치를 알린다. 택시나 버스가 자신의 앞에 와 정차를 한 후 문이 열릴 때까지 가만히 기다리지 않는다. 자신의 앞에 서도록 어떤 신호를 보낸다. 이러한 행동을 조작적 행동(operant behavior)이라고 부른다. 바라는 것을 얻거나 불쾌함을 피하기 위한 방법으로 환경에 대해 조작하도록 학습된 행동을 말한다. 이같은 종류의 학습을 조작적 조건화(operant conditioning) 또는 도구적 조건화(instrumental conditioning)라고 부른다.

바라는 행동을 얻어내기 위해서는 강화(reinforcement)작업이 필요하다. 정확한 행동이라는 결과가 나오면 보상을 받고 부정확한 결과가 나오면 무시하거나 처벌함으로써 행동을 학습시키는 것을 말한다. 이것이 도구적 조건화의 핵심이다.

도구적 조건화를 대표하는 학자는 Skinner3)와 Thorndike4)이다. Thorndike는 후에 유명해진 '문제상자실험'을 했다. 그는 나무페달을 밟으면 문이 열리는 '문제상자'를 고안하고 행동과 결과 간의 관계성을 연구하기 위해 그 상자 안에 굶주린 고양이를 넣어 두고 밖에는 생선을 놓아 두었다. 그리고 이 상황에서 고양이가 문제상자를 빠져 나오는 데 걸리는 시간을 측정하였다. 처음에는 고양이가 즉각적으로 페달을 밟아 문을 열고 나오지 못하고 여러 가지 관련 없는 행동들을 하였으나, 결국에는 우연히 페달을 밟아서 문제상자를 빠져 나오게 되었다. 그리고 시행을 거듭할수록 고양이가 문제상자를 빠져 나오는 데 걸리는 시간이 점점 단축되었다. 이 현상을 Thorndike는 효과의 법칙(law of effect) 이라고 불렀다. 효과의 법칙이란 만족스러운 결과를 가져오게 하는 행동은 강해지고 불만족스러운 결과를 가져오는 행동은 약해지는 현상을 말한다.

Thorndike의 실험에서 본다면 문제상자의 문을 열리게 하고 결과적으로 바깥에 있는 생선을 먹을 수 있게 했던 페달을 밟는 행동은 강해졌고, 문제상자

---

3) Burrhus Frederic Skinner(1904-1990): 신행동주의를 대표하는 미국의 심리학자. 가설의 구성이나 설명보다도 조작주의적 분석에 의해, 선행 조건과 귀결과의 관계만을 기술하는 입장을 주장하여 스키너학파를 형성. 주요저서로는 The Behavior of Organism(1938), Science and Human Behavior(1953), Verbal Behavior(1957), Beyond Freedom and Dignity(1971) 등이 있음.

4) Edward Lee Thorndike(1874-1949): 미국의 심리학자. 주요 저서로 『동물의 지능』, 『교육심리학』(1903) 등이 있다.

안에 그대로 남아 있게 했던 여러 행동들은 약해졌다고 볼 수 있다. Thorndike는 이러한 전체적인 과정을 도구적 조건화(instrumental conditioning) 라고 불렀다. 이는 행동이 어떤 결과를 초래하는 데 있어서 도구적 역할을 하였기 때문이다.

(3) 강화, 소거, 처벌

Skinner는 Thorndike의 영향을 받았다. 그는 도구적 조건화라는 용어 대신 조작적 조건화(operant conditioning)라는 용어를 사용하였다. 이는 사람들이 바람직한 결과를 이끌어 내기 위해 단지 어떤 자극에 대해 수동적으로 반응하는 것이 아니라 환경에 어떤 능동적인 조작을 가한다는 의미이다. Skinner가 연구한 조작적 조건화의 원리로서는 긍정적 강화(positive reinforcement), 부정적 강화(negative reinforcement), 소거(extinction), 처벌(punishment) 등을 들 수 있다.

긍정적 강화란 어떤 특정한 행동이 나오고 이 행동 뒤에 즉각적으로 주어지는 자극의 제시에 의해 이후의 행동의 빈도가 증가되는 과정을 말한다. 그리고 여기서 행동의 빈도를 증가시키는 역할을 한 자극을 강화인(reinforcer)이라고 한다. 긍정적 강화의 예는 우리 주위에서 얼마든지 찾아볼 수 있다. 예를 들면, 어떤 어린이가 어머니의 심부름을 하고 나자 어머니가 과자를 주었고, 그로 인해서 다음에도 그 어린이가 어머니의 심부름을 더 자주 하게 되었다면, 이 때 어린이의 심부름 행동이 증가한 것은 긍정적 강화에 의한 행동의 예라고 할 수 있다.

여기서 주의해야 할 것은 강화인이 어떤 특성을 지니고 있는지와 관계없이 이후의 행동이 증가되어야만 강화라고 할 수 있다. 다시 말하면 위의 예에서 만약 어머니가 과자를 주었음에도 불구하고 다음에 그 어린이가 어머니의 심부름을 거부한다면 이것은 강화라고 할 수가 없다.

부정적 강화는 행동의 빈도를 증가시킨다는 측면에서는 긍정적 강화와 동일하다. 그러나 과정 면에서는 긍정적 강화와 약간의 차이가 있다. 긍정적 강화는 어떤 자극이 주어짐으로써 이후 행동의 빈도가 증가하게 되는 결과를 말한다면, 반면에 부정적 강화는 어떤 자극이 없어짐으로써 행동의 빈도가 증가하게 되는 행동의 결과를 의미한다. 예를 들면, 도피행동(escape behavior)이나 회피행동(avoidance behavior)이 여기에 속한다.

도피행동이란 이미 어떤 혐오 자극이 존재하고 있을 때 특정 행동을 함으로써 혐오자극을 없애는 행동을 말한다. 예를 들어, 방의 공기가 너무 더울 때 방의 창문을 여는 행동은 더운 공기라는 혐오적인 상황을 제거하겠다는 의미에서 도피행동이라고 할 수 있다. 그리고 창문을 여는 이 행동은 이후 다시 방이 더울 때 일어날 가능성이 높다는 측면에서 부정적 강화를 받았다고 할 수 있다.

회피행동이란 도피행동에서처럼 혐오자극이 현재 존재하고 있지는 않지만 미리 어떤 행동을 함으로써 혐오적인 상황이 닥치지 않게 하는 행동을 말한다. 예를 들어 어떤 학생이 TV를 보고 있으면 어머니가 항상 잔소리를 한다고 가정해 보자. 이런 경우 만약 그 학생이 TV를 보고 있을 때 어머니가 오시자 어머니가 잔소리를 시작하기 전에 미리 TV를 끄고 공부하러 간다면 이것은 회피행동이라고 할 수 있다. 이러한 회피행동 역시 부정적 강화의 예가 될 수 있다. 왜냐하면 TV를 보고 있는 상황에서의 어머니의 잔소리는 혐오자극이라고 할 수 있고, TV를 끄고 공부를 하러 감으로써 혐오자극인 어머니의 잔소리를 듣지 않아도 되기 때문이다.

고전적 조건화에서의 소거는 무조건 자극과 조건 자극의 연합이 줄어듦에 따라 조건반응의 소거가 이루어지는 반면, 조작적 조건화에서는 강화에 의해 행동의 빈도가 증가되었지만, 강화인의 제공이 감소됨에 따라서 그 행동의 빈도가 감소하게 되고 이때 소거가 이루어졌다고 말한다. 즉, 조작적 조건화에서의 소거란 강화인이 더 이상 나오지 않게 될 때 행동의 빈도가 감소하는 현상을 말한다. Skinner는 이러한 소거 현상을 우연히 발견하였다고 한다. 실험실에서 쥐에서 지렛대를 누르는 행동을 학습시키는 도중 기계의 오작동으로 지렛대를 눌러도 음식이 나오지 않았다. 그래서 쥐의 지렛대를 누르는 행동이 점차 감소하여 결국에는 완전히 나타나지 않는 현상을 발견하였다.

인간의 경우에도 소거 현상을 흔히 발견할 수 있다. 한 학생이 선생님의 질문에 답하기 위해 손을 아무리 들어도 선생님이 답을 말할 기회를 주지 않으면 어느 정도까지는 행동이 유지되나 결국에는 더 이상 손을 들지 않게 된다. 이것 역시 소거의 예라고 할 수 있다.

고전적 조건화에서와 마찬가지로 조작적 조건화에서도 자발적 회복현상을 볼 수 있다. 즉, 어떤 행동이 소거를 통하여 없어졌다가 일정 기간이 지난 후 다시 발생하는 현상을 보이게 된다. 자발적 회복 이외에 어떤 행동을 소거할 때 나타나는 특이한 현상으로 '소거에 의한 행동의 폭발'(extinction-induced bursting)을 들 수 있다. 이것은 어떤 행동을 소거시키기 시작하면 초기 단계에는 오히려 일시적으로 행동이 더 많이 나오는 현상을 말한다. 예를 들면, 자판기에 돈을 넣었는데 음료수가 나오지 않을 때 사람들은 종종 버튼을 계속해서 눌러대는 행동을 하는 것을 흔히 관찰할 수 있다. 또한 소거는 좋지 못한 정서적 반응이나 심지어는 공격행동을 야기시킬 수도 있다. 위의 예에서 음료수가 나오지 않으면 버튼을 계속해서 누르는 행동뿐만 아니라 자판기를 발로 찬다든가 욕을 하는 등의 행동도 쉽게 관찰할 수 있다.

처벌은 행동의 빈도를 감소시키는 또 하나의 방법이다. 처벌이란 특정행동에 즉각적으로 뒤따라 나오는 자극의 변화에 의해 이후의 행동의 빈도가 감소하게 되는 과정을 말한다. 그리고 여기서 행동의 빈도를 감소시키는 자극의 변화를 처벌인(punisher)이라고 한다. 강화가 행동을 증가시켜야만 강화라고 말할 수 있듯이, 처벌도 행동의 감소를 가져와야만 처벌이라고 할 수 있다. 이를테면 행동이 일어난 후 어떤 혐오적인 사건이 생기더라도 이 혐오적인 사건이 행동을 감소시키지 못하면 처벌이라고 할 수 없다. 즉, 처벌이란 일반적으로 혐오자극을 말하는 것이지만 자극이 혐오적이라는 것만을 가지고 그것을 처벌이라고 단정지을 수는 없다. 문제행동을 보이는 아동들의 경우 부모나 선생님이 처벌 의도를 가지고 야단을 치는 경우 이것이 어떤 아동에게는 처벌로서 작용하여 문제행동을 더 이상 하지 않게 되는 경우도 있지만, 어떤 경우에는 오히려 이것이 문제행동을 더 부추기기도 한다. 이런 경우에는 부모나 선생님이 야단치는 것이 오히려 강화로 작용했다고 보아야 한다. 왜냐하면, 부모나 선생님의 야단으로 인해 문제행동의 빈도가 증가되었기 때문이다.

이러한 처벌은 그 효과 면에서 매우 뛰어나기는 하지만 여러 가지 부작용이 있을 수 있다. 가장 대표적인 부작용으로 공격성을 들 수 있다. 인간과 동물 모두 처벌을 받게 되면 공격적 행동을 보이는 경우가 있는데, 이것은 공격적 행동이 처벌을 감소시키는 데 아무런 역할을 하지 못함에도 불구하고 나타난다. 처벌을 적용함으로써 나타나는 또 다른 부작용으로는 부정적인 정서반응과 회피반응 등을 들 수 있으며, 처벌 적용에 따른 윤리적인 문제 또한 신중히 고려해야 할 사항이다. 처벌의 또 한 가지 단점은 처벌이 부적절한 행동을 감소시킬 수는 있어도 바람직한 행동을 증가시킬 수는 없다는 것이다. 그러므로 처벌은 가능하면 사용하지 않는 것이 좋으며, 사용할 수밖에 없는 상황이라면 강화와 함께 사용하는 것이 바람직하다.

처벌을 사용해야 한다면 다음과 같은 사항을 고려해 볼 필요가 있다.

첫째, 처벌은 반응이 일어난 후 즉각적으로 주어질 때 가장 효과가 좋다.

둘째, 반응이 나올 때마다 매번 처벌이 주어지지 않는 경우는 오히려 강화를 받게 되므로 처벌은 문제행동이 나올 때마다 매번 주어져야 한다.

셋째, 처벌의 강도는 처음부터 아주 강한 것이 좋다. 만약 처벌의 강도가 처음에는 약하다가 점점 강해지면 처벌에 적응하게 되는 현상이 생기므로 처음부터 강한 처벌을 줄 필요가 있다.

넷째, 처벌받는 행동에 대해 대안적 행동이 있을 때 처벌의 효과는 커진다. 다시 말하면, 어떤 특정 행동이 처벌을 받을 때 그 행동 이외의 다른 행동을 할 수 있는 기회가 있다면 처벌의 효과는 더 커진다고 할 수 있다. 즉, 문제행동을 처벌함과 동시에 대안적 행동을 강화해 주면 처벌의 효과는 더 커질 수 있다.

처벌은 어떤 대상에게 원하는 어떤 것을 빼앗거나 또는 원하지 않는 어떤 것을 주는 것을 말한다. 처벌의 효과란 반응의 확률을 감소시키는 것인데 벌이 적용되고 있는 한 반응을 억압시키는 것은 확실하지만 처벌받는 행동의 습관을 소거시키지는 않는다는 것이 일반적인 합의이다.

Skinner는 처벌의 사용에 반대했는데 그의 주장의 핵심은 처벌은 비효과적이라는 것이다. 처벌은 일시적으로 행동을 억압할 뿐이며 처벌의 위험이 사라지면 행동이 발생하는 비율은 원래 수준으로 되돌아간다는 것이다. 이처럼 처벌은 일시적인 효과만을 나타내는데도 대단히 성공을 거두는 것처럼 보일 때가 있다. 처벌의 사용을 반대하는 논점들을 정리하면 다음과 같다.

첫째, 처벌은 정서적 부산물을 낳는다. 처벌을 경험한 유기체는 공포감에 젖으며 이러한 공포는 처벌이 주어질 때 상황과 관련된 여러 가지 자극에 일반화된다.

둘째, 처벌은 대상에게 무엇을 하지 말라는 것을 인지시키지만 무엇을 해야 할 것을 말해주지는 않는다. 즉, 처벌은 대상에게 아무런 정보를 주지 못한다.

셋째, 처벌은 대상으로 하여금 남에게 고통을 주는 행위를 정당화시킬 수 있다.

넷째, 처벌을 받던 행동이 처벌받지 않을 상황이 되면 그러한 행동이 재현

된다. 예를 들어, 선생님이 있을 때 얌전하고 조용하던 학생들이 선생님이 없으면 교실을 난장판으로 만들 수 있다.

다섯째, 처벌은 처벌자를 향한 그리고 타인에 대한 공격성향을 키운다. 이 공격성은 처벌과 관련된 당사자들 뿐 아니라 추가적인 문제를 일으킨다.

여섯째, 처벌은 어떤 바람직하지 못한 반응을 다른 바람직하지 못한 반응으로 대체시킨다. 예를 들어 절도로 처벌을 받은 사람은 절도 대신 사기를 생각할 수 있다.

Ⅳ. 학습이론과 정치사회화

앞에서 다룬 학습이론은 정치에 어떻게 활용 또는 적용되는가? 정치학의 주요 주제 중 하나인 정치사회화는 바로 학습이론에 기반을 둔 것이다.

어떤 사회나 구성원들 사이에 공통된 가체체계나 신념, 그리고 행동양식을 보유하고 있다. 이러한 가치들은 한 세대에서 다음 세대로 전달되면서 그 사회의 존재와 통합이 유지된다. 이러한 가치체계를 습득하는 과정을 사회화라고 한다. 사회화는 한 개인이 어린 시기부터 그 사회의 제도화된 목표나 규범 또는 전체 문화에 수용되어있는 가치체계를 내면화시켜 사회적으로 또 문화적으로 자신을 적응 내지 동일화시키는 과정을 의미한다. 그 부분에서 정치적인 가치와 관련된 과정을 정치사회화라고 한다. 정치사회화는 정치문화의 학습과 정치의식의 형성과정이다. 정치사회화를 통해 개인은 정치적 자아를 획득하게 되고 그 자아는 개인의 정치적 태도나 신념으로 구성된 정치적 판단을 하는 주체가 된다.

정치사회화는 아동기에서 시작해 청소년기와 성년기를 거치면 지속적으로 진행된다. 그 과정 중 아동기와 청소년기의 정치에 대한 이미지 형성이 정치태도와 정치의식 형성에 가장 큰 영향을 미친다. 정치사회화의 매개체로는 가정, 학교, 동료집단, 매스미디어 등이 있다. 그런데 국가는 공교육을 통해 정치사회화 과정에 지속적으로 개입한다. 초등학교에 입학하면 국기에 대한 경례, 애국가 제창, 민족사의 인물들을 반복적으로 학습시켜 국가관, 민족의식, 질서의식 등을 국가가 의도한대로 형성시키려 한다.

국가가 기획한 공교육을 통한 반복학습은 일종의 조건반사 기능을 형성시켜 일정한 고정관념을 갖게 한다. 그 고정관념은 신념화되기도 한다. 예를 들어 히틀러의 나찌즘이 지배하던 시기에 히틀러 추종자들은 유대인은 열등한 종족이며 인류의 적이라는 고정관념 속에 그들을 멸절시켜야 한다는 신념을 갖게된 것이다. 우리나라에서도 과거 1960-70년대 수상한 사람은 간첩신고를 하는 분위기가 강했는데, "수상한 사람은 간첩," "간첩은 무조건 신고"라는 등식은 조건반사에 의한 것이라 할 수 있다.

정치사회화와 관련된 국가의 학습은 주로 국가공동체에 대한 선과 악을 구분하는 내용이 대부분을 차지한다. "질서=선, 무질서=악," "국가에 대한 복종=선, 국가에 대한 저항=악," "병역복무=선, 병역기피=악," "국산품 사용=선, 수입품 사용=악" 등 수많은 고정관념을 형성시켜 이를 통해 국민들을 통제한다.

이러한 조건반사 기제를 형성시켜 국민들을 강력히 통제하는 나라가 전체주의국가와 독재국가들이다. 과거 스탈린 공산체제와 히틀러 나찌즘이 대표적인 예이며 최근에는 북한정권의 통치가 이같은 기제에 철저히 의존하고 있다. 북한은 주민들의 수령에 대한 흠모적(欽慕的) 조건반사와 적(敵)에 대한 증오적 조건반사를 지속적으로 유도하는데 성공한 체제이다. 북한주민들에게는 어버이 수령이란 그들에게 항상 사랑을 베풀어 주고 그들이 원하는 잇밥에 고깃국을 주는 은총(charisma)의 상징으로 조건이 부여된다. 김일성 주석의 생일은 태양절이자 쌀과 고기배급이 나오는 날이다. 김일성 주석이나 김정일 국방위원장(또는 장군님)이 현지지도를 위해 방문하는 곳에는 반드시 쌀과 고기가 특별히 배급되는 등 인민들이 갈구하는 것을 제공하는 행사가 뒤따른다. 이러한 생활학습이 되풀이되면서 인민들은 수령의 그림자만 보아도 두 손을 들어 소리를 지르는 "흠모적 조건반사"를 하게 된다. 이와는 달리 계급의 적(敵)에 대해서는 유치원 시절부터 즉각 공격하여 까부수는 훈련을 되풀이함으로써 체제내적 귀속감(歸屬感)을 강하게 다져나간다. 미제국주의자와 남반부 괴뢰도당에 대한 증오적(憎惡的) 조건반사는 거의 체질화되어 있다. 북한체제의 지속성은 이러한 시스템을 지속적으로 유지할 수 있느냐 여부에 달려있다.

정도의 차이는 있으나 과거 사회주의체제는 사상교육을 의무화함으로써 정치사회화 과정을 철저히 장악하였으며 자유민주주의체제는 개인주의와 소비를 강조함으로써 국민들을 시장기제에 매몰되도록 하였다. 두 체제 모두 목적은 순응형 인간의 양성이었다. 이를 거부할 경우, 국가는 대상자에게 냉엄하게 처벌을 가한다. 이에 철저히 순응하고 예외적인 자발성을 보일 경우, 보상을 준다. 포상, 표창, 훈장, 특진 등 국가가 활용하는 보상의 수단은 다양하다.

이렇듯 학습이론의 정치적 활용은 대부분의 국가에 일반화와 제도화가 되어있다.

제 4 장

인지이론

I. 인지이론의 개요

행동주의이론은 인간을 포함한 동물이 어떻게 특정행동을 습득하게되는가 하는 학습에 대한 이해를 높여준다. 그러나 행동주의 이론이 실험을 통해 검증해본 학습과는 차원이 다른 행동의 습득을 생각해볼 수 있다. 예를 들어 고등수학에서의 미적분과 같은 문제의 해결은 조건화 이론으로는 설명될 수 없는 부분이 있다. 이러한 의문에 대해 이해의 방향성을 제시해주는 것이 인지이론이다.(이정모, 2003)

인지적 접근(cognitive approach)이란 인간을 외부의 환경에 단순히 반응하는 수동체로 보지 않고 외부로부터 받아들인 자료를 적극적으로 처리해서 정보를 만들고 그 정보를 새로운 형태와 범주로 전환 내지 가공할 수 있는 능동적 존재로 간주하는 것이다. 여기서 인지란 인간이 지식을 습득하고 문제를 풀고 장래 계획을 세우는 것과 같이 지각, 기억, 정보처리 등의 정신과정을 말한다. 인지는 자동적 그리고 무의식적으로 이루어지는 감각기관의 수동적 과정 뿐 아니라 지각, 사고, 기억과 같은 능동적인 고등 정신과정을 포함한다. 예를 들어, 우리가 책을 볼 때 눈이라는 감각기관은 흰색의 종이와 검은

색의 잉크만 감지한다. 그런데 그 자극들이 뇌에 전달되면 과거에 누적된 정보에 의해 글자의 형태로 지각되며 그 글자로 구성된 문장의 의미로 인해 내부 심리과정이 발생하는 것이다. 이 모든 과정을 인지과정이라고 한다.

행동주의는 인간의 행동을 단순히 자극입력과 반응산출이라는 관점에서 파악함으로써 복잡한 형태의 행동에 대한 설명력이 떨어지고 인간의 심리와 심리과정을 지나치게 간과하는 단점이 있다. 인지적 접근은 인간의 심리와 심리과정을 정보처리 체계에 비유하면서 그것들을 이해하려고 한다. 인지적 접근은 다른 접근과 상호보완적으로 지각, 사고, 기억, 언어와 같은 분야에 다양하게 응용되고 있다. 다양한 인지이론 중에서 이 부분에서는 정치현상에 많이 응용되는 인지일치이론과 귀속이론을 소개한다.

II. 인지일치이론(cognitive consistency theory)

그림 1_ Newcomb의 A-B-X 모형

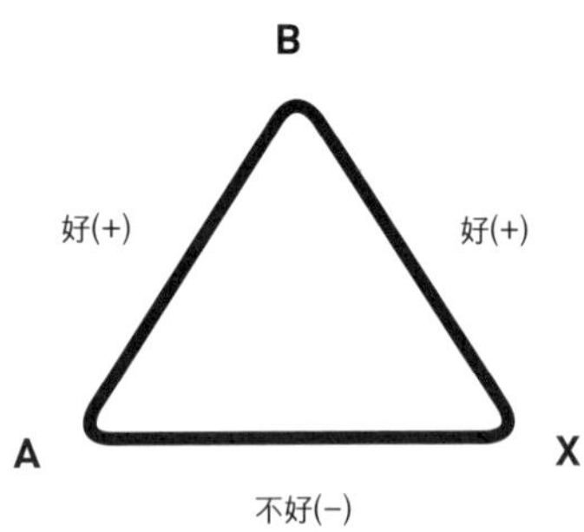

이 이론은 인지를 구성하는 요소간의 상호관계가 일치하지 않던가 또는 불균형상태를 이루면 심리적 긴장이 발생하며 이 긴장을 해소하기 위해 인간은 인지요소간의 관계를 일치시키거나 균형상태로 만들려는 심리적 경향이 있다는 것이다.

인지일치이론의 대표적인 모델은 Theodore Newcomb의 A-B-X 모형이다.(Newcomb, 1953)

A와 B는 서로 호감을 가지고 있으나 X라는 대상을 두고 A는 싫어하고 B는 좋아하는 사이이다. 이러한 상태는 불균형(asymmetry)관계를 이룬다. A와 B는 심리적 긴장을 느끼게 되며 이 긴장을 해소하고 균형상태(symmetry)로 만

들려는 경향이 있다. 즉, A와 B는 상호 커뮤니케이션을 통해 이러한 불균형을 해소하려고 하는데 그 방법은 A가 B를 설득하여 X와의 관계를 싫어하는 것으로 만들거나, 또는 오히려 B가 A를 설득하여 A로 하여금 X를 좋아하게 만드는 방법이 있다. 인지일치론은 이와 같이 삼자관계에서 인지적 구성요소가 일치해야 한다는 것이다.

그러면 긴장이 해소된 균형된 상태란 무엇인가? 위의 그림에서 세 관계의 곱하기가 +가 되면 균형상태가 이루어졌다고 할 수 있다. 세 관계의 곱이 -일 경우 불균형 상태인데 +로 돌아가려는 노력이 발생한다.

이러한 삼자관계의 상호작용은 개인관계에 뿐 아니라 정당간, 정파간에도 적용될 수 있으며 국제정치에서도 국가간의 상호관계를 이해하는데 도움이 된다. 한국, 북한, 미국과의 삼각관계를 생각해보자. 지난 2000년 6월 남북정상회의 전까지 3국의 관계는 한미=+, 남북=-,북미=-라고 할 수 있다. 이 경우 3자관계의 곱은 +로 균형상태를 이루고 있었다. 그런데 남북관계가 정상회담을 통해 호전됨으로써 +의 관계로 전환되었다고 가정할 경우, 한미=+, 남북=+, 북미=-로 불균형상태가 된다. 실제적으로 전통적인 우방이라고 하는 한미관계가 당시 다소 경색되었다. 그렇다면 이 불균형이 해소되어 다시 균형을 이루려면 한미관계가 더욱 악화되어 -의 관계로 변하던가, 아니면 북미관계가 좋아져 삼자관계가 +가 되어야 한다. 한국, 북한, 미국의 3자관계를 +와 -라는 이분법으로 명확히 구분할 수는 없지만 이와 비슷한 상황이 전개되었던 것이 사실이다. 이같이 인지일치이론은 국제관계에 적용될 수 있는 것이다.

물론 국가간의 관계가 불균형인 상태에서도 얼마든지 상호작용이 지속될 수 있다. 그러나 국제관계에서도 불균형은 불필요한 긴장을 가져오며 이는 해당국가의 이익과 일치하지 않게 마련이다. 따라서 이러한 긴장상태를 해소하려는 노력이 발생하며 이는 심리적 접근으로 그 이유가 충분히 설명되고 있는 것이다.

인지일치이론을 반대로 적용한 것이 바로 Leon Festinger의 인지불협이론(cognitive dissonance theory)이다.(Festinger, 1957) 인지불협이론은 인지부조화이론이라고도 번역되어 쓰인다. Newcomb은 삼자관계에서 발생하는 인지요소간의 균형과 불균형문제에 관심을 두었다면 Festinger는 개인의 심리과정에서 생기는 인지요소간의 상호관계에 초점을 맞추고 있다. 그는 개인인지요소간의 상호관계를 무관계(irrelevant), 불협(dissonant), 협화(consonant)의 세 가지로 구분했다.

인지일치이론과 마찬가지로 인치불협이론에서도 인지요소간에 불협이 형성되면 사람은 심리적으로 불편한 상태에 놓이게 되며 그러한 불협을 제거함으로써 협화를 이루려고 노력한다. 그 노력에는 ▲ 행위요소의 변화, ▲ 환경의 인지적 요소의 변화, ▲ 새로운 인지적 요소의 추가 등 세 가지가 있다. 둘째로 불협으로 인한 심리적 불편함을 완화하기 위해 불협의 수준을 낮추려고 노력할 뿐 아니라 불협수준을 높일 가능성이 있는 정보를 적극적으로 회피하려는 반응을 보인다.

앞의 논의를 유권자의 대선후보 지지와 관련하여 예를 들어보자. 어떤 유권자가 노무현 후보를 적극 지지하고 있었는데 주변 친구들의 반응이 좋지 않았다고 하자. 친구들이 노무현 후보가 너무 과격하고 고졸인 학력 밖에 없다는 지적을 하며 비판적인 모습을 보였다고 하자. 이러한 상황은 그 유권자의 심리에 불협을 발생시키며 그가 불협을 제거하기 위해 지지후보를 바꾼다면 이는 행위요소의 변화이며, 오히려 주변 친구에게 노무현 후보가 좋은 후보라는 것을 확신시키려 적극 설득한다면 이는 환경의 인지적 요소의 변화를 위한 노력이며, 주변 친구들 말고 다른 사람들로부터 노무현 후보에 대한 호의적인 정보를 입수하려고 노력한다면 이는 새로운 인지적 요소의 추가를 위한 노력이라고 할 수 있다. 두 번째 반응인 불협수준을 높일 가능성이 있는 정보를 적극 회피하는 행위는 노무현 후보와 경쟁을 벌이는 상대후보에 관한 호의적인 정보를 의식적으로 회피하는 것을 말한다.

참고로 Festinger는 1950년대 중반 미국 미네소타주를 떠들썩하게 했던 키치(Keech)라는 평범한 가정주부를 중심으로 하는 광신집단에 흥미를 느끼고 직접참여관찰을 한 결과를 『예언이 실패할 때』(When Prophecy Fails, 1956)라는 책으로 발간하며 인지불협이론을 제시하였다. 간단히 소개하면 키치 여인은 외계인 사난다(Sananda)와 텔레파시를 통해 교류를 하며 지구가 홍수에 의해 파괴되어 인류가 멸망할 것이라는 계시를 받았다고 주장했다. 그녀의 말을 믿는 수 십 명의 추종자 집단이 형성되었는데 이들은 외계인들에 의해 선택된 사람들로 대홍수 직전 비행접시를 타고 지구를 탈출하여 대홍수의 재난을 피할 것이고 예언되었다. 그녀는 대재난의 날을 1954년 12월 21일이라고 확정하고 추종자들은 그 전날 밤에 키치 부인의 집에 모여 외계인의 방문을 기다렸다. 약속한 시간에도 외계인이 나타나지 않자 그들은 크게 당황하였지만 키치 부인이 사난다로부터 새로 받은 메시지가 전달되자 열광적인 분위기로 변하였다. 메시지 내용은 그 집단의 열렬한 믿음을 보고 외계인들이 지구멸망계획을 취소했다는 것이며 따라서 그들이 지구를 구했다는 것이다. 추종자 집단은 키치 부인의 예언을 전혀 의심하지 않았고 오히려 맹신적인 분위기가 강화되었다.

이 광경을 직접 목격한 Festinger가 주목한 부분은 태도와 행동의 불일치가 발생했을 때 사람들이 보여준 변화였다. 사람들은 태도 또는 믿음과 그들의 행동 사이에 부조화가 발생하면 심리적으로 긴장하게 되는데, 이 때 태도나 행동을 변화시켜 그 긴장감을 해소시키려 한다는 것이다. 그런데 추종자 집단의 경우 이미 행한 행동을 변화시키기는 거의 불가능하므로 태도를 바꿈으로써 자신들의 행동을 정당화시켰던 것이다. Festinger는 이 사건에 대한 관찰과 분석을 통해 인지불협이론을 개발하였다.

개인의 인지불협 외에도 Festinger는 사회상황과 관련하여 몇 가지 중요한 가설들을 제시하고 있다.(Festinger, 1957)

첫째, 의사결정과 관련된 불협상태가 발생할 수 있다. 예를 들어 정치지도자가 정책결정을 내린 후 그것에 대한 여론의 반응이 부정적이면 불협이 생길 수 있다. 특히, 이미 내린 정책결정보다 채택이 안된 대안이 긍정적으로 평가될 때 불협은 발생한다. 이같은 결정후 불협(post-decision dissonance)은 그 정책결정의 중요도와 채택되지 않은 대안의 매력정도에 따라 강도가 좌우된다. 매우 중요한 결정이었고 채택 안된 대안에 대한 미련이 클수록 불협의 강도는 높아진다는 말이다.

둘째, 강요된 복종의 경우이다. 개인의 의견과 상충되지만 공적인 문제이기 때문에 이에 복종하는 경우가 있다. 이를 강요된 복종이라고 하며 이것이 통하는 이유는 보상과 처벌이 작용하기 때문이다. 사적 의견과 공적 결정이 상충될 때 당연히 그 개인에게는 불협이 발생한다. 이때 불협의 수준은 사적 의견의 중요성과 상벌의 강도에 좌우된다. 사적 의견이 중요하거나 상벌 정도가 약하면 불협도 이에 비례하여 커진다.

셋째, 정보에의 접근과 불협과의 상관관계를 생각해 볼 수 있다. 심리적 균형과 평정을 유지하기 위해 인간은 협화를 유도하는 정보는 추구하지만 불협을 발생시키는 정보는 회피하려고 한다. 정보에 대한 접근은 이같이 선택적이다. 불협이 적을 때는 일반적으로 정보를 추구하지 않으나 불협이 커지면 정보를 추구하기 시작한다. 그럼에도 불구하고 불협이 극도에 달하면 정보추구행위가 줄어든다. 즉, 정보추구와 불협과의 관계는 곡선형 추세(curvilinear relationship)을 보인다.

넷째, 사회적 지지와 불협의 상관관계에 관한 것이다. 사람들은 자신의 의견이 다른 사람들의 의견과 다를 때 불협을 느낀다. 자신의 의견이 어느 정도 소수인가, 또한 다른 사람들이 어느 정도의 강도로 반대를 하는 가에 따라 불협의 수준은 달라진다. 이 경우 불협해소는 자신의 의견을 바꾸던가 반대의견을 돌려 놓을려고 노력한다던가 하는 방법을 택하게 된다.

인지일치이론이나 인지불협이론이 가지고 있는 문제점은 인지요소나 그 상호관계의 정의, 기본가정 등이 명료하지 못하다는 점을 들 수 있다. 이에 따라 긴장상태 내지 불협의 해소가 어떠한 형태를 취할 것이냐에 대한 기본조건이 충분히 명시되지 못하는 점이 있다. 반면 인지요소간의 불균형이나 불협상태의 존재를 밝혀내고 그 해소를 위한 다양한 반응형태를 찾아내려 시도했다는 점은 인간의 심리과정을 파악하는데 큰 기여를 했다고 평가받는다.

III. 귀인이론(attribution theory)

귀인이론은 귀속이론이라고도 번역된다. 이 이론은 어떤 사건의 발생에 대한 원인을 추정하는 인간의 심리과정에 관심을 두고 있다. 인과관계의 추리는 우리의 일상생활에서 늘 발생하는 일상적인 행위이다. 평소 잘 대해주던 친구가 섭섭한 언행을 하면 그가 왜 그럴까 하는 생각을 하며 원인을 찾게 된다. 집에서 기분 나쁜 일이 있었는가, 아니면 내가 잘못한 일이 있는가, 성적이 나쁘게 나와서 그런가 하는 등의 추론을 하게 된다. 즉 귀인이론은 사건에 대한 정보수집과 분석, 인과관계에 대한 설명시도 등의 다양한 심리과정을 밝혀내는 시도인 것이다.

(1) 귀인이론의 주요 방식

먼저 귀인이론의 인과관계 추정방식 중 공변화모형(covariation model)이 있다. 이 모형은 어떤 사건이 발생했을 때 그것과 유사한 사례들을 수집하여 공통점을 찾아냄으로서 원인을 추정하는 방식이다. 그 원인추정은 ▲ 독특성(distinctiveness), ▲ 일관성(consistency), ▲ 의견일치(consensus)의 세 가지 차원에서 이루어진다.

예를 들어, 어떤 학생이 시험시간에 부정행위를 하다 교수에게 적발되었다고 하자. 그 학생의 부정행위에 대해 어떠한 수준의 처벌을 할 것인가를 고민하며 그 교수는 원인을 추정해 볼 것이다. 독특성 차원이란 먼저 이 학생만 부정행위를 했는가 아니면 다른 학생들도 부정행위를 했는가 하는 추정이다. 전에도 그 학생이 부정행위를 한 적이 있나를 회고해본다면 이는 일관성 차원의 추정이다. 마지막으로 다른 교수들에게 그 학생이 부정행위를 한 적이 있냐고 물어본다면 이는 의견일치를 구하려는 차원의 원인추정이라 하겠다.

이 세 가지 차원에서 정보를 수집하고 원인추정을 한 결과 그 학생은 시험시간에 부정행위를 한 유일한 학생이며(高독특성), 과거에도 여러 번 부정행위를 한 사실이 있으며(高일관성), 다른 교수의 시험 중에도 부정행위를 여러 번 했다는 사실이 드러났다면 그 학생은 상습적인 부정행위자로 결론내릴 수 있을 것이다. 따라서 가혹한 처벌을 내릴 것이다.

둘째, 할인 및 증가원칙(discounting and augmenting principles) 모형이 있다. 이 원칙은 단 하나의 사례에서 인과관계를 추정할 때 많이 사용되는 것으로 어떤 사건에 대한 하나의 원인이 추정될 때 그보다 그럴듯한 다른 원인이 밝혀지면 처음 원인에 대한 비중을 낮게 할인하는 방법이다. 반면, 증가원칙은 어떤 사건 발생을 유도하는 원인과 억제하는 원인이 공존할 경우 일반적으로 사람들은 억제요인보다 유도요인에 더 비중을 두는 경향을 말한다.

예를 들어 국회의원 선거에서 같은 지역구에서 4선을 한 여당의 정계중진이 젊은 후보에게 박빙의 차이로 낙선했다고 가정하자. 그때 정부의 정책실패로 여론이 악화되어 있었다면 그 중진은 정부의 잘못으로 여당후보에 대한 지지율이 낮아져서 낙선했다고 추정할 것이다. 그럼에도 불구하고 탄탄한 지지기반을 자랑하던 자신이 낙선한 것은 얼핏 받아들이기 힘들 것이다. 그런데 선거가 끝난 후 선거관리위원회 조사결과 그 지역구 20-30대 유권자의 투표율이 40-50대 유권자의 그것보다 두 배 가까이 높았었다는 사실이 알려졌다면 그 낙선한 중진후보는 젊은 유권자들이 젊은 후보에 투표함으로써 자신의 득표율이 떨어져 낙선한 것으로 추정할 것이다.

반면 같은 선거에서 여당 중진이 재선되었다고 가정하자. 그 선거는 세대교체 열풍이 불어 나이든 중진이 젊은 후보에게 선거운동 기간 중 열세로 보이는 상황이었다. 즉, 세대교체 열풍은 중진후보에게 억제요인이었다. 그러나 당선이 되면 그러한 억제요인보다 자신이 평소에 잘 닦아놓은 지지기반이라는 당선유도요인에 더 큰 비중을 두고 역시 선거는 평소 지역구관리라고 다시 한번 확신을 가질 것이다.

셋째, 원인도식(causal schema) 활용법이 있다. 이 원인도식에는 다수필요원인도식(multiple necessary causal schema)과 다수충분원인도식(multiple sufficient causal schema)이 있다. 전자는 여러 개의 필요원인들이 작용하는 경우로서 어떤 사건에서 많은 원인들이 축적되어 특정결과가 나왔다고 추정한다. 따라서 어느 한 원인도 소홀히 할 수 없다. 후자는 여러 원인이 있으나 그중 어느 한 원인만으로도 그러한 결과가 충분히 나올 수 있다고 추정하는 방식이다.

지난 1997년 대통령 선거 예를 들어보자. 양당후보가 결정된 7월 말경의 여론조사를 보면 신한국당 이회창 후보는 49%, 국민회의 김대중 후보는 25%의 지지를 확보하고 있어 선거결과는 뻔한 것처럼 보였다. 그런데 그 해 12월 최종 선거결과는 김대중 후보 41%, 이회창 후보 40%, 이인제 후보가 19%를 각각 득표하여 박빙의 차이로 김대중 후보가 당선되었다. 당초 열세였던 김대중 후보측에서 승리의 원인을 추정할 때 이인제 출마로 인한 당시 여권표의 분산, 상대후보 자제의 병역기피 의혹, 선거운동기간 막판에 터진 IMF사태로 인한 여권에 대한 지지율 하락 등 어느 하나 무시할 수 없는, 즉 그 모든 원인들이 모아져 대선승리와 정권교체가 가능했다고 추정할 것이다. 이는 다수필요원인도식에 의한 인과추정이다.

한편, 어떤 이는 김대중 후보의 승리는 유권자들의 해방 후 첫 정권교체에 대한 열망이라는 원인 하나만으로도 승리가 충분했다고 생각할 것이며 또 어떤 사람은 선거일 얼마를 앞두고 발생한 IMF사태 하나만으로도 유권자들이 여당에 대한 지지를 철회하고 김대중 후보에게 표를 던진 충분한 이유가 될 것이라고 추정할 것이다. 이는 다수충분원인도식에 의한 인과추정이라 하겠다.

(2) 인과추리에서 발생하는 오류 및 편견

인간의 추리에는 자신의 가치관이나 이념 등에 따른 오류나 편견이 개재될 가능성이 높다. 인간의 행위는 크게 개인적 특성인 내부적 요인과, 환경 또는 상황이라는 외부적 요인에 의해 영향을 받는다.

인지이론에서는 원인귀속행위에서 발생하는 기본적 오류의 원인을 상황적 요인보다 개인의 성향적 특질에서 찾는다. 이는 심리적 접근에 기인하는데서 오는 당연한 경향이라 하겠다. 국제관계에서도 분쟁당사국의 정책결정자들은 적대국의 행위에 대해 분석하며 그러한 행위를 불가피하게 하는 상황적 요인보다는 적대감정, 공격성, 음모와 같은 지도자의 성격이나 국민적 성향에 원인귀속을 하는 경향이 많다. 과거 미국과 이라크와의 관계를 살펴봐도 미국이 주장하는 이라크의 테러지원이나 미국에 대한 적대감의 원인도 지도자인 사담 후세인의 공격적 성향에 귀인하는 것처럼 선전하였다.

원인귀속의 오류 또는 편견과 관련된 유형을 살펴보면 다음과 같다.(Fiske, 1984)

첫째, 행위자 · 관찰자효과이다. 다른 사람의 행위는 내부적 요인에 기인하고 자신의 행위는 외부적 요인에 의한 것이라는 원인귀속을 말한다. 즉, 상대방의 행위는 성향적 특질 때문이고 자신의 결정은 상황에 따른 불가피한 선택이라고 여기는 것이다. 행위자 입장에서는 자기의 행동에 대한 상황적 요인이 쉽게 파악되지만 남을 관찰하는 입장에서는 타인의 행동을 유발하거나 규제하는 상황적 요인이 쉽게 파악되기 힘들기 때문에 그 행위자의 성향에 원인을 돌리는 경향이 생길 것이다.

둘째, 자기근거에 의한 총의효과(self-based consensus effect)가 있다. 이는 자기행위를 전형적인 것으로 생각하고 상대방 내지 남들도 그렇게 생각하고 행동할 것이라고 추정하는 경향을 말한다. 특히 인간들은 자신의 믿음이나 행동은 옳고 합리적이며 따라서 전형적인 것으로 생각하는 경향이 있는데 남도 그러한 특성을 가지고 있을 것이라고 단정짓기 쉽다. 이는 그러한 특성에 원인을 귀속시킴으로써 자신의 심리적 안정을 유지하려는 일종의 방어기제이다. 그러나 이는 일종의 편견으로 중대한 오류를 범할 수 있다. 자기의 믿음을 정당화시켜 남에게 강요함으로써 정치적 억압을 할 수 있다. 많은 독재국가에서 지도자의 정책결정에 대해 다수가 침묵 내지 조작과 강압에 의해 지지의사를 보일 때 그 지도자는 자신의 결정에 대한 총의(consensus)가 발생했다고 스스로 확인하고 잘못된 결정을 그대로 시행하는 경우가 있다. 따라서 허위총의(false consensus)에 의한 중대한 오류를 유발할 위험성이 있는 것이다.

셋째, 방어적 귀속(defensive attribution)이라는 편견이 발생한다. 이는 가벼운 결과보다 중대한 결과를 가져오는 사안에 보다 많은 책임을 돌리는 것이다. 사고의 결과가 심각할수록 당사자에게 돌아오는 피해와 심리적 부담이 더 큰 것을 줄이려는 방어기제이다. 예를 들어 자식이 값싼 그릇을 떨어뜨려 깨뜨리면 그것을 크게 나무라지 않는다. 그러나 똑같이 부주의에 의한 실수라도 비싼 것을 파손했을 경우 상황은 달라진다. 과거의 모든 실수까지 거론하며 책임을 물으려고 한다.

넷째, 자기기여편견(self-serving bias)이다. 잘된 것은 자기 탓으로 돌리고 잘못된 것은 다른 사람 탓을 하는 경향을 말한다. 선거 후 당선된 후보의 선거진영에서는 운동원 각자의 소위 무용담이 풍성하고 낙선된 후보의 진영에서는 자신을 제외한 운동원들에 대한 상호비방이 난무하는 것이 예이다.

다섯째, 자기중심적 편견(self-centered bias)이다. 이는 어떤 공동작업의 결과에 대해 자신의 기여가 크고 결정적이었다고 생각하는 경향을 말한다. 아무래도 자신이 한 일에 대해서는 기억이 생생하고 타인의 작업내용에 대해서는 잘모르다 보니 이같은 현상이 나타날 수 있으며 역시 자기의 기여도를 강조하고 높이 평가해야 자존심을 유지할 수 있기 때문이다.

Ⅳ. 프레이밍 효과(framing effect)

프레임은 '기본 틀ㆍ뼈대'라는 뜻이며, 프레임이론에서 프레임이란 현대인들이 정치ㆍ사회적 의제를 인식하는 과정에서 본질과 의미, 사건과 사실 사이의 관계를 정하는 직관적 틀을 뜻한다. 미국 캘리포니아대 언어학과 교수인 조지 레이코프가 제시한 개념이다.

프레임이론에 따르면, 전략적으로 짜인 틀(frame)을 제시해 대중의 사고틀(frame)을 먼저 규정하는 쪽이 정치적으로 승리하며, 이를 반박하려는 노력은 오히려 프레임을 강화하는 딜레마에 빠지게 된다는 것이다.

어떤 현상을 바라보는 관점이나 시각을 형성하는 틀을 프레임(frame)이라고 한다. 현상에 대해 전달하는 내용이 같더라도 서술하는 방식인 프레임에 따라 상대방이 받아들이는 결과가 다르게 나온다. 흔한 예로 컵에 물이 반 가량 차있는 사진을 보고 물이 "반이나 차있다" 또는 "반 밖에 안남았다"라고 설명하는 것에 따라 받아들이는 의미가 틀려질 수 있다. 이를 프레이밍 효과(framing effect)라고 한다. 이러한 프레이밍 효과는 특정결과를 유도하기 위해 정치에서도 많이 활용된다.

예를 하나 들어보자. 최근 몇 년 동안 우리나라 농축산가를 우울하게 만든 구제역이 다시 발생하였다고 하자. 정부는 이번 구제역으로 약 10만 마리의 소를 살처분해야 할 것으로 예측하고 있다. 정부의 방역기관은 구제역 확산을 막기 위해 다음과 같은 두 가지 방안을 제시하였다.

> **방안 1**을 채택하면 소 3만 마리를 살릴 수 있다.
> **방안 2**를 채택하면 1/3의 확률로 소 10만 마리를 모두 살릴 수 있고, 2/3의 확률로 한 마리도 살리지 못한다.

위의 두 가지 중 어느 방안이 더 지지를 받겠는가. 행동경제학자 대니얼 커너먼의 유사한 실험결과에 의하면 방안 1을 선택하는 실험대상자가 72%, 방안 2을 선택하는 28%로 나왔다.

그러면 방안을 다음과 같이 제시했다고 가정하자.

> **방안 3**을 채택하면 소 7만 마리는 죽는다.
> **방안 4**를 채택하면 한 마리도 죽지 않을 확률이 1/3, 10만 마리 모두 죽을 확률이 2/3다.

연구자의 실험결과에 따르면 응답자의 22%만이 방안 3을 선택했고 나머지 78%는 방안 4를 선택한 것으로 나왔다. 첫 번째 실험과는 완전히 반대의 결과가 나온 것이다.[5)]

앞의 두 가지 실험에서 방안 1과 방안 3, 그리고 방안 2와 방안 4는 그 의미

---

5) 커너먼 실험결과와 해석은 하워드 댄포드 지음, 김윤경 옮김, 『불합리한 지구인』(2010, 비즈니스북스), 196-199쪽에서 재인용하였으며 실험내용은 교재성격에 맞게 변용하였음.

가 똑같다. 그러나 표현방식에 따라, 다시 말하면 제시되는 프레임이 다를 뿐인데 사람들의 선호가 뒤바뀌는 것이다. 방안 1과 방안 2의 프레임은 "살릴 수 있다"에 맞춰져 있는 반면 방안 3과 방안 4는 "죽을 수 있다"에 초점을 두었다. 앞의 것은 소위 이익의 영역에 촛점을 맞춰 해결방안이 제시되었고, 뒤의 것은 손실의 영역 속에서 문제가 정의되었다. 사람들의 심리는 이익영역에서는 위험회피적인 선택을 하는 경향이 있으며 손실영역에서는 위험부담을 하고도 손실을 최소화하려는 경향이 있다. 따라서 방안 1과 방안 2를 놓고는 위험회피적인 방안 1을, 방안 3과 방안 4 중에는 위험부담이 있지만 손실을 최소화할 수 있다고 판단되는 방안 4를 선택하게 되는 것이다.

만약 앞의 예가 실제로 발생한다면 정부는 방안 3과 방안 4보다는 방안 1과 방안2를 국민들에게 제시하는 편이 여론의 지지를 받을 것이다. 방안 1과 방안 2는 "살린다"라는 긍정적 프레임을, 방안 3과 방안 4는 "죽는다"라는 부정적 의미의 프레임을 사용하고 있기 때문이다.

프레이밍 효과의 예를 하나 더 들자면, 대규모 불법 폭력시위가 발생하여 정부는 이를 해산하기 위해 진압경찰을 투입하였다. 그 다음 날 조선일보는 경찰이 시위대에게 폭행 당하는 사진을, 한겨레신문은 시위대가 경찰의 물대포 세례를 당하는 사진을 게재하였다고 가정하자. 각각의 독자들은 어떤 생각을 하게 되었을까?

정치와 언론은 지지를 획득하거나 또는 여론을 특정방향으로 유도하기 위해 항상 프레이밍 효과를 고려하여 정책을 발표하거나 보도를 하고 있다. 이러한 의도와 시도가 반드시 부정적이라고 평가할 수는 없지만 나타나거나 제시되는 현상의 의미에 대한 정확한 파악을 통해 올바른 판단을 하기 위해서는 프레이밍 효과를 넘어설 수 있는 지적 노력이 필요하다고 하겠다.

V. 인지이론의 적용

(1) 인지불협이론 사례

인지불협이론이 정치심리학에 응용된 대표적인 사례는 Ole R. Holsti가 행한 냉전시대 미국 John Foster Dulles 국무장관에 대한 연구이다.(Holsti, 1967). Dulles는 냉전으로 인한 미소갈등이 고조되었던 지난 1950년대 아이젠하워 대통령 밑에서 국무장관을 지낸 인물이다. 아이젠하워 대통령은 권력위임형 지도자였기 때문에 재임 기간 중 미국외교정책을 Dulles 장관이 주도할 수 있었다.

Holsti는 Dulles 국무장관이 가지고 있던 적에 대한 증오에 가까운 태도가 그의 정책결정과정과 관련된 정보처리에 어떤 영향을 미쳤는가를 인지불협이론으로 분석하였다. Holsti는 Dulles의 믿음체계를 신학적 세계관으로 보았다. 그는 세계를 무신론의 공산주의 대 유신론의 기독교, 물질주의 대 신앙주의라는 이분법으로 파악하였다. 물론 소련은 물질주의적이고 하나님의 존재를 부인하는 공산주의 종주국이자 악이며 미국은 하나님에 대한 신앙으로 무장한 선한 존재로 인식되는 것이다.

Dulles는 이 대결구조에서 기독교 신앙에 바탕을 둔 도덕적인 힘과 정신적 자질을 갖춘 국가가 궁극적으로 승리한다는 결정론적 믿음을 가지고 있었다. 결국 미소대결에서 승리는 미국이라는 확신이 있었으며 그것은 바로 창조주인 하나님의 계획이라고 믿었다.

이같은 세계관에 입각한 Dulles의 대소련관과 이에 따른 적대적 태도는 그의 정책결정과정에 어떠한 영향을 미쳤는가? 인지불협이론에 따르면 어떤 믿음체계에 상충되는 새로운 정보가 들어오면 인지요소간에 불협이 발생하여 심리적 긴장이나 불균형을 느끼며 당사자는 이를 협화 또는 균형을 회복하려는 노력을 하게 된다. 이 과정에 따라 Dulles는 인지불협을 다음과 같이 해소하였다.

첫째, 소련의 적대적 태도가 감소하는 경향이 나타나도 Dulles의 소련에 대한 평가는 변함이 없었다. 소련의 그러한 변화는 당면한 곤경을 피해보려는 노력으로 이해하였다. 새로운 정보를 자신의 믿음체계에 맞게 해석하였으며 기본적인 대소련관에는 변함이 없었다.

둘째, 소련의 능력에 대해 그는 군사적, 기술적 힘은 있으나 전반적인 경제력과 국민의 지지는 매우 약하다고 보았다. 악의 종주국인 소련이 국민들로부터 지지를 받는다는 것은 그의 세계관으로 볼 때 받아들일 수 없는 사실이었다.

국무장관으로 재임하는 동안 Dulles는 이러한 세계관에 입각하여 모든 정보를 분석하고 해석하였으므로 미소긴장완화를 위한 외교정책은 기대할 수 없었으며 지난 1950년대 냉전은 대결구조의 연속이었다.

인지불협이론은 미국의 경우 뿐 아니라 우리나라의 남북관계를 살펴봐도 쉽게 예를 찾아볼 수 있다. 지난 2000년 평양정상회담 이후 남의 북에 대한 경제지원이 강화되었다. 이에 대해 국내의 보수파는 북한이 명백한 변화의 조짐이 없는데 우리 측의 일방적인 지원은 상호주의에 어긋난다는 이유로 정부의 대북유화정책을 비난한다. 반면 정부는 북한의 경제개혁 등 여러 조치를 열거하며 북한은 변화하고 있다고 주장한다. 대부분의 반북세력은 자신의 경험 등에 의해 반북적 태도가 세계관화되어 있다고 할 수 있다.

(2) 귀인이론 사례

Daniel Heradstveit는 귀인이론의 행위자 · 관찰자 효과를 적용하여 분쟁상황의 국제관계를 분석하였다.(Heradstveit, 1979). 그는 사례로 중동분쟁의 당사자인 이스라엘과 아랍국가의 여론지도층을 택하였다. 그가 발견한 분쟁당

사국 여론지도층의 경향은 다음과 같다.

첫째, 자기 나라의 좋은 행위를 관찰할 때는 아랍과 이스라엘 양측 모두 성향면에서 설명한다.

둘째, 자기 나라의 행동 중에서 명백히 잘못된 것이 발견되면 그 행동이 상황적 요인 때문에 불가피한 것이라고 설명하며, 상대방의 잘못된 행위는 성향에 귀속시킨다.

셋째, 상대방이 좋은 행동을 하면 아랍, 이스라엘 모두 상대방의 행위를 상황적 요인에 의한 것이라고 설명한다.

넷째, 상대방이 어떤 특정한 상황에서 잘못된 행동을 보일 때도 그 행동을 성향적 요인에 귀속시킨다.

한마디로, 적대관계에 있는 국가들은 자기가 잘한 일은 착해서, 자기의 잘못은 상황 때문에 다른 방법이 없어서라고 자기합리화를 하며 상대방의 잘못한 일은 나쁜 성향 때문에, 잘한 행동은 어쩔 수 없는 상황에 의한 것이라며 근본적으로 상호불신을 보인다는 것이다.

일반적으로 적대관계에서 상대방의 행위는 어떤 악의적 동기와 함께 치밀한 계획에 의해 진행되는 것으로 비쳐진다. R. Jervis는 이같은 경향을 집중화 지각(perceptions of centralization)이라고 이름지었는데 적대국의 행위는 집중화되고 계획되었으며 면밀히 검토된 일관된 각본에 의해 진행되는 것으로 해석된다.(Jervis, 1976) 그러한 행위가 상대국의 국내정치적 상황이나 강경파와 온건파 사이의 갈등에 의한 우발적 사고와 같은 상황적 요인에 의해 촉발되었다는 가능성을 배제해 버리는 것이다.

(3) 정책결정자의 인지구조

국제정치학자인 Glenn Snyder는 인간의 추리구조로서 지식구조와 관련하여 이미지와 이론, 두 개의 개념으로 정책결정자의 인지적 측면과 정보처리과정에 대해 분석을 하고 있다. 그는 이미지란 상대방 국가의 성격이나 특징적 행위에 대한 믿음의 집합이고 이론이란 국제정치과정에서 발생하는 인과관계에 관한 믿음이라고 정의하고 이러한 두 집합이 외교정책결정과정에서 나타나는 강경파와 온건파를 어떻게 설명할 수 있는 가를 다루고 있다.(Snyder, 1977)

흔히 매파(hawks)로 불리는 강경파들의 세계관은 국제정치는 힘의 투쟁이라고 가정한다. 따라서 자국의 이익과 직결되는 권력 · 전략적 고려에 민감하며 타국의 침략가능성에 항상 주목한다. 국력을 군사력 위주로 생각하고 위기 시 단호한 결단을 내려야 한다고 주장하는 등 적에 대한 타협적 태도를 배격한다.

반면, 비둘기파(doves)로 불리는 온건파의 시각은 국제관계에서 국가간 공동이익이 존재한다고 믿는다. 물론 분쟁이 발생할 수 있으나 상호타협에 의해 해결될 수 있다고 본다. 안보를 위해 군사력과 억제력이 필요한 것은 인정하지만 이는 협상 및 타협과 병행되어야 하는 것이다. 군사력에 대한 지나친 의존과 비타협적 자세는 상대방을 자극하여 긴장을 고조시키고 전쟁발발 위험성을 높인다고 본다.

이러한 차이는 적대국에 대한 이미지가 상반되기 때문이다. 먼저 강경파는 적대국은 무한한 목적을 가진 체계적인 팽창주의자라고 생각한다. 적대국은 원대한 계획 아래 분쟁이나 위기상황을 활용하려고 시도하며 상대방의 결의를 시험하고 유리한 협상고지를 장악하려고 한다. 즉, 적대국은 냉혹하고 치밀한 계산에 따라 행동하며 장기적인 포위작전의 일환으로 행동을 전개한다는 것이다.

반면, 온건파는 상대방의 목표는 제한되어 있으며 구체적이고 웅대한 구상으로 연결되어 있다고 보지 않는다. 적대국의 요구도 타당성이 있으며 그들의 특정이익이 충족되거나 불만이 해소되면 공존가능한 이웃 나라가 될 수 있다고 본다. 적대국도 어느 정도 합리적이며 타협적인 측면이 있다고 여기는 것이다. 따라서 적대국의 행위도 반드시 계산된 것이 아니라 즉흥적이고 내부상황에 따른 제약성과 가변성이 있다고 본다.

이같은 정책결정자에 대한 유형화 시도는 정책결정과정과 결과를 이해하는데 많은 도움을 준다고 하겠다. 이같은 차이점을 통해 우리나라의 경우, 대북정책을 둘러싼 보수강경세력 및 온건유화파의 입장과 정책선호를 이해할 수 있을 것이다.

(4) 정책결정과 정보처리과정

인간은 정보처리에 있어 내부적 요인과 외부적 요인에 의해 영향을 받으며, 그 내부적 요인이란 심리적 성향이라고 앞에서 설명하였다. 인간은 스스로의 추리도구를 통해 입수된 정보를 분석하고 해석하여 의사결정을 내린다. 이 추리도구에는 다양한 요소가 내재되어 있다. Jervis는 경험에 의해 축적되어 구축된 지식구조는 물론 이미지, 욕망, 기대, 관심 등 다양한 요소가 존재하고 있는 심리구조에서 그 구성요소들이 정보처리에 어떻게 작용하고 있나 하는 점에 관심을 보이며 몇 가지 가설을 제시하고 있다.(Jervis, 1976)

첫째, 정책결정자의 이미지나 이론은 입수된 정보나 자료의 해석에 중대한 영향을 미친다. 특히 정보나 자료의 내용이 애매하거나 자신의 이론에 대한 확신이 강할 때 그 해석은 기존에 존재하는 자신의 이론에 합치되는 방향으로 풀이된다. 이 경우, 그 이론을 뒤집을 만한 명백한 자료가 제시되기 전에는 정책결정자의 기존이론은 오히려 강화된다.

둘째, 새로운 정보는 현재의 관심에 따라 해석된다. 정책결정자는 자신이 몰두하고 있는 문제에 지나친 비중을 두기 때문에 그와 무관한 정보는 소홀히 하기 쉽다. 뿐만 아니라 상대방도 자기와 같은 관심을 가지고 있다고 생각하는 경향이 있다. 앞에서 말한 인과귀속에서 남도 나처럼 생각하는 경향을 지닐 수 있다는 자기근거에 의한 총의효과와 같은 편견이나 오류에 빠지기 쉽다.

셋째, 정책결정자에 제공되는 정보는 자신의 욕구나 기대에 맞게 해석되기 쉽다. 욕구는 정서적 요소로서 믿음과 같은 인지적 요소와는 구분된다. 그러나 정서적 요소가 인지적 요소에 영향을 미칠 수 있으며 이를 희망적 사고(wishful thinking)라고 한다. 다시 말하면 인간은 자신이 지각하기를 원하는 것을 지각한다는 뜻이다.

넷째, 인간은 현재의 사건을 자신의 직간접 경험에서 얻은 교훈에 따라 해석하려는 경향이 있다. 이를 역사적 유추법(historical analogy)라고 한다. 특히 이러한 유추해석법은 정책결정자의 생애와 경력 중 주요 활동시기에 직접 체험한 사건들에 의해 좌우된다. 이같은 역사적 유추는 단편적 사실에 근거한 하나의 이론적 관점으로서 경우에 따라 사태의 성격을 지나치게 단순화함으로써 과거의 사건과 현재의 사건에 내포되어 있는 중대한 차이점을 도외시하는 위험성을 가지고 있다.

다섯째, 새로운 정보는 기존의 이미지나 믿음에 부합되도록 해석된다. 만약 새로운 정보가 기존의 믿음체계를 흔들 정도라면 심리적 불협이 발생하며 이 불협을 해소하기 위해 다음과 같은 다양한 전술이 시도된다.

첫째, 정보를 무시한다(자신의 믿음과 정보와의 차이를 부인하는 것이다.)

둘째, 정보의 근원을 불신한다:

셋째, 정보가 확실한 근거를 제시함으로써 믿을만한 것이라면 다소 수긍을 하지만 이미지를 바꾸지는 않는다.

넷째, 의혹이 계속 늘어나면 기존의 이미지를 뒷받침할 새로운 정보를 찾는다.(이를 견고화라고 한다.)

다섯째, 견고화를 통해서도 기존의 믿음체계가 유지되기 힘들 경우 분화나 초월의 방법을 채택한다. 분화(differentiation)란 대상을 쪼개어 부분적으로

호 · 불호태도를 유지하는 것이고, 초월(transcendence)은 이와는 반대로 대상을 보다 큰 단위로 묶어 일반화시키는 것을 의미한다. 예를 들어 반미주의자가 특정 미국 연예인을 좋아하며 미국과 대중예술은 별개라고 생각하는 것이 분화이며 미국과 일본을 둘 다 싫어하는 사람이 미일간 의견차이나 분쟁이 발생했을 경우 두 나라 다 자국이익만 추구하는 극히 이기적인 국가라는 공통점이 있다는 식으로 증오의 대상으로 처리하는 것을 말한다.

(5) 국내 연구사례

국내에서도 정치지도자의 의사결정과 관련하여 심리적 차원에 초점을 맞춰 설명하려는 연구시도가 있다. 조동준(2004)은 지난 1990년대 북핵위기를 둘러싼 한미관계에 노출된 공조와 갈등양상을 당시 우리나라 대통령인 노태우와 김영삼의 심리적 특성과 채택된 외교정책과의 연관성을 중심으로 살펴보았다.

노태우와 김영삼 두 대통령의 집권시기는 권위주의가 붕괴되고 민주주의 공고화가 진행되는 과도기적 상황이었다. 두 정권 모두 사회세력의 압력으로부터 자유롭지 못했는데 그중 하나가 일방적이었던 한미관계를 재정립해야 한다는 요구였다. 이러한 상황 속에서 두 지도자 모두 한미관계에서 한국의 영향력을 높이기 위하여 노력하였는데 이를 위한 접근방법은 상이하게 나타났다. 노태우 정부 시기의 한미관계는 공조의 모습이, 김영삼 정부 시기에는 갈등의 양상이 두드러지게 나타났던 것이다.

이 연구는 그러한 차이를 대통령의 심리적 유형에 기인한다고 보았는데 노태우 대통령은 '소극적 적응형' 또는 '인간중심-민원처리형'인 반면, 김영삼 대통령은 '공격적 승부사형' 또는 '외향적 감정형'으로 분류하였다. 따라서 노태우 대통령은 모든 행동이 신중하며 대인관계가 방어적이고 국정운영에 있어 새로운 의제를 찾아 적극적으로 상황을 변화시키기 보다는 소극적으로 적응하려는 특성을 가지고 있다. 공격적이고 도전적인 김영삼 대통령은 정치적 감각이 뛰어나지만 일관성을 상실할 위험성이 있다.

노태우 정부는 북한 핵문제를 해결하는데 있어, 미국의 주도에 소극적으로 순응하기 보다는 당사자 원칙에 따라 우리나라가 주도적으로 해결하려 시도하였다. 한국은 남북대화에 중점을 두어 이를 먼저 진전시키고 이에 기반하여 북한 핵문제를 해결하려 하였다. 미국 또한 한국의 주도를 일정 부분 인정하고 미국이 일방적인 정책을 취할 때도 제한된 공간에서 한국이 주도적 역할을 담담하는 것처럼 보이도독 노력하였다. 한국과 미국 양국 모두 이견이 노출되지 않도록 유연히 대응함으로써 한미공조의 모습을 보일 수 있었다. 이 결과 1991년 11월 8일 "한반도 비핵화와 평화구축을 위한 선언"이 발표되었으며 미국은 한반도에서 전술핵을 철수하더라도 핵우산을 제공하겠다고 약속하였다.(조동준 2004)

김영삼 정부의 한미관계는 갈등의 연속이었다고 할 수 있다. 먼저 북한 핵문제를 해결하기 위해 북한과 미국이 교섭을 시작하자 김영삼 대통령은 김일성 사후 북한의 조기붕괴 가능성이 있고 북한에 대한 유화적 태도는 북한 정권을 연장시킬 수 있다며 미국의 태도를 비판하였다. 미국 정책당국자들은 매우 당황하였는데, 레이니 당시 주한미국대사는 김영삼 대통령을 만나 북한 핵문제에 감정적인 대응은 자제해달라고 요청할 정도였다. 당시 북한은 한반도 문제와 관련하여 한국을 배제하고 미국과 직접 교섭을 벌이는 소위 '통미봉남' 정책기조를 유지하고 있었는데 이에 대응하여 한국은 한미동맹과 국제적 협력에 기반하여 북핵문제를 해결하려고 노력하였다.

앞에서 간단히 살펴보았지만 소극적 상황적응형인 노태우 대통령은 북한 핵문제와 관련하여 한미관계에서 적극적 행위자의 역할을 하려 노력하였다. 반면 외향적 · 적극적 성향을 가진 김영삼 대통령은 상황의 전개를 주도하기 보다는 미국의 정책에 강력한 불만을 표출하는데 주력하였다. 그러나 결국 미국의 정책을 수용할 수 밖에 없었다.

이러한 결과는 북핵문제와 관련된 정책결정 과정에서 최고지도자의 심리적 요인이 큰 영향을 미치지 못한다는 인상을 주고 있다. 이는 정책결정자의 심리적 특성과 상황의 압력과의 상관성에 대한 중요한 함의를 나타내고 있다. 즉, 북핵문제처럼 사안의 중요성이 클 경우 정책결정자의 심리적 특성이 정책선호에 개입할 여지가 상대적으로 감소할 수 있다는 점이다. 특히 북핵문제의 경우 정책수단의 장단점이 매우 명확하기 때문에 심리적 요인이 작용할 공간이 협소해질 수 밖에 없다. 그러나 반대로 상황의 압력이 상대적으로 약하고 정책수단의 장단점이 불분명할 때 정책결정자의 심리적 요인이 의사결정과정에 개입될 가능성은 높아진다고 하겠다.

제 5 장

정치인과 퍼스낼리티 연구

정치심리학적 관점에서 인간의 정치성을 연구하는 방법은 크게 두 가지로 나누어 생각할 수 있다. 첫째는 정치의식을 갖고 정치행위를 하는 주체로서의 개인을 대상으로 한 연구이다. 이 방법은 개인의 인성, 성격 혹은 행동을 주로 심리적 변수에 의해 분석하려고 한다. 둘째는 개인에 기초하지만 집합적 성질과 특징을 대상으로 하는 것으로 사회학적 변수를 사용하여 접근하는 방법이다. 이 두 가지 접근방법은 개인의 심리적 정향이 집단차원에 투영되고 한편으로는 집단적 존재성이 개인심리를 구속할 수 있다는 의미에서 상호 밀접한 관계가 있다고 하겠다.

이중 첫 번째 방법인 개인을 대상으로 하는 연구는 다시 ▲ 정치적 인간의 심리적 사례사와 ▲ 정치적 인간의 유형 연구로 나누어 볼 수 있다.

I. Harold Lasswell의 정치인 연구

정신분석학을 정치학에 본격 도입한 학자는 미국의 Harold Lasswell이다. 그는 인간의 내면심리와 정치와의 연관에 가장 먼저 관심을 가진 정치학자이다. 그는 인간의 정치행위는 심리 내면의 깊숙한 곳에 있는 유년기 경험의 무의식 내지 정서적 문제에 의해 설명될 수 있다고 보았다. 이에 근거해 그는 정치적 인간(political man)이라는 인간유형의 개념을 제시하였다. Lasswell 말하는 정치적 인간이란 권력에 굶주린 인간의 이미지, 즉 자기의 가치박탈을 권력추구를 통해 보완하려는 인간을 말한다. 따라서 정치적 인간은 일반 사람이 가지고 있는 정치적 성향을 분석하려는 개념이 아니라 권력추구자와 관련된 모델인 것이다.

Lasswell은 정치적 인간을 다음과 같은 공식으로 설명하고 있다.(Lasswell, 1960)

정치인 공식 : p } d } r }= PM

맨 앞의 p는 개인의 사적 동기(private motive)를 말한다. 사적 동기는 어린 시절의 경험과 관련되어 형성된다. d는 이 사적 동기가 공적 목표로 전치(displacement)되는 것을 의미한다. 다음의 r은 사적 동기가 공적 목표로 전치된 것을 공공이익을 명분으로 합리화(rationalization)하는 것을 뜻한다. 이 과정이 완성되었을 때 그는 정치적 인간인 PM(political man)이 되는 것이다.

Lasswell이 제시한 과정을 좀더 살펴보면 사적 동기는 대개 어린 시절 억압되었던 권위에 대한 강력한 증오에 의해 발생한다. 이 증오는 남근기 단계에서 겪게되는 오이디푸스 콤플렉스를 의미하며 대부분 아버지와 관련되어 있다. 권위를 상징하는 아버지에 대한 억눌렸던 감정, 즉 증오는 성인이 되어서도 계속적으로 기능하게 되며 단지 그 대상이 통치자나 자본가에게로 돌려지는 것이다. 그것이 바로 전치이다. 증오대상이 공적 목표로 전치되면서 이를 합리화시켜야 한다. 자본가들의 노동자 착취는 정의에 어긋난다거나 민중혁명만이 평등한 사회를 만들 수 있다는 등의 이론화 내지 이념화 과정이 필요한 것이다.

Lasswell에 따르면 권력을 추구하는 정치적 인간은 오이디푸스 콤플렉스에 바탕을 둔 권위에 대한 증오가 권력추구의 동기가 되기 때문에 이들이 벌이는 정치란 증오의 싸움이 될 수 밖에 없다. 우리나라를 비롯하여 동서고금을 통해 권력쟁취를 중심으로 하는 정치는 잔인하다는 인상을 지울 수 없는 이유를 Lasswell의 설명을 통해 이해할 수 있는 것이다.

정치적 인간은 권력에 굶주린 인간이며 이들은 다음과 같은 특징을 가지고 있다.

1. 권력을 강조한다.
2. 자아에 대해 권력을 요구한다.
3. 권력에 온갖 기대를 투사한다.
4. 권력조작의 최소한의 기술을 가지고 있다.

이들 정치적 인간은 가치박탈에 대한 보상으로 권력을 추구하는데 권력은 자아에 대한 저평가를 만회시켜준다는 기대가 크다. 정치적 인간이 느끼는 가치박탈이란 매우 포괄적인 개념으로 가문의 몰락이나 사회생활에서의 좌절감, 출신성분에 대한 불만 뿐 아니라 신체적 결함에 따른 열등감까지도 포함한다.

이들은 열등감과 함께 자아정체성의 혼란을 겪게 되는데 그러한 심리적 괴로움이나 갈등, 사회적 차별을 일거에 극복하거나 만회할 수 있는 방법으로 권력을 추구하게 된다는 것이다. 예를 들면 키가 작고 변경출신이었던 나폴레옹과 히틀러, 변경출신으로 소외감을 느꼈던 이성계, 유대교에서 개신교로 개종한 집 안의 칼 맑스, 궁중정치에 깊이 개입하는 중국의 환관 등이 이에 해당된다고 하겠다.

Lasswell은 이러한 정치적 인간을 다음의 세 가지 유형으로 나누고 각 유형에 내포된 성격특성을 분석하고 있다.(Laswell, 1960)

1. **선동가** agitator : 극화적 성격의 소유자로 사람들로부터 정서적 반응을 구하며 자기현시적이며 도발적 성향이 강하다. 바람직한 사회적 변화를 이상화시키고 대중호소를 즐긴다. 위기적 상황에 적합한 유형이다.
2. **행정가** administrator : 강압적 성격의 소유자로 정치적 인간의 형성과정에서 볼 때 전치와 합리화의 대상선정에 신축성이 없고 모든 것을 세부적으로 빈틈없이 처리하려는 경향을 보인다. 인간관계가 매우 딱딱하다.
3. **이론가** theorist : 냉철한 성격의 소유자로 관념적이고 사유적인 면에서 창조적 재능이 있으며 사람들의 사유적 관심을 단기적 목표로 돌리는데 관심이 있다.

그는 자신의 유형분류에 따라 구약성서에 나타나는 예언자는 선동가로, 칼 맑스는 이론가로 규정하였으며, 레닌의 경우 선동가, 행정가, 이론가의 면모를 모두 갖춘 정치적 인간으로 제시하고 있다.

Lasswell은 이같이 정치적 인간의 유형화를 시도함으로써 그들의 인성체계를 유년기를 중심으로 하는 심리적 발전의 과정에서 해명하려는 시각을 제공하였다. 이는 정치인 연구에 있어 심리학적 접근의 유효성을 높였다는 평가를 받는다.

II. 기타 정치인 유형

Lasswell이 자신의 유형을 구체적인 정치지도자에 적용하여 고찰하였다면 I. de S. Pool은 이러한 분류에 조직가라는 유형을 추가하였다. 그리고 이들 유형을 개별의 독립적 유형으로 보지 않고 하나의 연속체로 설정하여 정치지도자들을 분석하려고 시도하였다.(정윤무, 1993)

그림 2: Pool의 정치지도자 유형

<table>
<tr><th>이론가</th><th>선동가</th><th>조직가</th><th>행정가</th></tr>
<tr><td colspan="2">맑스</td><td></td><td></td></tr>
<tr><td colspan="3">레닌</td><td></td></tr>
<tr><td></td><td></td><td colspan="2">스탈린</td></tr>
<tr><td></td><td colspan="2">카스트로</td><td></td></tr>
<tr><td></td><td colspan="3">루즈벨트/케네디</td></tr>
<tr><td></td><td></td><td colspan="2">닉슨</td></tr>
</table>

* 출처: 정윤무, 『현대정치심리론』(서울: 박영사, 1993), 재인용.

그의 분류에 따르면 맑스는 이론가이고 선동적 기질은 있으나 조직능력이나 행정능력은 없는 정치적 인간이며, 그에 비해 레닌은 이론가인 동시에 민중을 선동할 수 있는 능력을 갖추었으며 조직가로서의 면모도 탁월하다. 반면 내부 권력투쟁을 통해 소련의 최고 지도자가 되었던 스탈린은 대중선동에 능하지 못했지만 조직능력과 행정능력을 갖춤으로써 장기집권을 할 수 있었던 것이다.

성격적 특징에 근거하여 정치인을 분류한 Lasswell과는 달리 James. D. Barber는 정치인의 활동과 동기를 직접 관찰한 결과를 가지고 유형을 도출하였다. 그는 1960년대 초 미국 코네티컷 주의회의 의원들을 의정활동수준과 의원역할에 대한 애착이라는 두 가지 차원에서 경험적 연구를 한 후 〈표 2〉에 나타나듯이 네 가지의 의원유형을 제시하였다.(Barber, 1965) 의정활동수준의 높고 낮음과 자신의 의원역할에 대한 긍정적 · 부정적 인식에 따라 이를 입법형, 참관형, 광고형, 소극형으로 구분하였다.

표 2: James Barber의 리더십 유형

		역할인식(Affect toward the Role)	
		긍정적(Positive)	부정적(Negative)
활동수준 (Level of Activity)	적극적 (Active)	입법형 (Lawmaker)	광고형 (Advertiser)
	소극적 (Passive)	참관형 (Spectator)	소극형 (Reluctant)

1. **입법형** lawmaker : 의정활동수준이 높고 역할인식이 긍정적인 의원이다. 합리적이고 문제해결에 적극적이며 정책지향적이다. 도전에 과감히 직면한다. 대체로 경쟁이 심한 선거구 출신으로 교육수준이 높으며 성공적인 경력의 소지자이다.

2. **참관형** spectator : 의정활동은 약하나 역할인식은 매우 긍정적이다. 타인으로부터의 인정으로 만족감을 느끼고 자존심을 유지한다. 경쟁이 약한 선거구 출신이기 때문에 출신지역으로부터 받지 못하는 존경심을 보완하려는 심리가 강하다.

3. **광고형** advertiser : 의정활동은 열심히 하나 의원으로서 역할인식은 부정적이다. 불만이 많고 동료의원들을 깔보며 정책의 내용보다는 남의 주의를 끌려는 행위에 관심이 크다. 주로 경쟁이 심한 지역구 출신으로 권력욕구충족과 경제적 이득을 취하려는 동기가 강하다.

4. **소극형** reluctant : 활동도 적고 의원역할에 대한 애착도 약하다. 경쟁이 거의 없는 지역구 출신으로 자기 지역구에서 존경을 받는 원로들이 많다. 지역을 대표해야 한다는 의무감에서 의원직을 맡고 있다.

Barber의 연구결과는 시사하는 점이 많다. 의원역할에 대해 스스로 긍정적인 인식을 한다고 해서 반드시 열심히 의정활동을 하는 것도 아니고 반대로 의정활동이 활발해도 그 역할을 스스로 긍정적으로 생각하는 것도 아니라는 점이다. 이는 국익을 위해 과연 어떤 유형의 의원이 바람직한가 하는 문제를 제기하고 있는 것이다. 물론 스스로의 역할인식도 긍정적이고 의정활동도 적극적인 입법형 의원이 가장 바람직하지만 이같은 유형의 정치인이 많지 않다는 사실이 문제인 것이다.

Barber는 자신이 분류한 의원유형을 미국 역대 대통령에 적용해 보았다. 그는 역대 대통령의 전기물 자료를 검토하여 대통령직 수행에 적극적이냐 아니면 소극적이냐, 또 대통령직에 대한 애착이나 역할에 대한 인식이 긍정적이냐 부정적이냐를 구분하였다. 예를 들어 미국의 30대 대통령 Calvin Coolidge(1923-1929 재임)는 낮잠을 포함하여 하루에 12시간 이상의 수면을 취하는 등 역할수행에 수동적이었고 대통령직에 대한 애착도 거의 없었다. 따라서 수동적 · 부정적(passive-negative) 유형에 속한다. Roosevelt와 Kennedy는 역할수행도 적극적이었고 대통령직에 대한 애착도 강했다. 그들은 적극적 · 긍정적(active-positive) 유형이다.

이러한 네 가지 유형 중 적극적 · 부정적(active-negative) 유형과 적극적 · 긍정적(active-positive) 유형 이 보여주는 특징은 다음과 같다. 먼저 적극적 · 부정적 유형은 높은 성취욕구와 성공욕구를 가지고 있으며, 자기존경(self-esteem)의 욕구를 충족시키지 못하기 때문에 자아의식이 결여되어 있으며, 내적 성찰이 부족하므로 자기의 믿음이나 행동을 경험에 비추어 분석하는 경향이 적으며 자신의 낮은 자기존경을 보충하기 위한 방편으로 권력을 추구하다보니 대통령이 되었다는 점이다.

적극적 · 긍정적 유형은 열등감에서가 아니라 업무를 감당할 수 있다는 자신감에서 대통령직에 도전하였고 보다 높은 자기실현욕구를 가지고 있는 특징이 있다. 이들의 자기실현은 스스로의 명성이나 정치적 경력을 쌓기 위한 것이 아니고 개인적 성장이나 국민들의 복지를 증진시키기 위한 동기에서 정치인이 되었다고 볼 수 있다.

Barber의 분류를 우리나라 전 · 현직 대통령들에게 적용하면 상당히 의미있는 결과가 나올 것으로 기대된다. 그러나 이러한 심리학적 전기물 연구(psychobiography study)는 신빙성있는 자료의 축적이 필수적이고 대통령과 관련된 공식-비공식 자료들이 공개되어야 한다는 점에서 우리나라의 연구환경이 아직 열악하다고 하겠다.

한편 정윤재는 우리나라 최고 정치지도자들의 리더십을 비교분석한 연구에서 그들을 다음과 같이 평가하고 있다.(정윤재, 2003)

1. **이승만** 느낌과 감정이 앞서고 행동하기에 바빴던 카리스마적 권위주의자였다. 그러나 이 권위는 법 위에 군림하는 방식으로 허비됐고 권력논리에 따라 정치를 조작하거나 폭력에 의지하게 됐다.

2. **장면** 성실한 카돌릭 엘리트였고 자유민주주의에 대한 비전을 갖추고 있었지만 포용력과 조직력 부족으로 실패한 지도자이다. 제임스 바버의 유형분류에 따르면 긍정적이면서 소극적 지도자이다.

3. **박정희** 5.16쿠데타는 가난체험을 극복하려는 의지의 발로였다. 현실비판적, 혁명적 성향이라는 특성에 의해 설명될 수 있다. 위민정치사상과 멸사봉공의 정신에 경도된 변혁적 지도자로서 당대 한국의 전반적 국민생활과 구조를 개조하고자 했지만 관료와 시민사회의 자율성 제고를 위한 자기혁신은 보여주지 못했다.

4. **전두환** 불행했던 성장기에 강한 출세욕으로 자아에 대한 긍정적 이미지를 갖췄고 보스기질과 능숙한 심리전략을 지녔던 대세주도형 인물이다. 폭력적인 정권탈취와 정치적 전횡은 민주주의와 거리가 멀지만 전통적 인간관계에 충실했던 점은 국민정서와 일치되는 부분도 있었다.

5. **노태우** 6.29선언과 중간평가 파기, 3당합당 등에서 나타나듯 시의적절한 분위기를 잘 이용했던 대세편승형 지도자에 속한다. 권력의 분화기에 나타나는 여우형 엘리트라고 할 수 있고 자신을 합리적 지도자로 부각시키는데 실패했다.

6. **김영삼** 민주화운동을 통한 높은 정치적 정당성을 가진 계몽군주형 지도자이다. 그러나 고질적 지역주의, 부정부패, 친인척비리 등을 해결하지 못했고 국민적 공감

대 형성도 부족해 군주적 폐쇄성에서 벗어나지 못했다.

7. **김대중** 실패한 도덕적 리더십으로 평가된다. 대중의 모델이 될 수 있는 지도층, 즉 노블리스 오블리주를 형성하는 계기를 제공할 수 있었지만 과거의 권위주의 정치문화를 충분히 약화하는데 성공하지 못했다.

8. **노무현** 의도적 화법을 쓰는 지도자이다. 이는 단순한 실수나 생각의 모자람에서 나오는 발언들이 아니라 다분히 정치적 효과를 노린 결과이다. 막내로서의 성장과정에서 비롯될 수 있는 두고보자는 심리적 특성 때문에 한과 화를 많이 담고 있다.

Ⅲ. 심리학적 전기연구

정치학자들은 리더십 연구에 있어 정치지도자들의 인성적 특징을 찾아내려고 노력했다. 이와 함께 그러한 특성들이 어떻게 형성되었나를 밝히려고 시도하였다. 이러한 노력의 일환으로 정치지도자의 특성과 그들의 행위를 정신분석학적으로 접근하려는 시도의 결과가 리더십의 많은 부분을 설명해주고 있다. 정신분석학적 접근은 유아시기의 심리적 갈등에 대처하려는 다양한 방어기제의 작용을 통해 인성적 특성을 형성시킨다는 것을 강조하고 있다.

(1) 우드로 윌슨

이같은 설명방식을 실제 정치지도자에 적용한 사례 중 대표적인 것이 Woodrow Wilson에 대한 연구이다. Alexander George는 정신분석학적 접근을 통해 미국의 위대한 대통령 중 하나로 꼽히는 그러나 불우한 말년을 보낸 Woodrow Wilson 대통령을 분석하고 있다.(George, 1964). 미국 프린스턴대학의 총장을 지내는 등 저명한 학자였던 미국 28대 대통령 Wilson(1913-1921 재임)은 왜 정치를 하게 되었는가? 장로교 목사였던 Wilson의 아버지는 강한 인성의 소유자였으며 매우 박식하였다. 그리고 완벽주의자였다. 아들 교육에 있어서도 매우 엄격하고 힘겨울 정도로 많은 요구를 하였다. 이러한 엄격하고 완벽을 추구하는 아버지의 가정교육 때문에 어린 Wilson은 항상 아버지보다 열등하다는 의식에 빠져있었다. 재미있는 사실은 그의 정식 이름은 Thomas Woodrow Wilson이며 가운데 이름 Woodrow는 어머니의 성이다. 그런데 그는 아버지가 지어준 Thomas라는 이름 대신 어머니 성인 Woodrow를 자신의 이름으로 사용했다.

더군다나 윌슨은 체력이 약했고 신경쇠약과 소화장애 등으로 고생하였다. 그는 사소한 문제도 스스로 해결하지 못하고 항상 아버지와 상의하였다. 이러한 열등감으로 인해 Wilson은 Lasswell이 말하는 자기저평가에 빠져있었다고 분석된다. George는 Wilson이 이를 극복하려는 보완심리에서 권력을 추구하게 되었다고 분석한다. 즉, 자기저평가 내지 열등감을 보완하려는 사적 동기를 정치무대라는 공공대상으로 전치하였으며 그것을 전쟁을 종식시키기 위한 전쟁(미국의 제1차세계대전 참전 명분), 국제연맹의 창설(국제평화의 유지, 도덕적 질서의 확립) 등과 같은 도덕적 사명으로 합리화했다고 해석될 수 있다. Wilson은 아버지의 높은 학식과 도덕성에 대한 열등감을 극복하려고 더 많은 학식과 더 높은 도덕성을 스스로에게 강요하고 이를 공적 목표로 삼았던 것이다.

자기의 열등감을 만회하려는 목적에서 강한 성취욕구를 갖춘 사람은 그러한 자신의 목표달성에 방해가 되는 대상에 대해서는 강한 반발과 분노를 느끼며, 자기 자존심을 보호하려는 방어기제를 발동하게 된다. Wilson도 여기서 벗어나지 않고 있다. 그는 남을 지배하려는 욕구가 강하고 도전자에 대해 비타협적 태도와 경직성이 두드러지게 나타나며, 권력을 획득하는 과정에서 다소 신축성을 보이나, 일단 권력을 장악한 다음 그것을 행사하는 과정은 매우 비타협적이고 경직성을 보인다. 이같은 그의 인성은 대학총장이나 대통령과 같은 직위의 획득에는 성공하나 그 지위에서 이루고자 하였던 업적의 달성에는 실패하게 만들었다. Wilson이 대통령에 당선된 후 국제연맹의 창설을 주도했으나 의회의 비준을 받는데 실패함으로써 정작 미국은 국제연맹 회원국이 못되는 정치적 실패를 경험하게 된 것은 이러한 그의 경직성이 가장 큰 원인이라는 것이다. 즉 공화당은 비준에 반대하며 미국의 국제연맹 가입은 전통적인 외교기조인 고립주의적 먼로주의에 어긋나는 것이라는 명분을 내세웠지만 이와 함께 공화당 지도부 의원들의 Wilson에 대한 개인적인 적대감이 강했기 때문에 더욱 반대하였던 것이다.

Wilson은 국제연맹의 창설을 제안하였지만 정작 미국 의회는 국제연맹의 가입을 반대하였다. 이에 맞서 Wilson은 여론의 지지를 얻기 위해 전국 순회 설명회에 나서서 1만 6천 킬로미터의 여정을 강행하였는데 1919년 9월 26일 콜도라도주 푸에블로시에서 쓰러지면서 반신불수가 되었다. 병상에 누워 있는 상태로 대통령직을 수행하기 어려웠지만 외부로부터의 사임압력에 계속 맞서다 임기를 마쳤다. 그는 대통령직 퇴임 후 3년 뒤인 1924년 2월 28일 사망하였다.

흥미로운 사실은 우리나라 초대 대통령을 지낸 이승만이 Wilson의 제자였는데 그 두 정치지도자는 도덕적이고 비타협적이라는 인성면에서 매우 비슷하다는 점이다. 이승만이 유아시절에 아버지와의 관계에 있어 Wilson과 비슷한 경험을 했는지는 좀더 연구가 필요한 부분이라 하겠다.

(2) 리차드 닉슨

워터게이트 사건으로 탄핵위기에 몰리자 미국 역사상 최초로 임기 도중 대통령직을 사임한 Nixon(1969-1974년 재임)의 행태에 대한 정신분석학적 접근도 많은 부분을 설명해주고 있다.(Elms, 1976) 그의 정치인으로서 성장과정도 어린 시절의 가족관계, 즉 부모와의 관계에서 발생한 심리적 갈등과 밀접한 관련이 있다. Nixon의 부모는 청교도적인 가치관과 생활태도를 가지고 있었는데 아버지는 매우 근면하고 돈을 많이 못벌면서도 쉬지 않고 일하는 것이 하나님이 자신에게 부여한 소명을 수행하는 것이라고 믿었다. 어머니도 부지런하고 자녀들에게 자상하였으나 역시 청교도적 엄격함이 있었다. Nixon의 부모는 묵묵히 그리고 열심히 일하는 가운데서도 가족의 신분상승을 위한 희망을 버리지 않고 그 기대를 맏아들인 Nixon의 형에게 걸었다. 법조인이 되기를 기대했던 부모의 희망을 이루지 못한 채 형은 대학에 진학하기도 전에 결핵으로 사망하였다. 부모의 기대는 Nixon에게로 향하게 되었다. 몸이 약했던 Nixon은 이러한 부담감과 함께 자신이 형보다 능력면에서 못하기 때문에 혹시 부모의 기대를 충족시키지 못할지도 모른다는 불안감에 시달렸다.

이같은 어린 시절의 불우한 가정환경과 부모의 기대, 자기저평가 등에서 오는 열등감을 보완하기 위해 Nixon은 권력을 추구하게 되었으며 결국 대통령에 당선된다. 그는 계획성, 근면성, 끈기 등 성공하는 인물이 갖추어야 할 자질을 부모로부터 물려받았으나 비사교적이고 실패를 지나치게 두려워 했다. 그리고 남에게 완벽성을 보이려 노력하다보니 자책이 심했다. 결국 월남전 종식, 소련과의 데땅트를 통한 냉전긴장의 완화, 중국과의 관계정상화 등 많은 업적을 남겼으나 재선 후 워터게이트 수습과정에서 초기의 거짓말을 숨기려는 시도가 더 큰 거짓말의 반복을 가져오게 하는 실수를 저지름으로써 탄핵위기에까지 몰리며 자멸의 길을 걷고 말았다.

(3) 빌 클린턴

여대생 르윈스키와의 스캔들 등 여성편력으로 탄핵위기에까지 몰렸던 미국 클린턴 대통령(1993-2001년 재임)의 행태도 정신분석학적인 분석을 시도하면 많은 부분이 설명된다.(매라니스, 1996) 클린턴은 1946년 유복자로 태어났다. 자동차 외판원이었던 아버지는 교통사고로 사망했다. 어머니는 클린턴을 친정에 맡기고 간호사로 일했다. 어머니는 소탈한 웃음과 강하고 억센 성격의 여성이었으며 남편 사망 후 인근 의사들과 술집에서 거리낌없이 늦게까지 데이트를 하는 등 남성관이 매우 개방적이었다. 그녀는 일생동안 네 번 결혼을 한다.

클린턴이라는 이름도 그가 네 살 때 어머니가 재혼한 계부 로저 클린턴의 성을 이어받은 것이다. 계부는 술주정뱅이로 술만 취하면 어머니를 폭행했다. 클린턴이 15세가 되었을 때 체구가 계부보다 커졌는데 어느 날 계부가 또 어머니를 폭행하려고 하자 클린턴이 이를 완력으로 저지하였다. 그 일이 있은 다음 해 어머니는 계부와 이혼했다. 클린턴은 키가 크고 미남인데다 공부는 물론 잡기에 능했다. 그리고 무엇보다 구김살이 없었다. 특히 여학생들 사이에서 인기가 좋았다. 고등학교 졸업 후 명문 조지타운대학에 진학했고 영국 옥스퍼드대학에서 유학했으며 예일대학 법대를 졸업했다. 예일대학에서는 후에 부인이 된 힐러리를 만났다. 예일대학 졸업 후 고향인 아칸소주로 내려와 주검찰총장을 지냈고 주지사에 다섯 번이나 당선되었으며 결국 1992년 민주당 후보로 대통령에 당선되어 8년간 미국 대통령을 지냈다.

이같은 클린턴의 성장과정을 살펴보면 세 가지 특징이 발견된다.

첫째, 유복자로 태어났고 계부를 증오한 반면 어머니에 대해서는 늘 가까이 있고 보호해주고 싶은 집착심리가 있었다. 이 부분에는 양가심리가 있었는데 어렸을 때 자기를 방치하고 외부모에게 맡긴 어머니에 대한 불만과 함께 자신과 같이 불우한 처지에 있는 여성을 포함한 흑인, 저소득층 등 사회적 약자를 보호해야 한다는 감정이 병행했다고 보여진다.

둘째, 그는 깊은 사유에 의해 행동한다기보다 자기를 과시하려는 남근기 고착적인 요소가 있는 것으로 보인다. 그는 말하기를 즐겼고 남의 관심을 끄는 제스추어에 능했다.

셋째, 오이디푸스 콤플렉스가 원만히 해결되지 않음으로써 여성에 대해 과도하게 집착하였다. 무분별한 성적 관계를 시도하는 것은 오이디푸스 콤플렉스형 인성의 특징이다. 특히 충동조절장애적인 면이 있는 것으로 보여져 마음에 드는 여성만보면 성적 충동을 이기지 못하는 습성을 보였다.

이러한 현상은 가계적인 특징인 것으로도 보인다. 집안 전체가 알코올, 코카인, 섹스 등 중독증적인 면이 많이 관찰된다. 이러한 특성과 함께 자신의 존재를 확인하기 위해 클린턴은 끊임없이 권력을 추구하였으며 또한 그 과정에서 여성에 대한 의존이 심해졌다고 볼 수 있다.

(4) 아돌프 히틀러

히틀러를 연구하는 많은 학자들은 Freud의 정신분석학을 활용하여 그의 정치행동을 설명하고 있다. 그들의 해석에 의하면 히틀러의 반유태주의는 오이디푸스 컴플렉스(Oedupus complex)와 관련을 맺고 있다. 오이디푸스 컴플렉스는 정상적인 경우, 거세불안의 결과로 어머니에 대한 욕망과 아버지에 대한 적의를 억압함으로써 약화되는데, 만약 이 시기에 오이디푸스 컴플렉스를 제대로 극복하지 못하면 그것은 후에 이상심리와 이상행동의 원인이 될 수 있다.

이러한 정신분석의 관점에서 볼 때 히틀러는 아동기에 오이디푸스 컴플렉스를 정상적으로 해결하지 못함으로 인해 어머니에 대한 애착과 아버지에 대한 증오가 성장과정에서 계속 잠재되어 있었다. 그런데 어머니의 죽음을 전환점으로 아버지에 대한 오이디푸스적 감정이 어머니를 치료한 유대인 의사에게로 전이되었다. 히틀러의 어머니 클라라 (Klara Polzl)는 1907년 유방암으로 사망하였다. 후에 히틀러가 "어머니의 죽음은 나의 꿈을 하루 아침에 무너뜨렸으며... 어머니가 돌아가셨을 때 나의 운명은 이미 결정되어 있었다." 고 할 만큼 그는 큰 충격을 받았다. 어머니의 죽음이 히틀러의 반유대주의에 있어 중요한 이유는 그녀의 병치료 과정과 직접적 사인에 기인한다.

이 문제에 대해 심리학자들은 정신분석을 시도해왔다. 이런 경향의 연구는

Gertrud Kurth의 논문 '유대인과 아돌프 히틀러 (The Jew and Adolf Hitler)'를 필두로 다수의 연구결과가 출간되었다. Kurth는 그의 논문에서 다음과 같이 분석하고 있다. 히틀러는 어머니에게 근친상간적 욕망을 느끼고 아버지에게는 적의를 품고 있었다. 그런데 아버지 사망 후 어머니 주치의로 유대인 의사 블로흐(Bloch)가 등장하여 그가 아버지에게 느꼈던 감정의 갈등을 재생시켰다. 물론 히틀러는 어머니의 주치의 블로흐에게 진심으로 감사하고 있었다. 이 점은 그가 어머니의 장례식을 마치고 블로흐를 찾아가 감사함을 표한 일과 비엔나에 가서도 블로흐에게 "당신에게 영원히 감사드리는 아돌프 히틀러로부터"라고 쓴 자신이 직접 그린 카드를 보낸 사실로도 입증된다. 그렇지만 히틀러는 무의식적으로는 블로흐를 그가 미워했던 아버지의 자리를 차지한 새로운 연적이라고 간주하며 그를 증오하면서도 두려워했다. 왜냐하면 블로흐의 의학적 진료행위는 히틀러에게 아버지가 어머니에게 했던 난폭한 행동을 연상시켰기 때문이다.

예를 들어, 블로흐는 클라라를 치료하는 과정에서 그녀의 침실을 자주 출입했고, 그녀의 나신을 보았으며, 그녀의 가슴을 진찰했다. 더욱이 나중에는 어머니의 유방을 절제함으로써 아버지의 난폭한 행위를 환기시켰다. 또한 블로흐가 날마다 어머니의 혈관 속에 몰핀을 주사하는 장면을 목격함으로써 아버지가 어머니의 피를 오염시켰다는 공포가 다시 그를 두렵게 했다. 따라서 히틀러가 의식적으로는 블로흐에게 사의를 표했다고 해도, 그의 무의식 속에는 그 유대인 의사를 자신의 경쟁자로 인식하고 있었다. 결국 이 유대인 의사는 히틀러가 증오했던 아버지의 대체대상이 되었던 것이다. 따라서 이것은 그가 유대인을 증오하는 무의식적 동기가 된다.

히틀러의 자서전 『나의 투쟁』(Mein Kampf)에도 나와 있듯이 그가 의식적이고 과격한 반유대주의자가 된 것은 그가 사춘기를 보낸 비엔나(Vienna)에서의 경험 때문이었다. 히틀러는 자신이 예술적 재능이 있다고 확신하여 소년

때부터 위대한 화가가 될 것을 소망해 왔다. 그는 1907년 미술학교에 응시하기 위해 비엔나로 갔는데 입학시험 결과는 불합격이었다. 일 년 후 그는 다시 지원했지만 이번에도 실패하여 결국 화가에로의 꿈은 좌절되고 말았다. 그런데 히틀러는 낙방의 원인을 심사위원들에게 전가시켰다. 그는 자신에게 불리한 결정을 내린 심사위원들을 조사한 결과 일곱 사람 중에 네 사람이 유태인이라는 사실을 발견했다. 그러자 그는 즉시 미술학교 교장에게 "나를 낙방시킨 유대인들은 보복을 받게 될 것" 이라는 내용의 협박편지를 보냈다고 한다.

또한 히틀러가 반유대주의자가 된 것은 부분적으로 연애의 실패, 즉 성적 동기에 있다는 견해가 제시되어 왔다. 이 좌절은 그가 사춘기에 이성문제로 심적 외상을 받았다는 확증이 되며 따라서 이것은 오이디푸스 컴플렉스에 이어 그의 반유대주의가 발전하는 제 2단계라고 보는 것이다. 비엔나에서 생활할 당시 히틀러는 광고모델을 하는 소녀에게 심취해 있었는데 히틀러는 그녀에게 시를 써보냈으나 그녀는 그의 시와 예술성에 대해 비웃기까지 하였다. 그녀의 이런 태도에 히틀러는 격분하였는데, 얼마 후 그녀는 청년 사업가와 약혼했다. 그런데 히틀러는 그녀의 약혼자가 유대인 혈통임을 알게 되자 그에게 원한을 품게 되었다. 그리고 히틀러는 두 연인이 거리를 지나가면 그들을 쫓아가며 협박을 하였고 길거리의 행인들에게 “우리들의 게르만 여성'을 유혹하는 유대인을 공격하자”고 외쳤다고 한다.

입학시험의 실패와 자신이 좋아하던 여성을 유대인에게 빼앗긴 경험은 히틀러의 무의식 속에 잠재된 유대인에 대한 피해의식과 증오를 표면화시켰다. 뿐만 아니라 유대인과 아리안 인종간의 결혼으로 인한 인종의 오염을 방지해야 한다는 강박관념을 더욱 견고하게 하였다. 이 시기에 그가 경험한 좌절과 실패, 정신적 위기 그리고 비엔나의 정치적 현실과 사회문제 등은 그로 하여금 반유대주의를 정치적 신념으로 확립하게 만들었다. 이처럼 히틀러의 반유대적 감정은 개인적 실패의 원인을 유대인에게 투사함으로써 조장되었는데 이것은 곧이어 국가적 차원으로 확산되었다.

히틀러가 유대인을 박해한 또 다른 동기로서 그의 유대인 선조설이 제시되고 있다. 유대인 선조설의 진위는 아직까지 규명되지 않고 있지만 학자들은 이것이 히틀러의 반유대주의를 강화시켰다는 점에서 주목하고 있다. 히틀러에게 그의 유대인 선조설은 정치적으로 큰 위협이었으며 심리적으로 그를 강하게 압박했다. 그는 전생애에 걸쳐 반유대주의 원칙을 일관적으로 고수해 왔다. 그런데 만약 히틀러의 선조가 유대인이라는 사실이 입증된다면 나찌당 지도자로서 그의 정치적 위상은 종말을 고할지도 모르는 일이었다. 그러는 가운데 영국 '데일리 미러 (Daily Mirror)'의 1933년 10월 14일 자에 게재된 히틀러의 유대인 조부에 관한 기사는 그의 위기의식을 고조시켰으리라고 본다. 그래서 히틀러는 유대인 선조설을 반증하기 위해 게슈타포(Gestapo: 나찌의 비밀경찰)까지 동원했지만 그에게 유리한 아무런 근거도 찾아낼 수 없었다. 심리적으로도 유대인 선조설은 히틀러를 자극했다. 그는 유대인의 위험성을 여러 가지로 제시했는데, 그 중에서도 그가 가장 우려한 것은 성적 위협, 즉 피의 오염이였다. 그는 '나의 투쟁'에서 자신이 유대인을 증오하기 시작한 것은 유대인의 성적 타락과 백인 여성의 매춘을 중개하는 행위를 발견하고서부터였다고 밝히고 있다.

그가 믿기로는 유대인은 계획적으로 독일 여성과 관계를 맺어 독일인의 피에 그들의 피를 혼합시키려고 기도하는 자들이었다. 유대인 선조설에 반응하는 히틀러의 태도와 행동으로 미루어 볼 때, 그 소문은 유대인에 대한 그의 공포와 피해의식을 강박적으로 만들었으며, 따라서 히틀러는 유대인을 몰살시켜 버림으로써 자신이 유대인 혈통일지도 모른다는 불안에서 벗어나려고 노력했던 것으로 추정된다.

히틀러의 반유대주의를 포함한 인종편견 현상은 퍼스낼리티와의 관계에서도 설명되어 왔다. 학자들은 일반적으로 반유대주의자들의 퍼스낼리티와 심리적 메카니즘을 히틀러의 그것과 비교 분석하여 연구하였는데, 분석 결과 히틀러는 무력감으로 인한 내적 갈등과 죽음, 파괴에 대한 충동의 소유자였다고 나타났다. 그의 이러한 성향은 유대인에 대한 공격으로 발산되었다. 또한 히틀러는 비정상적이고 비도덕적인 성적 욕구로 자기증오와 죄의식을 느꼈는데, 그는 이러한 요소들을 유대인에게 투사하여 그들을 희생양으로 만듦으로써 심리적 평형을 유지하려고 했음을 알 수 있다.

V. 권위주의적 인성

유대인에 대한 대량학살 등 전대미문의 잔인성으로 점철된 이차세계대전이 끝난 후 사회과학자들은 나찌즘과 같은 전체주의의 기저에 깔려있는 심리적 요인들을 연구하기 시작했다. 그 결과 만들어진 개념이 권위주의적 인성(authoritarian personality)이다.(Adorno, 1950) 이 개념을 등장시킨 연구는 정치심리학의 관점에서 볼 때 인간의 심리적 성향과 관련된 유형의 정립과 그것이 정치행위에 미치는 영향에 대해 큰 기여를 한 것이다. 이 연구의 초점은 상식적으로 도저히 이해가 안되는 파시즘과 같은 이데올로기에 일반 사람들이 어떻게 그렇게 맹목적으로 순종하는가 하는데 의문을 갖고 그같은 인성형을 파악하는데 있었다.

권위주의적 인성 연구의 초기방향은 Erich Fromm에 의해 제시되었다. 프로이드의 정신분석학을 수용하지만 성적 욕구나 충동 등 생물학적 요인보다 인간관계 속에서 형성된 사회적 · 문화적 욕구나 동기 등을 강조하는 Fromm은 하나의 증후군으로 권위주의적 인성을 체계화시켰다.(프롬, 1999) 그에 따르면 르네상스와 종교개혁 이후 인간은 자유의 원리 아래 해방되어 왔으나 점차 늘어나는 자유는 과잉화되었고 인간은 그 과잉자유를 부담으로 느끼게 되었다는 것이다. 그 결과 자유로부터의 도피 현상이 나타났고 결국 나찌즘과 같은 전체주의적 이데올로기에서 안도감을 느끼게 되었다는 것이다. 나찌즘과 파씨즘 같은 전체주의는 주로 사회적 만성불안감에 시달리는 하층중산계층에서 특히 강하게 나타나는 새디즘과 매저키즘적 성격과 친화력을 가져 하나의 사회성격화되었다는 것이다. 따라서 새디즘과 매저키즘이 결합된 성격을 신경증세적인 것이 아닌 정상의 인간이 갖는 경우 권위주의적 인성이라고 부르고 있는 것이다.

Fromm은 나찌당과 정권이 이러한 권위주의적 인성에 호소하는 것에 성공하여 그 성격에 내재된 불안과 공격성이 유태인을 향해 발산되는 메커니즘을 찾아내었다. 당시까지 고도의 산업과 문화가 발달한 사회에서 사회구성원들이 왜 자유를 괴로운 짐으로 생각하고 그들이 어떻게 파시즘의 이데올로기를 수용하고 그것을 실천하게 되는가를 설명하는데 있어 매우 유용한 개념이 된 것이다.

권위주의적 성격은 특히 부모의 엄격한 훈련방식과 관계가 있는 것으로 지적되고 있다. 부모의 권위에 대한 복종은 부모에 대한 공포와 적의를 갖게 되고 억압된 적대심이 외집단에 대한 공격성으로 전환되는 동시에 편견이 강하게 구축된다고 분석된다.

Fromm은 권위주의적 성격의 특성을 다음과 같이 지적하고 있다.

1. 인간을 상하관계의 서열에 놓고 우열을 가리는 사고
2. 약자에 대한 공격과 강자에 대한 복종
3. 우열을 모든 일에 일반화하는 사고
4. 권력에 대한 갈망과 그 냉혹한 행사
5. 적의와 증오를 강하게 나타내는 사고
6. 타인에 대한 귀속적 판단
7. 양분법적 판단과 스테레오타입적 사고
8. 인간을 도구시하는 사고

Fromm의 초기 분석은 다른 사회과학자들에 의해 2차대전 후 좀더 체계화되어 권위주의적 인성의 특징이 제시되었다. 이를 F(fascism)-scale이라고 한다. 이에 따르면 권위주의 성격은 다음과 같은 특징을 갖고 있다.

1. **인습주의** conventionalism : 인습적 가치에 집착하며 이러한 집착이 외부의 사회적 압력에 의해 증폭될 경우 반민주주의적 감수성과 연결된다.

2. **권위주의적 복종** authoritarian submission : 권위에 대해 복종적이고 강력한 지도자의 등장을 바라며 국가에 대한 개인의 헌신을 강조한다. 이는 자신의 내적 권위, 다시 말하면 자아에 대한 의식이 취약할 때 발생하며 권위에 대한 적대감정이 공포심 때문에 제대로 표출되지 못하고 오히려 그 반대방향인 권위적 존재에 대한 과장된 존경심으로 드러난다.

3. **권위주의적 공격성** authoritarian aggression : 소속집단 내의 권위(예를 들면 가족 내에서는 부모)에 대한 적대감을 외부집단에 전치시키며 인습적 가치의 위반자에 대해 강력한 처벌을 주장한다. 일상생활에서의 즐거움이 박탈되었을 때 그에 대한 반작용으로 새디스트적 또는 매조키스트적 성향의 외향적 현재화이다.

4. **반내성화** anti-introspection : 공상, 사유 등을 배격하고 주관적이거나 유연한 마음자세에 반대한다.

5. **미신과 고정관념** superstition and stereotype : 자기의 책임을 어떤 통제할 수 없는 외부의 힘으로 돌리며 지나치게 단순화하거나 경직된 유형에 따라 사고하며 흑백논리가 강하다.

6. **권력과 강인성** power and toughness : 지배와 복종, 지도자와 추종자 등의 관계에 관심이 크며 권력자와 동일화 현상이 높고 힘과 강인함을 과시하려는 경향이 있다.

7. **파괴성과 냉소주의** destructiveness and cynicism : 인간에 대한 적개심과 비방심리를 가지고 있다.

8. **투사성** projectivity : 세상은 음모, 책략, 성적 과잉 등의 악한 세력들로 가득 차 있다는 선입견을 가지고 있으며 무의식적으로 감정적 행동을 외부로 투사한다.

9. **성적 관심** concern with sex : 성적 풍조에 대한 지나친 관심과 이에 대한 도덕적 분노가 강하다. 이는 어린 시절의 성적 억압에 대한 반작용이다.

물론 앞에 열거한 특성은 인간 누구에게나 조금씩 내재되어 있는 속성이라고 할 수 있다. 그러나 파시즘의 이데올로기에 쉽게 순응하거나 또는 그로 인해 다른 인종에 대해 명백한 차별의식을 갖는 권위주의적 인성의 인간에게 이같은 특성이 강하게 나타난다는 점을 강조하고 있는 것이다.

권위주의적인 사람은 외벌성(extra punitiveness)이라는 일반적인 특성을 가지고 있어서 자기 자신을 책하는 일은 거의 없고 실패의 책임을 외부, 타인 또는 환경의 탓으로 돌린다. 대인관계에 있어서도 애정과 우정보다 힘과 지위를 중요시한다. 부모와 자식의 관계에서도 애정을 강조하지만 실제는 애정과 신뢰가 결여되어 있으며 그 관계는 엄격한 훈육과 권위로 맺어져 있다. 따라서 자식들은 부모에 순종하는 모습을 보이지만 실은 반항심이 억제되어 있을 뿐이다.

한편 인습주의와 과도한 제도존중주의가 보수성향을 드러내고 있지만 내면적 안정감을 결여하고 있기 때문에 특징이 뚜렷한 내집단(국가, 교회 등) 속에서 안정을 구한다. 이분법적 사고가 지배적이어서 선과 악으로 대상을 구분하려는 경향이 강하다. 이런 부류의 사람은 편협한 신념을 소유하고 이를 정당화하기 위해 권위주의적 활동에 몰두한다.

권위주의적 인성의 형성은 가족구조 및 유아 시절 경험한 훈육방식과 밀접한 관련을 가지고 있는 것으로 지적된다. 즉, 부모들이 엄격하여 자녀가 복종하지 않을 때 가혹하게 벌을 가하고 지배, 복종, 차별적 지위를 어린 시절부터 강조하는 한편 적대감 특히 부모 또는 가족에 대한 적대감의 표현이 엄격히 금지되는 가족분위기 속에서 형성된다고 분석되고 있다. 그러한 분위기 속에서 자란 어린이는 자신의 적대감을 위장하고 충동을 억제하기 위한 심리적 기제를 발달시키는데, 이러한 메카니즘이 자아에 대한 통찰력을 결여하게 하고 타인과의 상호작용에 있어 경직된 태도를 갖게 하는 것이다. 그리고 이러한 권위주의적 인간의 가치와 태도는 외집단에 대한 편견을 형성하게 마련이다. 권위주의적 인성은 권력, 지위, 지배를 좋아할 뿐 아니라 억압된 적대감을 외집단에 투사함으로써 불만의 배출구를 찾게 되고 완고하고 융통성없는 성격은 타집단의 성원에 대해 차별을 하게 된다. 따라서 권위주의적 인간은 자기집단은 높이 평가하는 한편, 타집단에 대해서는 평가를 절하하거나 혐오하는 인종중심주의(ethnocentirism)적 특성을 갖게 된다.

이같은 성격적 특성을 가진 권위주의적 인성의 형성배경은 무엇일까? 먼저 권위주의적 인성은 가혹하고 엄격한 규율과 냉랭한 가족분위기 속에서 싹튼다. 이런 가정배경을 가진 인간은 슈퍼에고가 강해진다. 그 슈퍼에고는 부모의 권위를 내면화하고 있기 때문에 인습적 가치에 얽매이게 되고 권위적 인물에 복종하게 된다. 또한 권위에 대한 불만은 외부집단, 특히 약자인 소수집단에 향하게 된다.

한편 에고가 약하고 무능하기 때문에 이드의 강력한 충동을 충족시켜주지 못하며 오히려 부인하거나 억압해 버린다. 즉, 자신의 느낌이나 동기를 내성적으로 통찰할 능력이 결여되어 있기 때문에 모든 책임을 외부세계로 돌리는 미신이나 고정관념, 그리고 자기의 충동을 외부에 투사시키는 방어기제의 과잉발동과 같은 현상이 나타난다. 그리고 강렬한 이드의 소산으로 파괴성, 냉소성, 성적 관심 등이 나타난다.

이러한 특성을 지닌 권위주의적 인성의 인간들은 어느 사회에나 존재한다. 그러나 이를 유아시절 가정에서의 경험을 바탕으로만 설명할 때 환원론적인 오류에 빠질 수 있다. 왜냐하면 인간의 사회화 과정은 일생동안 지속되는 것이며 인성의 형성과 발전은 그러한 사회화 과정과 각종 교육, 그리고 다양한 사회경험에 따라 가변적이기 때문이다.

VI. 마키아벨리스트

권위주의적 인성 연구가 정치성향에 대한 집단성 차원의 접근이라면 개인의 정치적 인성중 조작과 술수적 성향에 관심을 갖는 것이 마키아벨리의 연구이다.

마키아벨리는 이태리 피렌체의 가난한 귀족 집안에서 태어나 1498년부터 피렌체의 제2서기관직을 수행하며 내정과 군사를 담당하였으며, 대사로도 활약하였다. 1512년 메디치가(家)가 피렌체로 복귀하게 되자, 음모를 꾸몄다는 죄명으로 체포된 후 관직에서 물러났으며, 실의 속에서 독서와 저술활동에 전념하였다. 그중 특히『군주론』은 그의 대표작으로 마키아벨리즘이란 용어가 생기게 되었으며, 이 책은 군주의 자세를 논하는 형태로서 정치는 도덕으로부터 구별된 고유의 영역임을 주장하였다. 더 나아가 프랑스 및 에스파냐 등 강대국과 대항하여 강력한 군주 밑에서 이탈리아가 통일되어야 한다고 호소하였다. 이 저서는 근대 정치사상의 기원이 되었다는 평가를 받고 있다.(마키아벨리, 2002)

마키아벨리 연구는 선과 악, 정의와 불의의 가치판단을 초월하여 오직 정치적 결과와 권력의 강화 및 확대를 위해 필요한 통치기술과 술책만을 강조하는 정치인의 성격적 특성을 분석한 시도이다. 이러한 성향을 가진 인물을 마키아벨리스트라고 부른다. 마키아벨리는 정치와 도덕 내지 종교는 서로 다른 가치 영역이라는 점을 사람들에게 인식시키는 데 크게 기여했다. 그는 사인(私人)으로서 바르게 행동하는 것은 칭찬할 만한 일이지만 그러한 행동이 과연 공인(公人)으로서도 적절한 것인지를 물음으로써, 가치판단에서 공사(公私)의 구분이 필요함을 알려 주었다.

과거 중세시대의 군주국가에서 군주나 왕은 백성들을 가혹하게 대해야 할까 아니면 자비롭게 대해야 할까? 두려움의 대상이 되어야 할까 아니면 사랑을 받는 편이 좋을까? 대부분의 사람들은 전통적인 도덕률이나 이른바 선한 군주의 길을 따르는 후자가 옳다고 생각할 것이다. 마키아벨리가 살았던 시대의 르네상스 휴머니스트들도 그렇게 보았다. 하지만 마키아벨리가 주목한 것은 그러한 가치들의 외피가 아니라 그 본질이었다. 『군주론』에서 바람직한 군주의 사례로 여러 차례 언급되는 체사레 보르자는 역사적으로 가혹하고 잔인한 인물로 알려져 있다. 그러나 마키아벨리는 그의 엄격한 조치 덕분에 누린 로마냐의 안정과 질서에 주목하였다. 비록 소수의 개인들이 희생되더라도 과도한 방종이 국가 전체에 초래할 더 큰 해악을 방지하는 것이야말로 진정한 의미의 자비심이며, 따라서 군주는 자신이 가혹하다는 평판에 전혀 개의해서는 안 된다는 것이 마키아벨리의 생각이었다.

또한 그는 정치가 합리적인 계산과 통제를 필요로 하는 영역임을 강조했다. 이는 불확실성을 제거해야 정치적 안정이 가능하다는 점을 지적한 것이다. 군주에게 요구되는 "사자의 힘과 여우의 책략"이라는 비유는 단지 권력투쟁에 필요한 수단이라는 뜻이 아니라 혼란을 종식시키고 정치적 안정을 유지하는 것이 국가나 백성에게 더 유익을 주는 것이라는 점에 대한 강조라고 하겠다.

그럼에도 불구하고 『군주론』에서 강조하는 마키아벨리의 주장에 대해 사람들은 날카롭다고 생각하면서도 내심으로는 무언가 불편한 감정을 떨쳐 버릴 수 없다. 그 이유는 그의 주장 속에는 우리가 인정하고 싶지 않은 스스로의 자화상이 너무나 뚜렷이 나타나 있기 때문이다. 바로 우리의 적나나한 모습을 그대로 드러낸 것이다. 마키아벨리가 제시한 행위윤리란 것은 결코 그가 새롭게 만들어 낸 것이 아니며, 다만 우리 모두의 행동이 공통적으로 기반하고 있는 것을 날카롭게 관찰하여 있는 그대로 표현한 것이다. 즉, 그의 주장은 불편한 진실이기 때문에 선뜻 인정하기가 어려운 것이다.

한편, Christie와 Geis는 마키아벨리스트의 특징을 술책, 인간성에 대한 견해, 추상적 도덕이라는 세 가지 기준으로 구분하고 있다.(Christie, 1970)

표 3: 마키아벨리스트의 인식적 특성

술책 tactics	가벼운 거짓말은 가끔 좋을 수 있다.
	극한 상황이 아닌 한 모험을 한다는 것은 어리석은 짓이다.
	사람 마음을 잡는 최상의 방법은 듣기 좋은 얘기를 하는 것이다.
인간성에 대한 견해 view of human nature	매우 훌륭한 사람이라 할지라도 악덕을 겸비할 수 있다.
	대부분의 사람들은 무엇이 그들에게 최선의 것인지를 모른다.
	대부분의 사람들은 양심보다 이익에 따라 행동한다.
추상적 도덕 abatract morality	불치병자는 안락사를 택할 수 있어야 한다.
	역사는 도덕적 교훈을 가르쳐 주지 않는다.
	선이 항상 악을 이기는 것은 아니다.

〈표 3〉에 정리되어 있듯이, 이러한 특성을 척도로 하여 연구대상자에게 실험한 결과 높은 점수를 받은 사람이 낮은 점수를 받은 사람보다 사기조작과 혼란조성에 능하다는, 즉 마키아벨리스트적 성향이 강하다는 사실이 검증되었다.

또한 높은 점수를 받은 사람과 낮은 점수를 받은 사람 사이에 상황에 따라 다음과 같은 차이가 있는 것을 발견하였다.

1. **상호대면상황** : 낮은 점수를 받은 사람이 좀더 감정적인 반응을 보였다.
2. **즉흥적 능력** : 상황과 관련된 규칙이 지나치게 경직되지 않을 때, 높은 점수를 받은 사람이 더 나은 결과를 얻는다. 즉, 유동적 상황에서 마키아벨리스트가 능력을 더 발휘한다.
3. **부적절한 정서조성** : 어떤 중대한 문제에 직면했을 때 낮은 점수를 받은 자는 부적절한 정서조성 때문에 불리한 입장에 처하게 된다. 반대로 마키아벨리스트는 냉정하게 일을 처리한다.

대체로 마키아벨리스트는 감정을 억제할 수 있고 유동적인 상황에서 즉흥적 능력을 발휘할 수 있는 정치인으로서의 조작적 특성을 가지고 있다고 볼 수 있다. 또한 정치적 목표달성에 성공적이다. 그러나 정서적 반응이나 정도가 반드시 정치지도자로서의 성공을 좌우한다고 볼 수 없다. 정치인이 처한 사회적 상황, 기회, 자원동원능력 등의 다양한 요인이 함께 고려되어야 할 것이다.

인용 및 참고문헌

니콜로 마키아벨리 著, 강정인 譯.『군주론』(서울 : 까치, 2002).

데이빗 매라니스 著, 권노갑 譯.『백악관 가는 길』(서울: 풀빛, 1996).

백상창.『정신분석 정치학』(서울: 한국사회병리연구소, 2000)

송명자.『발달심리학』(서울: 학지사, 1995).

에리히 프롬 著, 김철수 譯.『자유로부터의 도피』(서울: 계명대학교 출판부, 1999).

요아힘 C. 페스트 著, 안인희 譯.『히틀러 평전』(서울: 푸른 숲, 1998).

이상신. "정치심리학: 역사와 현황." 서울대학교 사회과학연구원 2009년 학술대회 발표논문 (2009).

이정모.『인지심리학』(서울: 학지사, 2003).

정윤무.『현대정치심리론』(서울, 박영사, 1993).

정윤재.『정치리더십과 한국민주주의』(서울: 나남출판, 2003).

정치학대사전편찬위원회.『21세기 정치학대사전, 하』(서울: 아카데미아리서치, 2002).

조동준. "외교정책결정자 심리분석의 유용성 검토: 1990년대 북핵위기를 둘러싼 한미관계를 중심으로."『한국정치외교사논집』, 제26집 1호(2004).

캘빈 S. 홀 著, 황문수 譯,『프로이트심리학입문』(서울: 범우사, 1986).

한국대통령평가위원회 · 한국대통령학연구소.『한국의 역대 대통령 평가』

(서울: 조선일보사, 2002)

한국심리학회 編,『현대심리학의 이해』(서울: 학문사, 1997).

함성득.『대통령학』(서울: 나나출판, 2003).

Adorno, T.W., et. al., *The Authoritarian Personality*(New York: Harper & Row, Publishers, 1950).

Barber, James D. *The Lawmakers*(New Haven, CN: Yale University Press, 1965).

Crosby, Faye, Travis L. Crosby, "Psychobiography and Psychohistory," in Samuel L. Long, Ed., *The Handbook of Political Behavior,* Vol. 1(New York: Plenum Press, 1981).

Christie, R., F. L. Geis, *Studies in Machiavellianism*(New York: Academic Press, 1970).

Elms, Alan C. *Personality in Politics*(New York: Harcourt Brace Jovanovich, Inc., 1976).

Erikson, Erik H. *Childhood and Society*(New York: Norton, 1963).

Heradstveit, Daniel. *The Arab-Israel Conflict: Psychological Obstacles to Peace*(Oslo: Universitesforlaget, 1979).

Festinger, Leon. *A Theory of Cognitive Dissonance*(Evanston, IL: Row and Peterson Co.,1957).

Fiske, Susan, Shelly S. Taylor. *Social Cognition*(Reading, MA: Addison-Wesley Publishing Co., 1984).

George, Alexander L., Juliette L. George, *Woodrow Wilson and Colonel House* (New York: Dover, 1964).

Holsti, Ole R., David J. Finlay, Richard R. Fagen. *Enemies in Politics*(Chicago: Rand McNally & Co., 1967).

Jervis, Robert. *Perception and Misperception in International Politics*(Princeton, NJ: Princeton University Press, 1976).

Kressel, Neil J., Ed., *Political Psychology : Classic and Contemporary Readings* (New York : Paragon House Publishers, 1993)

Laswell, Harold D. *Psychopathology and Politics*(New York: Viking Press, 1960).
Power and Personality(New York: W.W. Norton & Co., 1948).

Lieberman, D. A. *Learning: Behavior and Cognition*(New York: Brooks/Cole, 1993).

Long, Samuel L. Ed. *The Handbook of Political Behavior*(New York: Plenum Press, 1981).

NewComb, T. M. "An Approach to th Study of Communicative Acts," *Psychological Review*, Vol. 60(1953).

Pervin, Lawrence A. *Personality: Theory and Research*, 4th Ed.(New York: John Wiley and Sons, Inc., 1984).

Semple, Charlotle. "Bismarck's Childhood: A Psychohistorical Study," *History of Childhood Quarterly*, 2(1974).

Snyder, Glenn H., Paul Diesing. *Conflict among Nations: Bargaining, Decision-making and System Structure in International Crises*(Princeton, NJ: Princeton University Press, 1977).

제 2 부

정치행위의 심리적 기제

제 6 장

동기와 욕구

I. 서론

행동주의에 따르면 인간의 행동은 외부 환경과의 접촉에 의해, 또는 외부로부터의 자극에 의해 발생한다. 이와 함께 인간을 내부로부터 충동하여 행동으로 움직이게 하는 원동력이 있다. 이를 동기(motive)라고 부른다. 과거 정신분석학에서는 이같은 인간행동의 동기를 본능(instinct)라고 불렀다. 정신분석학은 본능에는 성적 본능과 공격본능 두 가지 기본적인 요소가 있다고 주장하고 있다. 그러나 최근 들어 인간행동의 동기는 욕구(need)라는 개념으로 설명되고 있다. 인간에게는 여러 가지 욕구가 복합적으로 발생하는데 어떤 욕구도 제각기 독립적으로 경험되는 것이 아니다. 여러 가지 욕구가 결합하여 특정의 목표를 향한 행동으로 나타나게 된다. 이와 같이 욕구가 목표지향성을 띠게 될 때 이를 동기라고 일컫는다. 그러나 욕구와 동기를 구별하지 않고 같은 뜻으로 사용하는 경우도 많다. 심리학에서는 욕구라고 번역하지 않고 요구라고 번역하여 사용되기도 하는데 사회적 또는 정치적 행동을 이해하는데 있어 요구라는 표현보다 욕구라는 용어가 더 적절하다고 하겠다.

동기는 인간이 어떤 목표를 향해 행동을 시작하도록 추동하는 내적 과정을 말한다. 욕구에는 생리적 욕구(physiological need)와 사회적 욕구(social need)가 있다. 이를 원초적 욕구(primary need)와 이차적 욕구(secondary need), 또는 생득적 욕구와 후천적 욕구(내지 문화적 욕구)라고 부르기도 한다.

II. 생리적 욕구와 사회적 욕구

생리적 욕구는 인간의 생리적 작용에 기초를 둔 것으로 개체의 생존과 종족보존에 불가결한 기본적인 욕구이다. 생명체는 자기의 생명을 유지하기 위해 체내에 어떤 성분의 결핍 또는 과잉으로 인하여 불균형이 발생하면 이를 회복하여 정상성 내지 균형상태를 유지하려는 생리적 기능이 있다. 이를 호메오스타시스(homeostasis)라고 한다.(Cannon, 1932) 우리 말로는 항상성(恒常性)이라고 번역하여 쓰고 있다. 예를 들어 땀을 많이 흘려 체내에 수분이 부족하면 갈증이 나고 너무 많이 먹으면 토하거나 설사가 나는 현상 등이 이에 해당한다. 이것이 심리학에서 말하는 추동이론(drive theory)이다. 생리적 욕구에 의한 긴장상태는 심리적 추동을 일으킨다는 내용인데 심리적 추동은 긴장을 감소시키는 방향으로 행동을 활성화시킨다는 것이다. 이러한 추동의 상태는 자율신경계의 흥분과 각성상태로 나타나므로 각성(arousal)의 강도로 유기체의 추동수준을 측정할 수 있다. 이같은 생리적 욕구를 불러일으키는 요소로는 성본능, 공격성, 배고픔, 호기심 등이 있다.

앞에서 말한 것 외에도 인간의 행동은 환경과 문화, 대인관계를 통한 학습이라든지 기대에 의해 습득된 욕구에 의해 동기화되고 활성화되기도 한다. 이같은 욕구들은 생리적 기초를 갖지 않는 동기들로서 매우 다양한 형태로 나타난다. 사회적 욕구는 어떤 개인이 속한 사회의 시간과 공간 상의 문화적 차이에 따라 다르게 나타난다. 예를 들어 같은 시대라고 하더라도 한국과 미국 사회의 차이에 따라 그 각각의 사회구성원의 사회적 욕구는 틀리게 나타나며, 같은 한국사회라고 하더라도 조선시대 백성의 사회적 욕구와 21세기를 사는 대한민국 국민의 그것은 틀릴 수 밖에 없다. 뿐만 아니라 같은 사회 내에서도 개인의 경험과 성장배경의 차이에 의해 사회적 욕구의 유형과 강도는 다양하게 나타난다.

인간의 행동은 각 개인의 욕구를 반영하게 되지만 그렇다고 오직 욕구에 의해서만 행동이 결정되는 것은 아니다. 여러 가지 사회적 상황, 사회적 인지, 습관과 태도 등 다양한 요인이 복합적으로 작용하여 동기를 형성하고 행동을 결정하게 되는 것이다. 욕구는 사회적, 역사적 조건에 의해 변화되는데 과거에는 존재하지 않았던 새로운 욕구가 출현할 수도 있고 한 때 존재했던 욕구가 사회변화에 따라 소멸되는 경우도 있다.

이같은 다양한 사회적 욕구 중 여기서는 성취욕구, 내재적 욕구, 자아존중욕구, 군집욕구 등에 관해 간략히 소개한다.

(1) 성취욕구

사람들은 성공하기를 원한다. 적어도 자신이 하는 일이 잘되기를 원한다. 일을 완수했을 때 돌아오는 보상이 클수록 그리고 그 일이 개인에게 중요한 의미를 가질수록 그 일을 성취하고자 하는 욕구는 커진다. 성취욕구가 높은 사람들은 낮은 사람들에 비해 난이도가 높거나 낮은 과제들을 피해 중간 정도의 난이도를 가진 과제들을 택한다. 난이도가 너무 낮으면 일의 성공이 갖는 가치가 높지 않고 반면 난이도가 너무 높으면 일을 성취 못할 가능성이 높기 때문이다.(McClelland, 1961)

성취욕구가 낮은 사람들은 지나치게 난이도가 높거나 낮은 과제들을 선택하는 경향이 있다. 이들은 난이도가 높아 일의 성취에 실패하더라도 별다른 심리적 영향을 받지 않는다. 일반적으로 성취동기가 높은 사람들은 낮은 사람들에 비해 일의 완수를 위해 더 열심히 노력하고 적극적이다.

현대의 무한경쟁시대에서 높은 성취욕구는 실제 일의 성취도를 높여 개인의 자신감과 활력을 증대시키고 주변으로부터 능력있는 사람으로 인정받게 한다. 그러나 지나치게 높은 성취욕과 경쟁심은 자칫 심한 일중독증(workoholic)에 빠지게 할 수 있으며 신체 및 정신건강을 해치고 인간관계에 부정적 영향을 미칠 수도 있다.

(2) 내재적 욕구

우리가 어떤 일을 할 때 그 일의 완성이 의미있고 즐거워서 하는 경우와 무엇을 얻기 위해서 또는 무엇을 피하기 위해 하는 경우가 있다. 전자의 행동을 내재적 동기(intrinsic motivation)에 의한 행동이라 하고 후자의 경우를 외부적 동기(extrinsic motivation)에 의해 유발되었다고 한다. 대부분의 경우 자발적인 내재적 동기가 환경의 자극에 의한 외부적 동기보다 더 우월한 것으로 간주되지만 외부적 동기에 의한 행동도 생산적일 수 있다. 다만 외부적 동기에 의한 행동은 외부 유인물(incentive)이 주어지는 동안만 지속되므로 내면화되기가 상대적으로 어렵다. 따라서 한 개인이 그가 속한 사회나 조직 내에서 내재적 동기를 높이는 것이 개인과 조직의 발전에 중요하다는 것을 알 수 있다.

사람이 흥미를 느껴 스스로 하는 일에 대해 조건으로 외적 보상을 주기 시작하면 그는 그 일에 흥미를 잃어버릴 수 있다. 이는 내재적 동기가 상실됨을 의미한다. 즉, 보상이 잘못 사용될 경우, 재미를 일로 만들어 버릴 수 있는 것이다. 우리 속담에 "하던 일도 멍석 깔아주면 안한다"는 말과 일맥상통한다고 하겠다.

외적 보상이 내재적 동기를 약화시키는 이유는 보상의 약속에 따라 어떤 일을 성취한 후에 그 개인은 자신의 행동을 외부적 요인에 의한 행동으로 해석하게 되고 내재적 요인의 의미를 반감하기 때문이다. 이와 같이 행동유발을 위해 주어지는 보상이 내재적 동기를 손상시키는 것을 과잉정당화효과(overjustification effect)라고 한다. 다만 보상이 숙련도의 증가를 칭찬하기 위해 주어지는 경우는 내면화를 손상시키지 않을 수 있다.

(3) 자아존중욕구

사람들은 긍정적인 자아정체성을 갖기 원한다. 자아존중의 정도는 개인에 따라 차이가 있지만 일반적으로 자존심을 높이고 유지하는 방향으로 사고하고 행동하도록 유도한다. 자존심이 손상 당할 수 있는 사건이 발생하면 대부분의 사람들은 자존심을 유지시키려는 방향으로 행동하고 사고한다. 일의 나쁜 결과에 대한 원인을 추리함에 있어 자신의 능력부족이 아닌 어려운 상황이나 운, 또는 타인의 비협조와 같은 외부요인 탓을 하는 것이다. 반면 자신의 성공에 대해서는 능력이 뛰어났기 때문이라고 해석하여 자존심을 높인다. 이를 귀인이론(歸因理論)에서 자기기여적 편견이라고 하는데 이러한 형태의 귀인은 자아존중이 낮거나 우울증이 있는 사람들에게는 별로 나타나지 않는다.

자아존중의 욕구는 때로 사람들로 하여금 자신보다 못한 사람들과 하향 비교하도록 유도하기도 한다. 그럼으로써 자신을 높이고자 하는 것이다. 자아존중 동기는 인지과정에서 정보처리의 오류를 발생시키기도 한다. 예를 들어 자기 자신의 태도나 행동과 비슷한 성향을 가진 사람들의 비중이 실제보다 훨씬 많은 것으로 착각하고 자신의 태도나 행동을 정당화시키려 하는 사고경향이 있다. 이를 오류합의(false consensus)라고 한다. 예를 들어 담배피는 학생들이 얼마나 되냐고 물어보면 흡연학생이 비흡연학생보다 훨씬 더 그 비중이 높다고 답하는 경향을 볼 수 있다. 이것이 과대추정현상의 예이다. 이러한 오류합의는 사회 내에서 별로 인정받기 힘들다. 오류합의는 인기없는 행동이나 태도를 가져 자아존중이 위협받는 사람들에게 그 정도가 더 크게 나타난다. 어쨌든 오류합의는 자아존중감의 수준을 떠나 자신의 행동을 정당화하려는 일종의 방어기제라고 하겠다.

(4) 군집욕구

사람들은 타인들과 같이 있고 싶은 욕구를 가지고 있는데 이를 군집욕구라고 한다. 이 욕구로 인해 인간은 집단을 이루고 사회를 형성한다고 할 수 있다.

군집욕구의 근원은 어린 아이가 한 사람 또는 그 이상의 성인에 대한 강한 애착을 느낄 때, 곧 유년기로부터 발견된다. 애착(attachment)이란 어린이가 특정인들에게 긍정적으로 반응하거나 그들과 친하게 될 때 좋게 느끼고, 놀랐을 때 그들을 찾게 되는 등의 현상을 의미한다. 쉬운 예로 아이들이 일차적으로 엄마를 찾고 또 거기서 안도감과 사랑을 느끼게 되는 것이 애착이라 하겠다. 애착은 일방적으로 형성될 수 없는 쌍방적 과정인데 생득적 요인과 학습의 두 가지 요인에 의해 이루어진다.

유아기의 애착은 그들에게 두 가지 중요한 기능을 수행한다. 첫째, 애착을 느끼는 사람과 같이 있을 때 어린이는 안정감을 갖는다. 둘째, 환경에 대한 정보제공이다. 어린이들은 새로운 상황에서 어떻게 행동하고 반응할 것인지 불확실할 때 자신들이 애착하는 사람에게 인도를 구한다.

군집욕구는 인간 뿐 아니라 다른 하위동물에게도 나타나는데 한 연구결과에 의하면 모여사는 쥐들의 평균수명이 2년인데 비해 혼자 사는 쥐의 수명은 6개월에 불과하다고 한다. 또한 어미 쥐가 핥아 주는 새끼 쥐는 핥아 주지 않는 쥐보다 성장속도가 빠른데 이는 어미 쥐가 핥아 줌으로써 새끼 쥐의 유전인자를 자극하여 성장호르몬의 분비를 촉진시켜 생명력을 주기 때문이라는 설명도 있다.

군집의 원인에 대해 체계적으로 연구한 한 논문은 공포(fear)와 군집과의 관계를 밝히고 있다. 그 연구에 따르면 높은 공포를 가진 사람은 낮은 공포를 가진 사람보다 더 군집할 것이라는 가설을 설정하고 이를 검증하기 위해 피험자들을 대상으로 조작적으로 공포를 유발시켰다. 그 결과 공포심을 일으킨 실험집단은 공포심을 일으키지 않은 대조집단(또는 통제집단)보다 다른 사람과 같이 있고자 하는 반응이 높은 것으로 나타났다. 즉, 공포심이 클수록 군집하려는 경향이 강하게 나타났던 것이다.

이같은 결과를 바탕으로 사람들이 공포를 느낄 때와 불안(anxiety)을 느낄 때의 군집욕구가 어떻게 다른가 하는 점에 관심을 갖고 실험을 한 연구도 있다. 그 결과 공포감이 큰 사람은 낮은 사람보다 타인과 같이 있으려는 군집욕구가 큰 반면 불안감이 높은 사람은 낮은 사람보다 혼자 있으려는 경향이 있는 것으로 나타났다. 이 결과는 다른 학자들의 후속연구에 의해서도 재차 입증되었다. 즉, 공포는 군집욕망을 증가시키지만 불안은 오히려 이를 감소시킨다는 사실이 확인되었다. 우리가 잘못을 저질러 심리적으로 불안하면 남과의 접촉을 피하고 혼자 있고 싶은 마음이 생기는 반면, 전쟁이나 폭동과 같은 위기 시에 남들과 뭉쳐 있으며 서로 정보를 교환하고 위로를 받고자 하는 마음이 생기는 것을 보면 이 가설이 맞는 것임을 알 수 있다.

일반적으로 공포와 불안이라는 용어는 혼동되어 사용되고 있지만 심리학에서는 공포는 실제 대상이나 위해의 원천을 두려워하는 것, 불안은 실제의 위험이 없음에도 불구하고 두려움을 느끼는 것으로 구분하고 있다.(정철수, 1995)

(5) Maslow의 욕구 5단계설

Abraham Maslow는 개인의 욕구충족 과정에서 욕구발달의 서열이 있다는 것을 전제로 욕구 5단계설을 주장하였다. 그에 따르면 인간의 욕구는 여러 가지 차원이 있는데 저수준의 욕구에서 고수준의 욕구로 단계적으로 발달한다는 것이다. Maslow가 제시한 5단계는 다음과 같다.(Maslow, 1987)

1. 생리적 욕구(physiological need)
2. 안전에 대한 욕구(safety need)
3. 소속과 애정에 대한 욕구(belongness and love need)
4. 자존에 대한 욕구(esteem need)
5. 자아실현에 대한 욕구(need for self-actualization)

이 욕구의 5단계에 따르면 낮은 수준의 욕구가 어느 정도 충족되어야 그 다음 단계의 높은 수준의 욕구가 발생한다고 한다. 그 경우, 서열이 낮은 욕구보다 높은 욕구가 그 개인에게 더 중요성을 띤다는 것이다. 이와 같은 경로를 거쳐 마지막 5단계, 즉 자아실현의 욕구에 이르면 여러 가지 욕구가 하나의 위계적 체계를 이루는 인성구조(personality structure)를 갖게 된다는 것이다. 풀어 말하면 인간은 기본적 욕구인 생리적 욕구와 안전의 욕구에 대한 충족을 바탕으로 하여 점차 소속과 애정, 자존, 자아실현 등의 사회적 욕구를 실현하게 된다는 것이다. 우리 속담에 "금강산도 식후경"이라거나 "의식이 족해야 예절을 갖춘다"라는 말은 이같은 욕구발달단계를 말해주는 사례라 하겠다.

III. 욕구불만

목표를 달성하려는 욕구의 충족이 어떠한 장애에 의해 저지되거나 좌절되었을 때 일어나는 불만의 심리과정을 욕구불만(frustration)이라고 한다. 특히 현대사회는 인간의 욕구를 자극하는 대상이 폭발적으로 늘어나고 매우 다양화된 반면 인간의 본능적 욕구를 억제하는 여러 가지 조직과 제도가 복잡화되어 사람들은 과거보다 다 많은 욕구불만을 겪게 된다. 그렇다면 인간의 목표추구를 가로막아 욕구불만을 유발하는 장애는 어떤 것들이 있을까? Krech와 Crutchfield는 이를 다음과 같은 네 가지 요인으로 정리하고 있다.(Krech · Crutchfield · Ballachey, 1962)

1. **자연환경** : 가뭄이나 수해, 대규모 지진, 대형 화산폭발 등 인간의 방어능력을 넘어서는 자연현상에 따른 욕구불만
2. **생물학적 제약성** : 신체장애, 정신박약 등과 같은 신체적, 정신적 결함과 부족에 의한 욕구불만
3. **심리적 갈등** : 하고 싶은 일을 못하게 될 경우와 하고 싶지 않은 일을 해야만 하는 데서 오는 갈등에 따른 욕구불만
4. **사회환경** : 법률, 인습, 도덕, 관습 등과 같은 사회적 규범이 장애가 되어 유발되는 욕구불만

한편, Rosenzweig는 욕구불만의 원인이 되는 장애를 결여(privation), 상실(deprivation), 갈등(conflict)의 세 가지로 나누고 이를 또 다시 외적인 것과 내적인 것으로 분류하고 있다.(Rosenzweig, 1978)

표 4 : 욕구불만의 원인

분류		내용	예
결핍	외적	욕구충족대상의 결핍	식량부족에 따른 궁핍
	내적	욕구충족능력의 결핍	신체적 또는 지적 능력 부족
상실	외적	대상의 상실	배우자의 죽음
	내적	질병으로 인한 능력의 상실	교통사고로 인한 장애
갈등	외적	외부 원인에 의한 갈등	사모하는 대상이 기혼자인 경우
	내적	내부 원인에 의한 갈등	다양한 형태의 양심의 가책

〈표 4〉에 나타나듯이 Rosenzweig는 욕구불만의 원인을 외적 · 내적 차원으로 양분하여 분류하고 있지만 현실적으로 그 구분이 어렵고 오히려 이 양자가 혼합되어 있는 경우가 많다.

이 밖에 갈등의 종류를 추구하는 목표의 특성에 따라 세 가지로 분류하기도 한다. 첫째, 두 개 이상의 상호배타적인 긍정적 목표간의 선택에서 오는 갈등이다. 소위 꽃놀이패라고 부를 수 있는 성격의 것인데 말하자면 졸업을 앞두고 삼성전자와 SK텔레콤과 같은 초우량기업 모두에서 오라고 하는 경우이다. 이는 비교적 쉽게 해결된다. 둘째, 긍정적인 것과 부정적인 것의 양특성을 포함하는 양면가치간의 갈등이다. 한 면은 매력적인데 다른 한면은 위협적일 때 발생한다. 꼭 갖고 싶은 물건인데 가격이 너무 비싸거나 하는 경우이다. 이러한 갈등도 대체로 부담이 적은 새로운 수준의 목표물을 모색함으로써 해결할 수 있다. 마지막으로 두 개 이상의 부정적 목표간의 갈등이다. 소위 진퇴양난의 상황에 처한 것이다. 폭행을 일삼는 남편은 무섭고 그렇다고 이혼하자니 경제능력이 전혀 없을 때 이러지도 저러지도 못하며 마음고생만 하게 된다. 이같은 갈등은 해결하기가 힘들다.

사람들은 욕구불만을 경험하게 되면 심경의 변화를 일으켜 과거와 다른 새로운 방법으로 합리적 · 현실적 적응을 하거나 반대로 심한 정서적 혼란을 일으켜 인성의 타락과 함께 행동의 변화를 보이기도 한다. 사회적 차원에서 다수의 욕구불만과 이러한 불만의 누적은 집단간 갈등과 범죄, 비행의 증가, 심지어 전쟁을 유발하는 도화선이 될 수도 있다. 일반적으로 개인이 오랫동안 심한 욕구불만을 겪게 되면 그 개인의 목표달성 능력이 저하되고 심리적 불안이 심화되어 목표지향적 행동이 둔화되는 모습을 보인다. 특히, 욕구불만은 개인의 공격성향을 증대시키는 것으로 알려지고 있다.

욕구불만이 계속되는 경우 이를 인내하고 합리적으로 처리할 수 있는 능력을 Rosenzweig는 욕구불만의 내성이라고 불렀는데 이러한 내성은 어렸을 때부터 훈련과 사회화를 통해 양성될 수 있다. 욕구불만이 만성화되면 정서적으로 불안한 인간이 되기 쉽고 반대로 너무 적으면 온실 속의 화초와 같이 복잡한 사회에 적응하기 어렵다. 따라서 어린 시절부터 욕구불만을 합리적으로 처리할 수 있는 습관을 길러주고 유연성있는 인성을 형성토록 훈련되어야 할 것이다. 이와 함께 사회에 대한 다양한 경험과 시야를 넓혀주는 한편 적극적으로 어려움을 극복할 수 있는 의지와 능력을 배양하여야 할 것이다.

제 7 장

태도와 태도변화

I. 태도의 정의 및 특성

(1) 정의

우리는 다른 사람을 평하면서 흔히 "그 사람 태도가 좋다," 혹은 "태도가 나쁘다" 등의 말을 한다. 이렇게 사용할 때 태도attitude란 자세, 몸가짐을 의미한다. 태도라는 용어는 사회환경의 변화에 대응하는 개인행동의 변화와 다양성을 설명하는데 있어 사회와 개인을 통일적으로 설명하기 위한 분석적 개념으로 사용되기 시작했다.

일반적으로 태도attitude에 관한 고전적 정의는 Gordon W. Allport의 것이 많이 이용된다. 그는 태도란 "관련된 모든 대상과 상황에 관한 개인의 반응에 의하여 직접적 내지 역동적 영향을 미치는 경험을 통해서 체계화된 심적, 신경적 준비상태"라고 정의하고 있다. 그의 정의에 따르면 태도란 '특정한 방식으로 반응하는 일련의 체계'이며 그것은 '개인의 행동에 미치는 영향과 과거의 경험을 통해 형성'된다.(Allport, 1935) Allport와는 다르게 Krech와 Crutchfield는 태도를 "사회적 대상에 관한 긍정적 내지 부정적 평가, 정서적 감정 및 적극적 또는 소극적 행동경향의 지속적 체계"라고 정의하고 개인의 사회적 행동은 그 개인의 태도를 반영한다고 설명하고 있다.(Krech · Crutchfield, 1948) 또한 Freedman은 특정의 대상, 관념 또는 사람에 대한 개인의 태도는 그것들에 대한 "인지적 요소, 감정적 요소 및 행동의 경향성의 지속적 체계"라고 정의내리고 있다.(Freedman, 1988)

이들의 정의를 바탕으로 태도의 구성요소를 살펴보면 인지적 요소와 감정적 요소로 구성되어 있는 것을 알 수 있다. 인지적 요소란 태도에 대한 개인의 신념이며 감정적 요소는 대상과 관련된 정서를 의미하는 동시에 행동의 경향성은 대상과 관련된 모든 행동의 준비상태를 포함한다고 할 수 있다. 따라서 사람들의 태도는 사고, 신념 및 지식(인지적 요소)의 집합체이며 그것은 긍정적 · 부정적 평가 내지 감정(감정적 요소)을 포함하고 있는 것이다.

이렇듯 태도에 대한 정의는 매우 다양한데 요약하면 태도는 구체적인 행동이나 반응 그 자체가 아니라 행동에 대한 심리적 준비상태이며 자극과 반응을 중개하는 잠재적 매개변수라고 하겠다. 매개변수에는 동기와 태도, 두 가지가 있는데 동기는 일시적인 데 비해 태도는 지속적이고 잠재적 경향을 가지고 있어 선택적이며 일관성이 있는 점이 동기와 다르다고 하겠다. 태도가 사회문화적 요인에 의해 조건화될 때 이를 사회적 태도(social attitude)라고 부르며 이 경우 생득적 · 개인심리적 측면보다 사회적 규범과 문화, 조직에 의해 규제되는 후천적 측면을 주로 다룬다.

(2) 특성

태도에 관하여 Sherif와 Cantril은 다음과 같은 다섯 가지 특성을 지적하고 있다.(Sherif · Cantril, 1952)

첫째, 태도는 항상 주체 · 객체관계를 포함한다. 태도는 주체가 특정대상에 대해 갖는 주관적 준비상태이다. 이 대상은 사물, 인간, 집단 뿐 아니라 사회제도나 표준화된 개념, 가치규범까지 포함한다. 이러한 대상들에 대해 직 ·

간접적 접촉이 발생한 후 형성된 심리적 준비상태이다.

둘째, 태도는 후천적으로 형성된다. 태도는 인간이 생득적으로 지니게 되는 준비상태가 아니다. 후천적 학습에 의해 준비된 상태이다. 이는 태도형성의 초기 단계가 지각에 의존한다는 것을 의미하는 것으로 이 지각단계에서는 동인적 기초가 없는 것을 말한다.

셋째, 태도는 여러 가지 정도의 감정적 특성을 가진다. 태도가 감정적 특성을 갖는 것은 생리적이고 원초적 욕구에 바탕을 두는 경우와 습득적 동인에 의한 경우가 있다. 전자의 경우, 당연히 감정적 성질을 갖게 되며 후자의 경우 습득적 동인에 의해 감정적 성질을 갖게 되는 이유는 사회적 규범이나 가치라는 표준화된 감정의 응고에 반응하기 때문이다.

넷째, 태도는 지속적인 준비상태이다. 허기는 음식을 섭취하면 해소된다. 굶주림이 일시적 준비상태라는 것을 의미하며 이를 태도라고 하지 않는다. 태도는 포화상태에 달한 뒤에도 여전히 계속되는 것으로 일시적인 상태가 아니라 지속적인 준비상태라는 것을 말해준다.

다섯째, 태도와 관련되는 자극의 범위는 그 폭이 다양하다. 태도는 특정의 자극 또는 상황에만 결부되는 개별적이고 특수한 경우도 있고 매우 넓은 범위의 다양한 대상과 관련을 갖는 일반적인 반응경향을 나타내는 경우도 있다.

II. 태도의 구성요소

앞의 태도에 관한 정의에서 살펴보았듯이 태도는 인지적 요소, 감정적 요소, 그리고 행동경향적 요소로 구성되어 있다.

첫째, 인지적 요소(cognitive component)는 대상에 대한 개인의 신념으로 구성된다. 예를 들어 북한에 대한 남한 주민들의 태도는 그 개인의 공산주의에 대한 이해, 북한에 관한 지식 등이 영향을 미친다. 태도체계에 포함되는 가장 중요한 인지적 요소는 평가적 신념(evaluative belief)인데 그것은 대상에 대한 호의적 · 비호의적, 선 · 악 등의 속성을 포함한다. 인지적 요소는 대상에 대한 적절 · 부적절의 반응양식을 포함하기도 한다. 따라서 인지적 요소는 행동경향적 요소와 밀접한 관련을 맺고 있다.

둘째, 감정적 요소(feeling component)는 유쾌 · 불쾌와 같은 정서적 측면을 의미한다. 예를 들어 어떤 사람이 친미파라면 미국과 미국인에 대해 친근감을 느끼고 그들의 언어와 문화, 행동양식을 좋아하며 그들의 행동을 흥미를 가지고 지켜보게 된다. 그러나 반미파라면 같은 현상을 보면서도 친미파와는 정반대의 반응을 보이게 된다.

셋째, 행동경향적 요소(action tendency component)는 모든 행동적 준비상태를 의미하며 실행하려고 하는 경향, 지지적 행동과 적대적 행동에 옮기려고 하는 경향 등을 말한다. 만약 어떤 개인이 특정의 대상에 대해 긍정적 태도를 가지고 있다면 그는 그 대상을 지원하거나 지지하고 싶을 것이며 반대로 부정적 태도를 가지고 있다면 그 대상을 해치거나 반대하는 행동을 보일 것이다.

III. 태도의 형성

태도는 후천적으로 습득된다고 하였다. 그러면 어떠한 과정을 통해 태도가 습득되는가? Krech 등은 태도형성과정에서 작용하는 네 가지 조건을 제시하고 있다.(Krech · Crutchfield · Ballachey, 1962)

첫째, 태도는 욕구불만의 과정에서 형성된다. 사람은 자신의 욕구를 충족시켜 주는 대상과 그 충족수단에 대해 호의적인 태도를 형성하는 반면, 욕구 만족과 목표달성을 방해하는 대상에 대해서는 비호의적 태도를 갖게 된다.

둘째, 개인의 태도는 그가 접촉하는 정보에 의해 형성된다. 특정대상에 관한 지식이 그 대상에 대한 태도를 형성하는데 큰 영향을 미친다. 특히 정보의 양과 질, 정보원의 권위 및 신뢰성 등은 태도형성에 큰 영향을 미친다.

셋째, 개인의 소속집단과 준거집단은 태도형성에 영향을 미친다. 개인의 태도는 그가 소속한 집단(membership group)과 그가 속하고자 하는 집단(reference group)에 근거를 둔다. 태도는 그같은 집단의 신념, 가치, 규범을 반영하는 경향이 있다. 따라서 태도를 유지하기 위해 개인은 자신의 태도와 유사한 태도를 가진 사람들로부터 지지를 확보할 필요가 있다. 그렇기 때문에 집단성원의 태도는 집단에 의해 많은 영향을 받는다.

넷째, 개인의 태도는 그의 인성을 반영한다. 태도에 영향을 미치는 집단은 집단구성원의 태도가 유사성을 갖도록 유도한다. 그러나 그러한 유사성 속에서도 다양성이 존재한다. 그 다양성의 요인은 각 개인이 고유한 인성의 일부분을 반영하기 때문이다. 예를 들어, 인종주의, 종교적 태도, 정치적 태도 등은 범주화된 유사성을 가지고 있지만 그 내부적으로는 개인의 인성에 따라 다른 경향을 보이고 있음을 알 수 있다.

IV. 태도의 기능

태도가 심리적으로 어떤 기능을 수행하는가는 인간의 행위를 이해하는데 많은 도움이 될 것이다. 태도의 기능은 다음과 같이 네 가지로 분류될 수 있다.

첫째, 공리적 기능(utilitarian function)이다. 태도는 개인을 바람직하다고 생각하는 목표달성에 도움이 되는 대상과 수단을 향하여 가도록 하는 공리적 기능을 가지고 있다. 이러한 기능에 따라 사람은 욕구를 충족시키는 대상, 즉 보상에 대해서는 접근반응을, 욕구성취를 방해하거나 좌절시키는 대상, 즉 처벌에 대해서는 회피반응을 보이게 된다. 이러한 반응의 심리적 작용을 태도가 하는 것이다. 그리고 이러한 태도를 갖는 것은 개인의 사회적 적응에 도움이 된다. 이러한 기능을 적응적 동기(adaptive function)라고도 한다.

둘째, 자아방어적 기능(ego-defensive function)이다. 이는 자기 자신이 받아들일 수 없는 내적 충동과 외부의 위협으로부터 자아를 보호하고 방어하는 심리적 기제를 의미한다. 태도차원에서 이러한 심리적 작용은 보통 긴장과 불안의 일시적 해소를 수반하지만 이는 본질적 해소나 해결을 가져오지는 않는다. 오히려 결과적으로 개인의 사회적 적응을 저해하는 경우가 많다. 자아방어적 태도는 원래 내부로부터 발생하는 심리적 기능으로 외부의 대상과 상황에 대해 직접적 관련성을 결여하고 있다. 다만 내적 긴장을 제거하기 위한 편의적 배출구로서, 대개의 경우 무의적으로 그 대상과 상황을 대용함에 불과하다. 태도대상과의 적절한 관련성을 갖기 때문에 외적 환경에 대한 적응성을 키우는 공리적 태도와는 상반되는 기능이라 하겠다.

셋째, 가치표출적 기능(value-expressive function)이다. 개인은 자신의 가치관과 자아개념에 적합한 태도를 표현하는 기능을 갖고 있다. 그것을 통해 개인은 정서적 만족을 느낀다. 자기의 가치관과 자아상의 표현은 자아를 확인시켜줄 뿐 아니라 자아실현의 수단이 된다.

넷째, 인지기능(knowledge function)이다. 인간은 외적 환경을 이해하기 위한 준거기준을 필요로 하는데 태도는 이러한 기준을 제공해 준다. 준거기준이란 태도대상의 의미를 인식하고 판단하는 기준이 되는 사고의 틀을 의미한다. 이에 근거하여 개인은 태도대상에 대한 뚜렷하고 일관된 정의를 내릴 수 있다. 이같이 인지된 태도대상의 의미를 태도구조의 전체적 관련 속에서 이해하고 외적 환경에 대한 인지도(認知圖, cognitive map)를 작성하는 작용을 태도의 인지기능이라 할 수 있다. 이러한 태도의 기능에 힘입어 인간은 복잡하고 혼란한 외부세계 속에서 질서와 통일성을 발견한다. 우리가 주위의 모든 대상을 매일같이 새로 인식한다면 그때마다 소요되는 에너지가 막대할 것이다. 그러나 태도의 인지기능에 의해 에너지 소모는 크게 절감되며 따라서 이를 경제적 기능(economy function)이라고도 부른다.

태도와 관련된 앞의 네 가지 기능은 환경에 대한 개인의 적응이라는 측면에서 거론된 것이다. 그중 첫째와 넷째는 외계에 대한 인지적 적응의 정상적 결과이며 둘째와 셋째는 자신과 외계와의 관련성에 관계되는 기능으로 이러한 태도는 내적 동기에 의존하는 경우가 많다. 그리고 태도의 네 가지 기능은 이해의 편의를 위한 분석적 개념으로서 상호배타적이거나 절대적 기능을 의미하는 것은 아니다. 대상에 대한 태도는 몇 가지 기능이 한꺼번에 작용하는 복합적 기능을 수행한다고 이해하는 것이 옳을 것이다.

V. 태도와 행동의 변화

(1) 태도와 행동의 관계

일반적으로 태도는 행동에 대한 마음의 준비상태라고 받아들여지고 있다. 이는 어떤 사람이 특정의 태도를 가지고 있으면 그러한 태도와 일치하는 방향으로 행동이 나타날 가능성이 크다는 것을 의미한다. 태도를 알면 행동의 방향성을 예측할 수 있다는 말이다.

그러나 사람들은 그들이 가지고 있는 태도와 전혀 다른 방식으로 행동하는 경우가 있다. Lapiere의 연구를 살펴보자.(Lapiere, 1934) 그는 젊은 중국인 부부와 함께 캘리포니아 소재 모텔 66개소와 식당 184개소에서 숙식을 했는데 그중 한 모텔에서만 투숙객이 중국인이라는 이유로 숙박을 거절 당했다. 반 년이 지난 후 Lapiere는 자신의 일행이 들렀던 모텔과 식당에 설문지를 우송하여 중국인 손님을 받을 것인가를 물어봤다. 그 결과는 모텔 주인의 93%, 식당 주인의 92%가 중국인 손님은 거절하겠다고 응답했다. 주인들의 응답을 태도라고 본다면 실제 투숙과 음식을 제공한 것은 행동이라 하겠다. 이들의 태도와 행동이 일치하지 않았던 것이다.

위의 연구결과와 같이 태도와 행동 사이에 절대적인 일치가 없다고 해서 이 두 변수 간에 아무런 상관관계가 없다고 단정지을 수는 없다. 태도가 행동으로 옮겨지기 위해서는 일정한 상황적 요인이 병행되어야 하기 때문이다. 즉, 특정한 상황은 태도와 행동 사이의 관계를 심하게 굴절시킬 수 있는 것이다.

다시 Lapiere의 연구로 돌아가자. 그가 실제 모텔과 식당들을 순회한 시기는 관광시즌이 지난 시기일 수 있다. 자신들의 모텔과 식당에 손님이 거의 없는데 유색인종이 들어왔을 때 주인이 인종차별적 성향이 있다고 해도 이들을 손님으로 받아들일 개연성은 충분히 있다. 반면 주인들이 설문조사에 응했던 기간은 한창 손님이 많은 관광시즌일 수도 있다. 만원사례와 같이 손님이 넘쳐나는데 중국인 손님을 받겠냐는 설문지가 왔을 때 부담없이 받지 않겠다고 응답할 수도 있다.

이 문제는 대상에 대한 태도와 상황에 대한 태도로 나누어 태도와 행동 간의 차이를 다룰 수 있다. 행위는 단일 태도에 의해서만 결정되는 것이 아니다. 여러 가지 태도들, 욕구, 그리고 상황적 조건들의 복합적인 작용에 의해서 결정되는 것이다. 모텔과 식당 주인이 중국인을 받을 것인가 말 것인가는 주인이 중국인을 싫어하느냐 좋아하느냐 하는 태도 뿐 아니라 손님을 거절하는 행위와 관련된 영업행위의 윤리문제라고 하는 상황에 대한 태도도 고려되어야 한다. 즉, 중국인은 태도의 대상으로서 주인들은 싫어한다는 태도를 분명히 하고 있지만 그들을 손님으로 받아들이느냐 아니냐 하는 것은 그 문제를 둘러싸고 상황에 대한 태도가 또 발생하게 되는 것이다. 행동은 태도와 상황의 공동소산인 것이다.

그러나 행동이 일어나는 사건을 둘러싼 모든 상황적 요인을 '상황에 대한 태도'라는 변수로 전환시킬 경우 지나치게 포괄적이고 애매한 개념이 되는 위험이 있다.

(2) 태도의 변화

태도변화는 일치변화(congruent change)와 불일치변화(incongruent change)의 두 가지로 분류되고 있다. 일치변화란 태도변화의 방향이 기존의 태도와 일치하는 변화, 즉 처음부터 가지고 있던 태도의 정도가(긍정적이던 부정적이던) 증가 내지 강화되는 것을 말한다. 불일치변화란 태도변화의 방향이 원래의 태도와 반대되는 방향으로 변화하거나 그 긍정성이나 부정성의 정도가 감소하는 것을 의미한다.

이러한 관점에서 위의 두 가지 종류의 태도변화와 태도특성과의 관계에 대하여 다음과 같은 가설이 제시될 수 있다. 첫째, 다른 조건이 동일하다면 일치변화는 불일치변화보다 언제나 용이하게 일어날 수 있다. 둘째, 태도가 극단적이고 일관성이 있으며 욕구충족에도 도움이 되고 중심적 가치를 지닌 것일수록 일치변화는 쉽게 일어난다.

(3) 태도변화의 과정

태도변화와 관련하여 Janis는 단순한 실험실연구에 의한 검증에 그치지 않고 태도변화의 전체과정을 사회적 맥락과 어떤 연관이 있는지를 연구하였다. 그는 금연을 시도하는 사람들을 관찰한 결과 태도변화의 과정을 다음과 같은 다섯 단계로 구분하고 있다.(Janis, 1968)

1. **기존태도나 행동에 대한 도전**: 이 단계는 기존의 태도나 행동에 대하여 도전을 당하거나 위협을 느끼는 일종의 위기 단계이다. 예를 들어 비슷한 흡연기간과 흡연량을 가졌던 친구가 폐암으로 사망하는 사건을 경험했을 경우이다.

2. **도전의 평가**: 일단 위기의식을 느끼고 도전이 받아들여지면(나도 담배를 끊어야 하지 않을까 하는 생각) 변화가 요구되는 행동이 평가된다. 이 단계에서 당사자는 타인에게 충고를 구하거나 혹은 새로운 행동에 대한 준거기준을 찾게 되고 동시에 대안행동을 상상하거나 모색하게 된다. 이후 여러 가지 대안을 놓고 어느 것을 채택할 것인가를 심각히 생각하데 된다. 이 단계는 본래의 균형있는 태도로 환원되거나(흡연자라고 모두 폐암에 걸리는 것은 아니니 계속 담배를 피자.) 아니면 새로운 대안을 받아들이고 그에 입각하여 행동할 것을 결정할 때 해소된다.(금연하기로 결정하고 담배와 라이터, 재떨이를 모두 치운다.)

3. **호의적 대안의 선택**: 일단 권유된 대안이 수용되고 개인이 새로운 종류의 행동을 실행하게 될 때 새로운 과정에 접어들게 된다. 그는 친지들에게 그의 결정을 알림으로써 새로운 행동은 공개된다.

4. **대안의 실행**: 실제로 담배를 사지도 않으며 피우지도 않는다. 끽연을 유발하는 자극적인 음식 등을 먹지도 않는다.

5. **부정적 피드백의 극복**: 새로운 행위는 주변 사람들을 포함한 상황으로부터 반대압력을 받게 될 뿐 아니라 내부로부터 고통과 불쾌감이 수반된다. 흡연 친구들로부터 너 혼자 오래 살라는 조롱을 들을 수도 있으며 금연으로 인해 일에 집중을 못하는 금단현상이 발생할 수도 있다. 따라서 행위자는 이러한 부정적 피드백에 직면할 때 이를 잘 처리하고 조정해야 하며 이에 실패할 경우 초기 단계로 환원된다.

(4) 설득

우리는 타인의 의견이나 태도를 변화시키기 위해 여러 가지 방법으로 설득을 시도한다. 이같은 설득에는 일대일 대면접촉을 통한 방식도 있고 현대사회에 보편화된 의사전달방식인 매스커뮤니케이션에 의한 방법도 있다. 또한 강압적인 방법을 지속적이고 주도면밀하게 적용하여 상대방의 태도변화를 유도하는 방식도 있다. 이 부분에서는 설득과 태도변화와의 관계를 살펴보기로 하겠다. 다양한 설득방법 중 강제적 설득인 세뇌(brain wash)와 커뮤니케이션에 의한 설득을 소개하기로 한다.

1) 세뇌

6.25전쟁 당시 중국은 미군 포로들에게 세뇌공작을 실시하여 공산주의자로 전향시키려는 시도를 하였다. 또는 중국공산당을 비롯하여 대부분의 사회주의국가들은 혁명에 성공한 후 비공산주의자인 정치범들을 재교육캠프 등에 수용하여 잘 계획된 프로그램을 지속적으로 실시함으로써 이들을 공산주의자로 전향시키려는 노력을 시도하였다. Schein과 그의 동료들은 그러한 상황 속에서 일어나는 태도변화의 과정을 강제적 설득(coercive persuation)이라고 이름짓고 그 과정을 연구하였다. 강제적 설득은 흔히 세뇌라고 불리워진다.

Schein은 세뇌를 위해 설득자들이 피설득자(설득대상자)들에 대해 행한 통제의 과정을 다음과 같이 정리하였다.(Shein · Schneier · Barker, 1961)

첫째, 수감자들은(미군 포로) 식사, 수면 등 감방 내의 모든 행동에 대해 철저히 통제 받았다.

둘째, 커뮤니케이션은 여러 가지 방식으로 통제되었다. 수감자에게는 사기를 저하시키는 가정통신만이 전달되었다. 고국의 소식은 철저히 차단되었으며 오직 공산주의 출판물만이 허용되었다. 그리고 수감자와 간수들 사이에 비밀리에 스파이를 둠으로써 불신 분위기를 조성하였다.

셋째, 수감자들은 철저히 격리됨으로써 그 자신의 신념의 준거가 되는 근원을 박탈 당했다. 수감자들로부터 예상되는 저항의 잠재적 근원은 강제격리 수용이나 철저한 규율, 동료 수감자들 사이의 밀고 등에 의해 말살되었다.

그 밖에 수감자들은 갖가지 방법에 의해 자기의 태도와 상반된 행동을 하도록 강요되었다. 그들은 지금까지 자신들의 비공산주의적 행동은 죄악이었다고 자백하고 자아비판을 하였다. 매우 고통스런 심문과정이 병행되었다.

이러한 강제적 설득과정은 초기에는 개인적으로 행해졌다. 그들이 강요 받은대로 자백을 한 다음에는 소집단으로 조직되어 그 집단의 리더격인 공산당 간부에 의해 인도되며 세뇌공작이 끊임없이 계속되었다.

그 결과 다수의 미군 포로들은 다양한 방식으로 중국공산당에 협력하였다. 그러나 이러한 세뇌공작을 받은 수천 명의 미군 포로들 중 공산주의를 신봉하게 된 사람은 소수에 불과했다. 그들 소수는 중국공산당 간부들과 자기 자신을 동일시함으로써 차츰 공산주의 이념을 수용하고 인민에 대한 죄의식을 느끼게 됐으며 자신이 그동안 잘못된 부르조아 사고방식에 젖어 있었다고 믿게 됐다.

위의 연구결과를 보면 개인이 가지고 있던 원래의 태도에 상반되는 행동을 유도해내는 작업은 장기간 계속되지 않으면 별 효과가 없다는 것을 알 수 있다. 뿐만 아니라 그 기간이 길더라도 사회적 지지가 자신의 전향된 태도를 뒷받침하지 않는다면 그 태도변화는 오래 지속되지 않는 것으로 나타났다. 즉, 태도변화가 일어났어도 예전의 태도를 가지고 있는 옛 동료나 친구들과 어울리게 되면 단기간 내에 원상태로 환원되는 것이다.

한편 그 새로운 태도가 기능적인 목적을 가지고 있다면 그것을 자신의 것으로 수용하는 경향이 있다. 공산주의를 받아들임으로써 사회주의 국가 중국에서 그에 상응하는 위치를 확보할 수 있기 때문이다.

2) 커뮤니케이션

커뮤니케이션 과정은 전달자(communicator), 통신내용(message), 수신자(audience)의 세 요소로 구성되어 있다. 이 세 요소들이 어떠한 형태로 결합되었을 때 수신자들은 태도 내지 행동의 변화를 가져오는가 하는 점이 관심의 대상이다.

먼저 발신자의 신뢰성 문제이다. 같은 내용의 커뮤니케이션이더라도 그것이 신뢰할만한 정보원으로부터 나온 것인가 아닌가 하는 점은 수신자의 반응에 큰 영향을 미친다. 발신자의 신뢰성이 갖는 영향력에 관하여 Hovland와 Weiss는 다음과 같은 실험연구를 하였다.(Hovland · Weiss, 1951) 먼저 동질적인 대학생들로 구성된 A와 B 두 집단을 실험대상으로 선정하여 "항히스타민제는 의사의 처방없이 판매해도 좋은가?" 하는 주제에 관해 찬반논지로 작성된 자료들을 읽게 하였다. 그리고 그 두 집단의 반응을 파악하였다. 똑같은 내용의 자료를 A집단에게는 신뢰성이 높은 전달자(생물의학 학술지)의 것이라고 하였으며 B집단에게는 신뢰성이 낮은 전달자(대중잡지)의 것이라고 출처를 밝혔다.

두 집단의 의견변화를 조사한 결과, 신뢰성이 높은 전달자의 자료를 읽은 A집단은 23%의 피험자가 전달자가 제시한 방향으로 의견을 변화시킨 반면, 신뢰성이 낮은 전달자의 자료를 받은 B집단은 의견변화 비율이 7%에 불과하였다. 즉, 전달자에 대한 신뢰성 수준과 태도변화는 정비례하는 것으로 나타난 것이다.

그런데 재미있는 사실은 그 실험이 끝난 후 4주 후 두 집단의 태도변화를 다시 측정하였는데 A집단(신뢰성 높은 전달자)의 의견변화 비율은 감소한 반면 B집단(신뢰성 낮은 전달자)의 경우는 그 비율이 증가하는 경향을 보인 것이다. Hovland는 이러한 현상을 수면효과(sleeper effect)라고 이름지었다. 수면효과란 원래 정보내용 자체가 가지고 있는 설득효과가 정보원의 신뢰성이 낮기 때문에 억제되어 있다가 시간이 흐름에 따라 정보원과 정보내용과의 관련성이 점차 희박해짐에 따라 억제효과가 약화되어 본래의 효과가 표면화된 것으로 해석된다. 수면효과는 매우 흥미로운 발견이지만 후속연구가 제한적이어서 일반화하기에는 아직 이르다 하겠다.

그러면 어떠한 커뮤니케이션 방법이 더 설득력이 있는가? 이와 관련하여 발신자의 입장만을 주장하는 의견만으로 구성된 일면제시(one-sided)형과 반대주장도 포함하는 양면제시(both-sided)형을 생각해볼 수 있다. 지적 능력이 높은 사람에게는 양면제시가 효과적이며 낮은 사람에게는 일면제시가 효과적인 것으로 나타났다.

한편 발신자가 보내는 메시지의 반대방향으로 태도변화가 일어나는 경우도 있는데 집단의 동질성과 규범이 강할 경우 그에 반하는 메시지를 전달하면 그것과 반대되는 방향으로 수신자의 태도가 변화되는 부메랑 효과(boomerang effect)가 발생한다.

VI. 정치효능감과 정치참여

현대민주주의는 주권재민을 기본원리로 출발하였다. 주권자인 국민의 의사가 정치에 반영되어야 한다는 것은 너무 당연한 사실이며 국민들의 정치참여는 민주주의의 전제이다. 따라서 어떠한 국민이 어떻게 정치에 참여하고 있는가 하는 문제는 정치학의 큰 과제이다. 학자들은 정치참여에 영향을 미치는 중요한 심리적 기반 중 하나로 정치효능감을 지적하고 있다. 즉, 개인의 정치효능감이 높으면 정치참여가 활발해진다는 주장이다. 이 부분에서는 정치참여와 그 심리적 기반인 정치효능감의 관계에 대해 살펴보기로 한다.

(1) 정치효능감의 개념과 유형

효능감(efficacy)이 학술적 용어로 사용되기 시작한 것은 미국의 심리학자 Albert Bandura에 의해서다. 그는 인간에게 있는 어떠한 심리적 장애를 극복 또는 제거하면 장애를 넘어서는 일종의 자신감이 생긴다는 사실을 발견하였다. Bandura는 실험을 통해 많은 사람들이 가지고 있는 뱀에 대한 공포를 해소시켰더니 그 이후 그들은 승마, 춤, 오지여행 등 다양한 분야에 적극적으로 도전하여 활기찬 삶을 살고 있는 것을 사실을 알게 되었다. 그는 공포에서의 해방이 일종의 자신감을 가져왔고 그러한 심리적 상태를 자기효능감(self-efficacy)이라는 개념으로 발전시켰다.(Bandura, 1997) 이 용어는 원래 교육학에서 사용되었는데 자기효능감은 특정한 문제를 자신의 능력으로 해결할 수 있다는 자기 자신에 대한 신념이나 기대감을 의미하며 또는 목표에 도달할 수 있는 자신의 능력에 대한 스스로의 평가를 말한다. 교육적으로는 높은 자기효능감은 학습 또는 과제에 대한 집중과 지속성을 통하여 성취수준을 높일 수 있으며 그 결과 긍정적인 자아상을 형성하는데 도움이 된다.

이러한 효능감 개념이 정치학에 도입된 것은 정치행태연구에 이정표를 세운 Campbell이 주도한 연구진에 의해서다. Campbell은 유권자들의 투표행태를 분석하며 정치효능감(political efficacy)이라는 용어를 사용하였는데 이를 개인의 정치적 행동이 정치과정에 영향을 미치거나 미칠 수 있다는 감정, 즉 자신의 시민적 의무 수행이 보람이 있다고 느끼는 감정으로 정의하였다. 시민적 의무를 수행하면서 보람을 느낀다는 것은 정치적, 사회적 변화가 가능하며 그 변화를 가져오는데 개인이 역할을 할 수 있다는 감정을 의미하는 것이다. 그러한 역할수행에 대한 긍정적 감정이 곧 정치효능감인 것이다.

이 정치효능감은 후에 학자들에 의해 내적 효능감과 외적 효능감의 두 가지 유형으로 분류된다. 내적 효능감은 정치를 이해하고 효과적으로 정치과정에 영향을 미칠 수 있다는 자신의 역량에 대한 신념을 말하며 외적 효능감은 정치기구나 공직자가 시민의 요구에 반응할 것이라는 신념을 의미한다.

또한 정치효능감은 '규범으로서 정치효능감,' '심리적 성향으로서 정치효능감,' '행동으로서 정치효능감' 등 세 가지 차원의 의미를 가지고 있다.

첫째, 규범으로서 정치효능감은 민주주의 체제의 공직자들을 시민의 요구에 반응하는 대리인으로 간주해야 하고 나아가 스스로 공무를 담당할 성향을 가지고 있는 것을 말한다. 따라서 규범으로서 정치효능감은 민주주의 체제의 구성원들은 정치영역에서 효과적으로 행동할 수 있다고 느낄 것이라는 기대를 내포하고 있다.

둘째 심리적 성향으로서의 정치효능감은 개인들이 정치영역에서 실제로 느끼는 효과성과 능력에 대한 감정으로 이러한 감정이 내면화되어 있을 때 사람들은 그러한 규범을 더 잘 수행할 것이라고 간주된다. 이러한 감정은 복합적인 것으로 정부나 당국자가 자신의 요구에 반응할 것이라는 감정, 자신의 정치적 이해력이나 영향력 혹은 적절한 정치적 수단의 이용능력 등에 대한 감정으로 실증연구자들이 측정하고자 하는 심리적 성향들을 말한다.

마지막으로 행동으로서 정치적 효능감은 정치효능의 감정유무를 불문하고 개인이 실제로 밖으로 표출되고 관찰가능한 정치행동의 수행을 말한다.

자신의 정치행동이 정치과정에 영향을 미치고 효과를 거둘 것이라는 감정을 갖게되면 그 역할은 능동적이게 될 것이다. 그리고 정치적, 사회적 변화를 위한 주관적 능력을 인지하게 된다. 그러나 자신이 비효과적이라고 믿는 사람들은, 다시 말하면 정치효능감의 수준이 낮은 사람은 정치행동이 소극적일 수 밖에 없으며 정치적, 사회적 변화를 위한 적극적 역할을 회피하게 될 것이다. 이와 같이 정치효능감은 개인의 정치행동 또는 정치참여에 큰 영향을 미치는 것이다.

(2) 정치참여의 개념 및 범주

정치참여란 한마디로 정치과정에, 다시 말하면 정부의 정책이나 공직자의 선출에 영향을 미치려는 일반시민들의 활동이라고 하겠다. 그런데 정치참여의 개념과 관련하여 문제가 되는 것은 개념정의가 아니라 정치참여의 외연과 범주이다. 도대체 구체적으로 어떤 활동을 정치참여의 범주에 포함시켜야 할 것인가 하는 문제이다. 이와 관련하여 학자들의 주장은 광의적 외연과 협의적 외연으로 구분된다. 좁은 범위를 내세우는 학자들은 투표행위, 선거운동,

공공활동, 공직자와의 접촉 등과 관련된 활동을 포함시키며 불법적이거나 동원된 활동은 범주에서 제외시킨다. 반면 넓은 범위를 주장하는 학자들은 정치적 의미를 갖는 모든 활동을 포함시키며 불법의 과격한 항의활동은 물론 애국심을 표시하는 행동까지도 정치참여 활동의 범주 안에 넣는다. 최근의 경향은 정치참여를 광의로 해석하고 있다.

정치참여의 범주를 광의적으로 규정할 때 정치참여형태는 매우 다양할 수 밖에 없다. 정치참여활동과 관련하여 여러 분류체계가 학자들에 의해 제시되었는데 그중 Verba와 Nye의 분류체계가 가장 많이 인용되고 있다. 이들은 7개 국가간 비교연구를 통해 투표참여, 선거활동, 공공활동, 사적 접촉 등 4가지 유형을 도출하였다. 이 분류체계는 신뢰성이 검증되었기 때문에 그후 다른 학자들의 실증연구의 준거로 사용되고 있다. 다만 최근 전세계적으로 늘어나고 있는 동시에 일부 국가에서는 정치과정에 큰 영향을 미치는 불매운동, 공과금 납부거부, 시위, 점거, 교통방해, 기물파손, 폭동을 배제하고 있어 정치참여 연구에 한계를 보인다는 비판이 제기되고 있다.

(3) 정치효능감과 정치참여의 관계

정치효능감이 정치참여에 긍정적인 영향을 미친다는 것은 일반적인 결론이며 앞서 언급하였듯이 정치효능감은 정치참여의 중요한 심리적 요인이다. 그러나 정치효능감도 내적 효능감과 외적 효능감으로 나눠지고 정치참여의 형태도 다양하기 때문에 이 두 변수의 관계에 대해서는 좀더 면밀한 검토가 필요하다 하겠다.

이와 관련하여 국내연구도 지난 10여년 동안 다양한 전공분야의 학자들에 의해 활발히 진행되어 현재까지 30 여편의 연구결과가 나와 있다. 이 부분에서는 그중 가장 최근의 연구 중 하나를 살펴보기로 한다.

류태건은 2011년 성인 600명을 대상으로 한 설문조사를 바탕으로 정치효능감과 정치참여의 유형별 관계를 분석했다. 이를 위해 응답자들의 내적 정치효능감과 외적 정치효능감을 측정하였다. 또한 이 연구는 정치참여 유형을 측정하기 위해 Verba와 Nye가 제시한 분류체계에 '항의활동'과 '인터넷 정치참여'를 추가하여 모두 6가지 정치참여 유형과 관련된 응답자의 정치활동을 조사하였다. 그 설문들의 요약은 〈표 5〉와 〈표 6〉에 정리되어있다.

표 5 : 정치효능감 측정문항

유 형 (잠재변수)	형 태 (측정변수)	설 문
내적 효능감	공직수행 역량	나는 내가 공직을 맡으면 다른 사람들만큼은 잘할 수 있다고 생각한다.
	자기참여 역량	나는 내가 정치에 참여할 충분한 역량이 있다고 생각한다.
	정치문제 이해력	나는 우리나라가 직면한 중요한 정치문제들에 대해 대체로 잘 이해하고 있다고 생각한다.
	정치대화 불확신	나는 다른 사람과 정치에 대해 얘기할 때 종종 확신이 안선다.
	정치정보력	정치에 대해 나는 다른 사람들만큼은 잘 알고 있다고 생각한다.
	정치복잡성 몰이해	정치는 복잡해서 나같은 사람은 어떻게 돌아가는지 모르겠다.
외적 효능감	합법적 영향력	국민들이 정부가 하는 일에 효과적으로 영향을 줄 수 있는 합법적인 방법은 많이 있다.
	국민 최종 발언권	국가운영에 대한 최종적 발언권은 국민에게 있다.
	국민발언권 부인	나같은 사람은 정부에 대해 아무런 발언권이 없다.
	국민발언 청취방법	만일 공직자들이 국민의 말을 듣지 않는다면 그들이 국민의 말을 듣게 할 방법이 없다.

표 6: 정치참여 측정문항

유 형 (잠재변수)	형 태 (측정변수)	설 문
투표참여	대선투표	지난 대선에서 투표하셨습니까?
	총선투표	지난 국회의원선거에서 투표하셨습니까?
	지방선거투표	지난 지방선거에서 투표하셨습니까?

선거활동	투표권유	위의 세 차례 선거에서 특정정당이나 후보에게 투표하라고 다른 사람에게 권유한 경험이 있습니까?
	선거운동	위의 세 차례 선거에서 특정 정당이나 후보를 위해 일한 경험이 있습니까?
	선거집회참여	지난 몇 년간 선거집회에 참석한 경험이 있습니까?
	정당가입	정당에 가입한 경험이 있습니까?
	정치헌금	지난 몇 년간 정치헌금을 기부한 경험이 있습니까?
공공활동	주민활동	국가나 지역문제와 관련, 다른 주민들과 같이 활동한 경험이 있습니까?
	시민단체가입	시민단체에 가입하여 활동한 경험이 있습니까?
	정치토론회참석	시사 관련 토론회에 참석한 경험이 있습니까?
	공청회참석	공공기관의 공청회에 참석한 경험이 있습니까?
	공적 방문	국가나 지역문제 해결을 위해 공직자를 방문한 경험이 있습니까?
	공적 통신	국가나 지역문제 해결을 위해 공직자나 공공기관에 편지, 이메일, 전화 등을 한 경험이 있습니까?
인터넷 정치참여	정치카페	인터넷 정치 관련 카페에 가입한 경험이 있습니까?
	정치토론	인터넷 게시판에 정치 관련 글을 올리거나 토론에 참여한 경험이 있습니까?
	선거운동	선거 때 인터넷 게시판에 특정후보나 정당을 지지하거나 반대하는 글을 올린 경험이 있습니까?
	항의활동	인터넷에서 벌어지는 항의나 반대운동에 참여한 경험이 있습니까?
접촉활동	사적 방문	개인적인 문제로 공직자를 방문한 경험이 있습니까?
	사적 통신	개인적인 문제로 공직자나 공공기관에 편지, 이메일, 전화 등을 한 경험이 있습니까?
항의활동	온건항의 (5가지)	진정서 서명/납세거부/불매운동/집회-시위/파업-태업 등에 참여한 경험이나 참여할 의사는 있습니까?
	과격항의 (4가지)	교통방해/건물점거/기물파손/폭력행위 등의 항의활동에 참여한 경험이나 참여할 의사는 있습니까?

전문적인 통계분석기법에 대한 설명은 생략하고 정치효능감과 정치참여 유형들 사이의 상관관계를 중심으로 살펴보면 다음과 같이 요약될 수 있다. 내적효능감과 외적 효능감을 합친 종합정치효능감은 공공활동, 선거활동, 그리고 사적 접촉과 정적(+) 상관관계가 있고 나머지 정치참여 유형들과는 유

의미한 상관관계가 발견되지 않았다. 내적 정치효능감은 과격한 항의활동을 제외하고 나머지 6가지 정치참여 유형들과 유의미한 상관관계가 있는 것으로 나타났다. 외적 정치효능감의 경우, 공공활동 및 사적 접촉과 약한 정적 관계가 있으며 나머지 5가지 정치참여 유형들과는 상관관계가 없는 것으로 나타났다. 즉, 외적 정치효능감보다 내적 정치효능감이 여러 유형의 정치참여와 좀 더 강한 상관관계가 있음을 말한다. 또한 정치효능감은 투표참여, 온건한 항의활동, 과격한 항의활동, 그리고 인터넷 정치참여에 영향을 미치지 않는 것으로 나타났다.

앞에서 서술된 발견점을 일반화시키기 위해서는 좀더 면밀한 검토가 필요하다. 기존 연구들과는 다소 다른 결과들도 나타나고 있는데, 이는 연구기법에 따라 발생될 수 있는 사례라고 할 수 있다. 그러나 누가 정치에 참여하는가, 더 적극적으로 참여하는가 하는 문제는 정치학의 오래된 관심사였고 이에 대한 답을 정치효능감이라는 독립변수를 활용하여 찾고자 하는 연구는 매우 의미있는 시도이며 앞으로 계속될 것으로 전망된다.

제 8 장

합리적 선택이론

I. 합리성의 개념

인간의 행위는 본능에 따르는 경우와 함께 욕구나 필요를 충족하기 위해 어떤 목적을 추구하는 의도적인 것도 있다. 이같은 의도적인 행위는 인성적 특징에 의한 관습적이고 무의식적인 행위와는 달리 합리적 성격을 띠게 된다. 이러한 합리적 행위가 지닌 특성을 체계적으로 파악하여 사회나 정치현상을 설명하고자 하는 것이 바로 합리적 선택이론(rational choice theory)이다.

그러면 합리적이라고 할 때 합리성(rationality)이란 무슨 뜻일까? 합리성은 미신을 포함하여 어떤 초월적인 존재에 대한 믿음으로부터 벗어나 인간의 이성(reason)에 최대의 가치를 두는 개념이다. 따라서 합리성이란 계몽주의의 등장 이후 인간이 판단주체로서 확신을 갖게 된 근대를 상징하는 용어이다.

그러나 앞에서의 개념은 너무 포괄적이기 때문에 합리성이라는 용어가 학문적으로 사용될 때는 그 범주를 제한시킨다. 어떤 목표달성과 관련하여 가장 효율적인 방법을 지칭하는 의미로 합리성이라는 개념이 사용된다. 풀어서 말하면 합리적이라고 할 때는 어떤 주어진 목표를 달성하는데 있어 여러 대안 중 최소의 비용으로 최대의 이득을 보장하는 대안을 선택하는 경우를 의미한다. 따라서 합리적 행위란 어떤 주어진 목표를 달성하기 위한 최선의 방법을 택한다는 의미가 깔려 있다. 그러기 때문에 합리적 선택이론에서의 합리성은 가치적 합리성이 아닌 수단적 혹은 도구적 합리성에 근거를 두는 분석적 시각으로 사용된다.(Isaak, 1981)

그렇지만 도구적 합리성에 대한 강조는 많은 윤리적 문제와 충돌될 수 있다. 전쟁에서 이기는 방법으로 상대방을 효과적으로 죽일 수 있는 화학무기를 쓴다면 이는 도구적 합리성 관점에서 볼 때 최선의 방법이라 할 수 있다. 그렇지만 이는 윤리적 문제를 야기한다. 이렇듯 합리적 선택은 매우 어려운 일이라 하겠다.

(1) 개인적 선택과 집단현상

앞서 말했듯이 합리적 선택이론은 개인의 행동이 목표지향적이고 계산적이라는 전제에서 출발한다. 사람은 자신의 이해에 따라 그것을 얻기 위한 여러 가지 대안을 생각하고 각 대안에 따라 지불해야 할 비용과 또 얻게될 이득을 계산하여 최선의 대안을 선택하게 된다. 이것을 정리하면 개인의 합리적 선택행위는 대안들(alternatives), 그 대안들이 가지고 있는 효용(utility), 선택 결과의 발생확률(probability), 기대효용치(expected utility) 등으로 구성되어 있다.

그런데 사회과학이 합리적 선택이론에 관심을 갖는 이유는 단순히 개인적인 합리적 선택과 관련된 어떤 규칙성을 발견하는데 목적이 있는 것이 아니다. 수많은 개인들이 각자의 합리적인 계산에 따라 내린 선택들로 이루어진 집합적인 효과로서의 사회현상에 오히려 더 큰 관심이 있는 것이다. 많은 집단행동이나 사회적 제도 등은 개인들의 합리적 선택에 따른 집합적인 결과라고 할 수 있는 것이다. 따라서 이러한 현상을 설명하기 위해서는 개인적 행위가 이루어지는 상황이 어떻게 일정한 행동의 유형을 자극하여 유도해내는가를 밝히고자 하는 것이 합리적 선택이론의 목적이라 하겠다.(Little, 1991)

(2) 합리적 선택과 문화적 맥락

합리적 선택이론은 인간의 이기주의적인 면과 효용의 극대화라는 계산적 특성이 전제되고 있는데 이 부분에 대해 많은 비판이 있는 것이 사실이다. 먼저 앞서 잠깐 언급하였듯이 규범적 측면에서 볼 때 인간이 모두 그렇게 도구적인 차원의 효용만을 고려하여 행동하는 것은 아니라는 점이다. 자신의 이익과는 관계없이 남을 위해 희생하는 행위도 얼마든지 있다는 것이다. 또한 상대주의적 입장을 취하는 학자들은 합리성이라는 개념 자체가 문화적 맥락에 따라 틀리며 규범이나 가치와 같은 도덕적 원칙들이 폭넓게 개인의 행동에 영향을 미친다는 것을 강조한다. 즉, 서양인들이 기준으로 삼는 합리성과 한국사람의 합리성은 틀릴 수 있다는 것이다.

문화상대주의자들의 주장을 살펴보면 첫째, 인간의 목표나 믿음은 문화적으로 규정될 수 있다. 합리적 선택이론은 인간의 목표를 주로 물질적인 이득에 기준하여 살피고 있으나, 상대주의자들은 목표나 믿음은 문화에 따라 특수하게 정의된다고 주장한다. 민족이나 국가에 따라 그 구성원들의 욕구나 이해 자체가 틀리게 정의 될 수 있으며 믿음 또한 신비적인 형태를 띨 수 있다는 것을 지적한다. 둘째, 합리적 선택이론은 규범이나 가치를 등한시 한다고 비판한다. 인간은 반드시 이기적 동기에 의해 움직이는 것이 아니라 남을 위해 또는 공동체의 이익과 같은 도덕적 원칙에 따라 행동하는 경우도 있다는 것이다. 이같은 지적은 우리 주변에서도 쉽게 발견될 수 있는 것으로 문화적 상대주의자들의 합리적 선택이론에 대한 비판은 어느 정도 타당성을 갖고 있다고 하겠다.

이러한 지적에 대해 합리적 선택이론을 옹호하는 학자들은 다음과 같은 반응을 보이고 있다. 먼저, 인간의 목표나 이해가 문화적 맥락에 따라 틀리게 정의되는 점이 있다고 하더라도 인간에게는 서로 공통되는 핵심적인 이해나 믿음의 체계가 있다. 사람들은 문화적 차이에도 불구하고 생존이나 안전과 관련된 최소한의 물질적 욕구가 있다. 의식주를 위한 기본적인 욕구가 그것이다. 따라서 생존을 위해 복지를 극대화하고 자신의 안위를 해치는 위험을 최소화하려는 행위는 인간 누구에게나 공통적이라 할 수 있으며 이에 기초하여 합리적 선택의 논리는 성립되는 것이다. 둘째, 인간의 행위가 도덕적 기준에 의해 영향을 받는 것도 사실이나 이러한 규범과 가치까지 행위에 대한 분석에 포함시키면 이론의 설명력과 간결성을 저해한다. 그것은 결국 행위에 대한 해석이 되어 일반화보다는 특수성을 강조하게 된다는 것이다. 이와는 달리 합리적 선택이론은 다양한 사회현상을 간결하게 설명함으로써 사람들에게 폭넓은 이해를 가능하게 한다는 것이다.

합리적 선택이론에 근거한 세부이론들은 매우 많다. 다음 부분에서는 결정이론과 게임이론을 중점적으로 소개하고자 한다

II. 결정이론(decision theory)

개인에게 합리적 선택이란 여러 대안 중에서 자신에게 가장 큰 이익을 줄 대안을 선택하는 결정을 의미한다. 이를 도식화시킨 것이 결정이론이다. 이 이론은 대안(C: choice), 대안에 따라 발생하는 결과(O: outcome)들이 가지고 있는 효용, 결과들의 발생확률, 그리고 결과에 따른 기대효용치 등의 요소를 포함하고 있다.(오명호, 1996)

표 7: 기대효용치의 예

대안	결과	효용	확률	기대효용치
C_1	O_{11}	1,000	0.2	200
	O_{12}	-100	0.7	-70
	O_{13}	-20	0.1	-2
C_2	O_{21}	700	0.1	70
	O_{22}	20	0.9	18

〈표 7〉은 합리적 선택과 관련된 선택 대안과 이에 따른 기대효용치를 정리한 것이다. 먼저 여기서는 C_1과 C_2라는 두 개의 선택대안이 있으며 C_1을 선택했을 경우 O_{11}, O_{12}, O_{13}이라는 세 개의 결과가 나올 수 있다. 그 결과들에 따라 얻는 효용은 O_{11}이 1,000, O_{12}가 -100, O_{13}이 -20이며 그 결과들이 발생할 확율은 O_{11}이 0.2, O_{12}가 0.7, O_{13}은 0.1이다. 따라서 각 결과에 따라 기대되는 효용은 각각 200, -70, -2이다. C_2를 선택할 경우, O_{21}과 O_{22}라는 결과가 나올 수 있다. 그들의 효용은 각각 700과 20이고 각 결과의 발생확율은 O_{21}이 0.1, O_{22}가 0.9이며 따라서 기대효용은 각각 70과 18이다.

이 표를 기준으로 보면 C_1을 선택했을 때 기대되는 효용치는 각각 결과의 기대효용치인 200, -70, -2를 합친 128이며 C_2를 선택했을 때 기대되는 효용치는 70과 18을 합친 88이 된다. 따라서 행위자는 기대효용치가 높은 C_1을 선택하는 것이 합리적 선택이 되는 것이다.

그러나 합리적 선택과 관련하여 행위자들이 반드시 앞에서와 같은 전략을 택하는 것은 아니다. 만약 행위자가 모험을 싫어하는 소심한 심성의 소유자라면 최악의 결과를 피하려 할 것이다. C_1을 선택했을 때 최악의 결과는 O_{12}으로 효용이 -100이며, C_2를 선택했을 때 가장 나쁜 결과는 O_{22}의 20이다. 그렇다면 그 행위자는 C_1과 C_2 중 어느 것을 택할 것인가? 덜 나쁜 결과인 O_{22}가 나올 수 있는 C_2를 선택할 것이다. 이 전략은 모험을 피하려는(risk-aversive) 심리에 근거한 것으로서 행위자로 하여금 파국적인 손실을 입지 않도록 하는 전략이라 하겠다. 이러한 위험회피심리에 대해서는 maximin-minimax 부분에서 자세히 다루기로 하자.

III. 게임이론(game theory)

게임이론은 당초 경제문제에 대한 접근방법으로 시작된 것이다. 최근에는 사회과학 전 분야에 확산되어 수학적 분석에 기초하여 사회현상을 이해하려는 시도가 이루어지고 있다. 정치학에서는 분쟁이나 협력을 둘러싼 상황에서 의사결정을 연구하는 하나의 방법으로 사용되고 있다.(데이비스, 1998)

게임에 참여하는 의사결정단위(decision-unit)를 플레이어(player)라고 하는데 이에는 개인, 집단, 외국과 협상을 벌이는 외교관, 전쟁을 수행하는 군대의 지휘관, 노조, 선거에 입후보한 정치인 등 다양한 주체들을 생각할 수 있다.

게임이론의 기본가정은 어떤 의사결정자의 목표나 이해의 달성은 상대방의 그것들과 서로 관련되어 있다는 상호의존성이다. 플레이어는 자신의 목표나 능력에 맞는 전략을 선택해야 할 뿐 아니라 상대 플레이어의 목표나 능력도 고려하여 자기의 계획을 조정해야 한다.

위의 가정에 근거하면 게임이론의 기본요소는 게임의 행위자인 플레이어, 플레이어들의 선택이나 결정에 따라 발생하는 득실(payoff), 각 플레이어들이 통제할 수 있는 변수(variable), 정보 및 환경적 조건 등을 구체화한 규칙(rules) 등이 된다. 플레이어들의 의사결정을 좌우하는 것은 전략(strategy)이다. 여기서 전략이란 게임이 전제로 하는 모든 우발적 사태 하에서 플레이어가 어떻게 움직여야 할 것인가를 제시해주는 행동의 일반적 계획이다. 게임이론은 이러한 게임의 전략과 관련된 여러 문제들을 체계적으로 다루며 플레이어의 선택에 따른 결과의 득실을 하나의 득실표(table)로 정리한다. 그리고 이 득실표를 근거로 게임의 다양한 형태를 분석하고 체계화한다.

게임이론은 그 가지가 매우 다양하고 응용분야 또한 광범위하다. 따라서 이를 모두 다 소개할 수는 없고 여기서는 게임이론의 가장 기초가 되는 주요 모델들만 소개하기로 한다.

(1) 2인영합게임(2人零合게임, two-persons zero-sum game)

2인영합게임은 두 사람 사이의 대결을 가정한 것이다. 한 플레이어의 이득은 상대 플레이어의 손실과 같기 때문에 두 사람의 득실의 합은 영이 된다는 특징을 가지고 있다. 이 게임은 서로가 상대방에 대한 완전한 정보를 가지고 있다고 전제하고 있으므로 게임 당사자들은 모든 가능한 서로의 전략들과 그에 따르는 득실을 알고 있는 것으로 가정한다.

1) 둘 다 우월전략이 있는 경우

표 8: 2인영합게임의 득실표 1

		B	
		I	II
A	I	4 / -4	3 / -3
	II	0 / 0	-2 / 2

위의 득실표에 따라 각 플레이어가 선택할 전략을 살펴보자. 먼저 A의 전략을 살펴보자. A는 B가 전략 I를 선택했을 때, 자신이 전략 I을 선택하면 4를 얻고 전략 II를 선택하면 0을 얻게 된다. 따라서 이 경우 A는 전략 I을 선택할 것이다. 또한 B가 전략 II를 선택했을 때, 자신이 전략 I을 선택하면 3을 얻고

전략 II를 선택하면 -2를 얻게 된다. 따라서 이 경우도 A는 역시 전략 I을 선택하는 것이 이득이 된다. 즉, 이 게임에서 A에게는 B가 어떤 전략을 선택하든 무조건 전략 I을 선택하는 것이 이득이다. A에게 전략 I은 언제나 전략 II보다 유리하므로 전략 I을 A를 위한 우월전략(dominant strategy)이라 한다.

그럼 이번에는 B와 관련된 우월전략을 살펴보자. B는 A가 전략 I을 선택했을 때, 자신이 전략 I을 선택하면 -4를 얻고 전략 II를 선택하면 -3을 얻는다. 따라서 이 경우 B는 전략 II를 선택하는 것이 유리하다. 또한 A가 전략 II를 선택했을 때, B가 전략 I을 선택하면 0을 얻고 전략 II를 선택하며 2를 얻는다. 따라서 이 경우, B는 무조건 전략 II를 선택하는 것이 유리하다. 이 게임에서 전략 II가 B의 우월전략이 된다.

결과적으로 이 게임은 A와 B 모두 우월전략인 A는 전략 I, B는 전략 II를 선택하여 결국 (3, -3)에서 종결된다.

2) 하나만 우월전략이 있는 경우

표 9: 2인 영합게임 득실표 2

		B: I	B: II
A	I	5 / -5	4 / -4
	II	10 / -10	-8 / 8

위의 득실표에 따라 두 플레이어가 택할 수 있는 전략을 살펴보자. 먼저 A의 경우를 보자. B가 I을 택했을 때 A가 I을 택하면 5를, II를 택하면 10을 얻는

다. B가 II를 택했을 때 A가 I을 택하면 4를, II를 택하면 -8을 얻는다. 이 경우 A는 우월전략이 없다.

B의 경우를 보자. A가 I을 택했을 때 B는 I을 택하면 -5를, II를 택하면 -4를 얻는다. A가 II를 택했을 때 B는 I을 택하면 -10을, II를 택하면 8을 얻는다. 이 때 B는 A가 무엇을 택하든 II를 택하는 것이 유리하다. 즉, B에게 II는 우월전략이 된다.

그러면 이 게임은 어떻게 종결될 것인가? B는 우월전략인 II를 택할 것이다. 그러면 A는 4와 -8 중, 자신에게 유리한 결과를 가져오는 4, 즉 I을 택하게 된다. 게임은 A의 I, B의 II로 종결되어 A는 4를 얻고 B는 -4를 얻는 것으로 종결된다.

3) 둘 다 우월전략이 없는 경우

표 10: 2인영합게임 득실표 3

		B	
		I	II
A	I	10 -10	5 -5
	II	-8 8	9 -9

먼저 A를 살펴보면, B가 I을 택했을 때, A가 I를 택하면 -10을, II를 택하면 8을 얻는다. B가 II를 택했을 때 A가 I를 택하면 -5를, II를 택하면 -9를 얻는다. 이 경우 A는 우월전략을 갖고 있지 않다.

B를 살펴보자. A가 I를 택했을 때, B가 I를 택하면 10을, II를 택하면 5를 얻

는다. A가 II를 택했을 때 B가 I를 택하면 -8을, II를 택하면 9를 얻는다. B도 우월전략이 없다.

그렇다면 이 게임은 어떻게 끝날까? 먼저 전략을 선택하면 상대방이 거기에 맞춰 자신에게 유리한 전략을 택하게 되기 때문에 이 게임은 성립되지 않는다. 이를 게임이 종료되지 않는다고 말한다.

(2) maximin과 minimax 전략

인간은 주어진 환경 속에서 최대의 기대이익을 얻기 위해 노력을 한다는 것이 합리적 선택이론의 전제이다. 그런데 기대이익 또는 기대효용을 정확히 산출하였다고 하더라도 그 결과가 반드시 그대로 발생한다는 확실성은 없다. 그렇다면 자신이 바라는 최선의 결과는 아니라고 하더라도 최악의 결과를 피하면서 그런대로 만족할만한 수준의 결과를 얻을 수 있다면 그것 또한 합리적 선택이라 할 수 있을 것이다.

이같이 불행 중 다행이라는 심리로 최악의 결과를 피하려는 의사결정 방법이 maximin전략과 minimax전략이다. maximin은 예상되는 최소의 이득(minimum gain)을 최대화(maximize)하는 전략이며, minimax는 예상되는 최대의 손실(maximum loss)을 최소화(minimize)하는 전략을 의미한다. 넓은 의미로 위험회피전략에 해당된다.

앞에서 예를 든 영합게임은 "한 쪽의 이익은 다른 쪽의 손실"을 전제로 하고 있다. 이 영합게임을 노사협상에 적용해보기로 하자. 노사협상을 통해 노조는 회사측으로부터 최대한의 임금인상을 얻어내려고, 반대로 회사는 임금인상에 따른 추가비용을 최소화하여 노조측에 지불하려고 노력할 것이다. 즉 노조는 성과의 최대화(maximize)를, 회사는 지출의 최소화(minimize)를 목표로 노사협상을 진행한다. 그런데 양측 모두 상대방이 선택할 전략을 알 수 없으므로 가장 불리한 상황을 상정한 후, 노조는 그 상황에서 최대 성과를 얻으려 하며, 마찬가지로 회사 또한 같은 상황에서 지출을 최소화하려는 전략을 수립한다.

이러한 게임에서 최대 성과(또는 이익)를 추구하는 플레이어(노조)는 맥시민(maximin) 전략을, 지출(또는 손실)을 최소화하려는 플레이어(회사)는 미니맥스(minimax) 전략을 선택하게 된다.

다음의 〈표 11〉은 노사 양측의 전략에 따른 이득표이다. 이 표에서 숫자는 노조가 얻는 임금인상분을 의미하며, 따라서 회사측에는 추가지출에 해당되는 액수이다.

표 11: 노사협상에 따른 이득표와 maximin-minimax값

<table>
<tr><th>회사
노조</th><th>전략 I(강경)</th><th>전략 II(온건)</th><th>전략 III(포용)</th><th>노조의
mini값</th><th>maximin값</th></tr>
<tr><td>전략 I(강경)</td><td>60억원</td><td>65억원</td><td>100억원</td><td>60억원</td><td rowspan="2">70억원</td></tr>
<tr><td>전략 II(온건)</td><td>90억원</td><td>70억원</td><td>75억원</td><td>70억원</td></tr>
<tr><td>회사의 maxi값</td><td>(-)90억원</td><td>(-)70억원</td><td>(-)100억원</td><td colspan="2" rowspan="2">노조의 maximin값과
회사의 minimax값이 일치</td></tr>
<tr><td>minimax값</td><td colspan="3">70억원</td></tr>
</table>

먼저 노조의 maximin전략을 살펴보자. 노조가 전략 I(강경)을 선택하였을 때 예상되는 이득은 각각 60억원, 65억원, 100억원이다. 노조는 가장 불리한 결과를 상정하고 있으므로 이 경우 최소 이득액수는 60억원이다. 노조가 전략 II(온건)를 선택하였을 때 예상되는 이득은 각각 90억원, 70억원, 75억원이다. 전략 II의 선택에서 발생하는 최소 이득액수는 70억원이다. 그렇다면 노조는 60억원과 70억원 중 maximin값인 70억원의 이득이 예상되는 전략 II를 선택하게 된다.

다음은 회사의minimax전략을 살펴보자. 회사가 전략 I(강경)을 선택하였을 때 예상되는 손실은 60억원과 90억원이다. 회사는 가장 불리한 결과를 상정하고 있으므로 이 경우 최대손실 액수는 90억원이다. 회사가 전략 II(온건)

를 선택하였을 때 예상되는 손실은 65억원과 70억원이다. 전략 II의 선택으로 발생하는 최대손실 액수는 70억원이다. 전략 III(포용)을 선택했을 때 예상되는 손실은 100억원과 75억원이며 최대 손실액수는 100억원이다.. 결국 회사는 90억원, 70억원, 100억원으로 예상되는 최대 손실 중 minimax값인 70억원의 손실이 발생하는 전략 II를 선택하게 된다.

결국 양측 모두 전략 II(온건)를 선택함으로써 임금단체협상은 종결되는 것이다. 이 때 노조의 maximin값(70억원)과 회사의 minimax값(70억원)이 일치하는 것을 안장점(sadddle point)이라고 한다.

maximin전략과 minimax전략은 게임 당사자들이 예상되는 결과 중 최악의 결과는 피해 대안을 선택하는 소극적인 위험회피 태도를 반영한 것이다.

(3) 죄수의 딜레마(Prisoner's Dilemma)

게임이론 중 사회과학에서 가장 많이 인용되고 있는 것 중의 하나가 죄수의 딜레마이다. 한마디로 이것은 개개인의 합리적인 선택은 결국 참여자 모두에게 최대의 이득을 가져오는 합리적인 결과를 낳을 것이라는 상식적인 추론에 의문을 제기하는 내용이다.

은행강도와 같은 중죄를 저지른 혐의를 받는 두 공범이 체포되어 서로 격리된 채 감옥에 수용되어 있다고 가정하자. 그리고 검사는 그들에게 다음과 같은 회유를 한다고 가정하자.

첫째, 만약 한 사람이 범행을 자백하고 다른 사람이 묵비권을 행사하면, 자백한 사람은 가벼운 형(1년)을 받고 묵비권을 행사한 사람은 은행강도에 대한 모든 죄를 뒤집어 쓰고 중형(10년)을 받는다.

둘째, 만약 둘 다 자백을 하면 두 사람 모두 처벌은 받지만 정상을 참작하여 약간 감형된 형(7년)을 받는다.

셋째, 그런데 둘 다 자백을 않고 묵비권을 행사하면 이 경우, 검사가 확보한 증거가 거의 없으므로 다른 가벼운 범죄에 대한 형(2년)을 받는다.

그것에 따른 이득표를 만들면 〈표 12〉와 같다.

표 12: 죄수의 딜레마에 따른 이득표

		죄수 B	
		I : 묵비권	II: 자백
죄수 A	I : 묵비권	2 / 2	1 / 10
	II: 자백	10 / 1	7 / 7

이러한 상황 속에서 가장 최선의 결과를 얻으려면 두 용의자는 어떻게 해야 하는가? 또한 용의자들이 합리적인 결정을 내린다면 어떤 선택을 해야 하는가? 각자의 전략을 계산해보기로 한다.

A의 입장을 먼저 살펴보자. B가 묵비권을 행사했을 경우, A 자신이 자백을 하면 자신은 1년형을, 묵비권을 행사하면 2년형을 받는다. 그렇다면 A 입장에서는 1년형을 받는 자백이 자신에게 유리하다. B가 자백했을 경우, A 자신이 자백하면 자신은 7년형을, 묵비권을 행사하면 혼자 죄를 뒤집어 쓰고 10년형을 받게 된다. 이 경우도 자백하는 것이 자신에게 유리하다. 결국 A는 B가 자백을 하든 묵비권을 행사하든 자신은 자백을 하는 것이 무조건 유리하다는 결론에 이르게 된다. B의 입장도 마찬가지다. A가 어떤 전략을 택하든 자신은 자백하는 것이 유리하므로 자백을 선택하게 된다.

두 용의자는 각자의 합리적 계산에 의해 자백을 하게 된다. 그렇다면 그 결과는 어떻게 나타나는가? 둘 다 각각 7년형을 받게 된다. 두 사람이 모두 묵비권을 행사했을 때보다 더 오랜 기간의 형을 살게되는 역설적인 결과가 나타난다. 즉 개인들은 각각 매우 합리적인 선택을 했으나 집단적으로 볼 때 비합리적인 결과가 발행하는 것이다. 그래서 이러한 현상을 설명하는 게임을 죄수의 딜레마라고 이름 붙인 것이다.

죄수의 딜레마와 같은 상황은 다음과 같은 특성을 갖는다.(Hamburger, 1979)

첫째, 각 플레이어는 우월전략을 가진다.

둘째, 두 플레이어가 모두 우월전략을 선택하면 그렇지 않은 경우보다 더 불리한 결과를 가져올 수 있다. 개인의 합리성이 집단의 불합리성을 가져올 수 있는 역설적 현상이 발생하는 것이다.

셋째, 한 사람은 합리적 선택(자백)을 하고 다른 사람은 비합리적 선택(묵비권)을 하면 합리적 선택을 한 사람이 더 큰 이득을 얻는다.

(4) 사슴사냥 게임(stag hunt game)

사슴사냥(stag hunt) 게임이란 상호협력을 수반한 게임 참가자 사이의 의견조정에 초점을 맞춘 것으로 코디네이션 게임에 해당된다. 사슴사냥 게임은 2명의 사냥꾼이 사냥감을 뒤쫓는다는 상황을 가정하고 있다. 사냥감으로는 사슴과 토끼가 있다. 사슴은 사냥꾼 두 명이 긴밀히 협조해야 잡을 수 있지만 토끼는 혼자서도 잡을 수 있다. 사슴 포획의 효용을 10, 토끼 포획의 효용을 1로 가정한 이 게임은 다음의 〈표 13〉과 같은 이득표로 표현할 수 있다.

표 13 : 사냥게임에 따른 득실표

사냥꾼 2 \ 사냥꾼 1	사슴	토끼
사슴	5(10÷2명) / 5(10÷2명)	0 / 1
토끼	1 / 0	1 / 1

두 명이 협력하여 사슴을 사냥하면 사슴을 잡을 수 있어 10의 이득을 얻는다. 사냥꾼 각각 한 사람의 효용 5이다. 그러나 한 사람은 사슴을 쫓고, 다른 사람은 이에 협력하지 않고 토끼를 쫓는다면 사슴은 놓치고 토끼를 쫓은 사냥꾼은 이것을 획득한다. 아무 것도 잡지 못한 전자의 이득은 0, 토끼를 잡은 후자의 이득은 1이 된다. 또한 양자가 협력하지 않고 각자가 개별적으로 토끼를 쫓는다면 각각의 사냥꾼은 토끼를 획득할 수 있어 이득으로서 1을 얻고 그 합은 2다. 양쪽 플레이어가 협의하지 않고 개별적으로 자신의 이득을 최대화하고자 한 경우에 발생하는 효용보다 2명의 플레이어가 협의하여 협력하면 상대의 이득을 깎아 내리는 것이 아니라 모두의 이득을 최대화할 수 있다. 그런데 플레이어간의 커뮤니케이션이 잘 이루어지지 않으면 비협력이 발생하여 각 플레이어 모두 작은 이득 밖에 얻을 수 없는 사태가 발생한다. 이러한 특징을 갖는 협력게임은 사회적 협력이 얼마나 중요한 것인가를 말해주는 사례이며 협력체계를 구축하기 위해서는 구성원 사이의 커뮤니케이션이 필수적이라는 점을 강조하고 있다.

이 협력게임의 경우, 상호소통이 전제되고 있지만 죄수의 딜레마의 경우 서로 격리되어 소통이 불가능하다는 점이 두 게임의 차이를 말해주고 있는 것이다.

(5) 겁쟁이 게임(Chicken Game)

지난 1950년대 미국의 반항적인 10대들 사이에서는 자동차를 마주보고 달리는 게임이 유행했다. 이러한 무모한 용기의 과시를 위한 게임을 겁쟁이 게임이라고 한다. 겁쟁이 게임을 하는 행위자들은 자신의 배짱과 용기를 과시하기 위해 두 사람이 서로 반대방향에서 자동차를 몰아 상대방을 향해 전속력으로 돌진한다. 맹속력으로 달려오는 두 자동차의 거리가 가까워지면서 정면충돌을 피하려고 먼저 차 방향을 돌리면 그 사람이 지는 것이며 그는 겁쟁이(chicken)가 되는 것이다. 만약 두 사람 다 그대로 직진하면 큰 부상을 당하거나 심지어 죽을 수도 있다. 두 사람 다 충돌을 피하려 방향을 바꾸면 모두 체면이 깎이게 되나 치명상은 피할 수 있으며 혼자 겁쟁이라고 불리는 것보다는 낫다.

이 겁쟁이 게임에서 플레이어들이 선택할 수 있는 합리적 전략은 무엇일까? 이 게임에는 각자의 우월전략이 없다는 점에서 죄수의 딜레마와는 성격이 다른 게임이다. 때문에 두 플레이어는 보수적이고 신중한 결정을 내려야 한다.

〈표 14〉에 정리된 득실에 따라, 먼저 A를 살펴보자. A가 중간에 피할 경우 얻는 최악의 결과는 겁쟁이 소리를 듣는 -5이며, 직진을 할 경우 예상되는 가장 나쁜 결과는 서로 충돌하여 중상을 당하는 -10이다. A가 신중한 행위자로 최악의 결과를 회피하려 한다면 -5와 -10 중 -5의 결과가 나오는 피하는 전략을 택할 것이다. 이러한 계산은 B에게도 그대로 적용될 수 있어 결국 B도 피하는 전략을 선택함으로써 정면을 보고 달려오던 차들은 서로 피하는 것으로 게임은 종료된다. 최악의 결과를 피한다는 의미에서 maximin 또는 minimax전략을 선택한 것이다.

그러나 이 게임의 플레이어들이 언제나 그러한 선택을 택하리라는 보장은 없다. 이 게임의 성격 자체가 이미 비이성적인 것으로 합리적 선택의 범위를 벗어나 있고 실제 상황에서 두 플레이어가 흥분된 상태라면 합리적 판단을 못할 수도 있기 때문이다.

이 게임은 냉전시대 핵무기를 중심으로 한 군비경쟁에 많이 응용되었다. 겁쟁이 게임에서의 직진은 핵무기 사용을 의미하는데 만약 양국이 모두 핵무기를 사용한다면 이는 두 나라 모두의 파국을 의미한다. 결국 어느 누구도 핵무기를 사용하지 못하고 만다. 극한대결 상황 하에서도 겁쟁이라는 소리를 피할 수 있는 명분만 준다면 핵사용 위협을 철회할 수 있는 것이다.

표 14: 겁쟁이 게임 득실표

		B	
		I : 피함	II: 직진함
A	I : 피함	-3 -3	5 -5
	II: 직진함	-5 5	-10 -10

(6) 공공재 형성이론

우리는 여름 휴가철 해변가나 계곡 등에 놀러갔을 때 눈살이 찌뿌려지는 광경을 자주 목격하게 된다. 여기저기 널려있는 음료수병 등 쓰레기들, 백사장에 파묻어 놓은 수박껍질, 술에 취해 가무를 즐기는 어른들. 각자가 조금만 다른 사람을 배려하고 자신들이 남긴 쓰레기를 수거해 가면 모두가 좀더 쾌적한 환경 속에서 자연을 즐길 수 있을텐데 대부분은 그것을 지키지 않아 더러운 유원지에서 휴가를 망치기 일쑤다.

또한 여름철 전력 성수기 때마다 정부는 공익광고를 내보낸다. 여유전력이 얼마 안남았으므로 피크타임 때 냉방기 사용을 자제하거나 냉방기의 설정온도를 좀 올리자는 내용이다. 전력소비자들이 이러한 정부의 권유에 협조하여 다소 덥더라도 과도한 냉방기 사용을 자제하면 전력공급이 중단될지도 모르는 불안감없이 여름을 지낼 수 있다. 아직 그로 인해 전력공급이 중단된 사례는 없으나 반면 그렇다고 정부의 시책에 맞춰 냉방기 사용을 자제하지도 않는다.

이러한 예는 무수히 들 수 있다. 왜 그럴까? 각자가 조금만 노력하면 자신을 비롯한 집단구성원 모두의 이익을 위한 환경이 조성될 수 있는데 이를 알면서도 사람들은 왜 그렇게 행동하지 않는 것일까? 이에 대한 의문을 푸는 것이 바로 공공재 형성이론이다.

공공재(public goods) 또는 집단재(collective goods)는 사회 전체나 집단구성원 모두를 동시에 이롭게 하는 유 · 무형의 재화를 의미한다. 개인이나 특정집단에게만 이익이 되는 사적 이익과는 대조되는 개념으로 맑은 공기, 깨끗한 물, 국가안보, 사회안정, 쾌적한 환경 등을 예로 들 수 있다. 공공재는 특정 구성원이 예외가 되는 경우없이 집단구성원 모두에게 골고루 이익을 주는 비배제성(nonexcludability)의 원칙을 가지고 있다.

모두에게 유익한 공공재가 형성되기 힘든 이유는 한마디로 사람들이 가지고 있는 무임승차(free rider)심리 때문이다. 집단 구성원들이 눈 앞의 자기이익에 집착하여 어떤 희생이나 부담없이 공공재의 이익만 향유하겠다는 것이 무임승차심리인데 이것이 구성원 사이에 팽배하면 공공재 형성은 실패한다. Mancur Olson은 이 무임승차심리를 매우 명쾌하게 설명하고 있다. 즉, 집단의 규모가 커서 한 개인의 기여가 집단 전체의 목표달성에 눈에 띠는 차이를 가져오지 못할 경우, 목표달성을 강제할 수단이나 유인책이 없는 한 집단구성원들은 개인의 희생이나 불편함이 따르는 기여를 거부하며 따라서 집단재는 형성되지 못한다는 것이다.(Olson, 1965)

이를 좀더 세분화시켜 설명해보면 첫째, 집단의 규모가 크면 개인의 공헌은 두드러진 효과를 가져오지 못한다. 자신의 기여로 공공재 형성의 성패가 좌우되는 것도 아니고 기여하지 않는다고 해서 자신을 제외한 다른 다수 구성원들의 노력이 수포로 돌아가는 것도 아니다. 나 하나쯤이야 하는 심리가 구성원 개개인에게 작동하는 것이다. 둘째, 대규모 집단 내에서 개인의 행동은 관심의 대상이 되지 않는다. 적극적인 역할을 했다고 보상이 돌아오는 것도 아니고 노력을 안한다고 비난이나 처벌을 받는 것도 아니다. 셋째, 아무런 기여없이 공공재의 혜택을 받는 것이 그렇지 않는 것보다 비용이나 이익면에서 낫다. 따라서 공공재 형성과정에서 무임승차심리는 합리적 선택이라고 인식될 수 있는 것이다. 앞서 죄수의 딜레마가 개인의 합리적 선택이 오히려 집단적 불합리성을 발생시킨다는 결과와 같은 것이다.

〈표 15〉를 통해 무임승차심리가 왜 발생하고 이에 따라 공공재 형성이 실패하는 이유를 다시 한번 살펴보자. 〈표 15〉를 보면 공공재 형성과 관련하여 개인의 선택은 자신이 다소 희생하며 협조를 하느냐 아니면 노력없이 비협조적으로 행동하느냐이다. 그런데 자신의 선택과는 상관없이 공공재 형성과 실패는 자신을 제외한 집단의 다른 구성원들의 협조여부에 달려있다. 그렇다면 그 결과, 즉 공공재가 형성되든 형성에 실패하든 개인의 입장에서는 희생이 따르는 협조보다는 희생없는 비협조가 이익이 된다. 공공재의 형성에 성공한다면 스스로 비용을 부담하기보다는 다른 사람의 협조적인 노력에 편승하는 무임승차가 개인에게는 이익이 되는 것이다. 특히 공공재 형성에 실패한다면 더더구나 비용을 들인 것보다 안들이는 것이 이익이 되는 것이다.

표 15: 공공재 형성과정 결과표

		집단의 다른 구성원들 B	
		협조	비협조
개인	협조	공공재 형성 성공	공공재 형성 실패
	비협조	공공재 형성 성공	공공재 형성 실패

이같은 무임승차 논리는 집단행동 중 파업실패의 사례에 자주 원용되고 있다. 어떤 사업장에서 노조가 임금인상을 위해 파업을 결정했다고 가정하자.

노조원 모두가 단결하여 파업에 참여하면 기업주는 파업의 지속으로 인한 손실을 막기 위해 노조의 요구를 들어줄 수 밖에 없다. 그런데 파업 기간 중에는 무노동 무임금의 원칙에 따라 급여를 받을 수 없다. 노조원들은 좀더 나은 결과를 얻기 위해 그 희생을 감수해야 한다. 그러나 일부 노조원은 파업에 참여하지 않고 급여를 받으며 계속 일한다. 다른 노조원들의 투쟁으로 임금인상이 된다면 추후 그것을 같이 향유하면 된다. 이런 심리에 의해 파업에서 이탈하는 노조원들이 늘어나면 그 파업은 실패하는 것이다.

IV. 정치와 게임이론

앞에서 소개한 다양성을 갖는 게임이론은 어떻게 정치에 활용될 수 있는가? 이 부분에서는 게임이론을 정치에 적용해보기로 한다.

(1) 연정 구성하기

내각책임제 국가에서는 한 정당이 과반수 이상의 의석수를 확보하지 못할 경우, 2개 이상의 정당이 연합정부를 구성하는 경우가 자주 발생한다. 유럽에 3개의 강력한 정당이 있는 한 국가를 가정해보자. 그리고 선거는 다음의 〈표 16〉과 같은 결과를 보였다.

표 16: 정당의 정책기조

정당	의석비율	정책기조
보수당	40%	도덕과 가정문제에 대하여 매우 보수적이나, 경제문제에 대하여 온건하여 중소기업과 농민에 유리한 정책을 지지한다.(예: 동성결혼 반대)
사민당	40%	친노동자 정책을 지지하고 도덕과 가족의 가치와 관련하여 중립적이다.
자유당	20%	자유시장과 작은 정부를 지지하나 가족의 가치와 도덕의 문제에 대하여 극단적으로 자유방종적이다.(예: 동성결혼 찬성)

이 상황에서 연정 경우의 수는 네 가지가 나온다. 첫째, "보수당+사민당." 둘째, "보수당+자유당." 셋째, "사민당+자유당." 마지막으로 3개 정당 모두가 연정에 참여하는 대연정인 "보수당+사민당+자유당"이다.

그런데 그 국가는 시급히 해결해야할 네 개의 의제에 직면하고 있었다. 그리고 그 의제들에 대한 각 정당의 입장은 상이했다. 찬성은 "+"로 반대는 "-"로 표시하면 다음의 〈표 17〉과 같다.

즉, 보수당은 의제 1, 3, 4의 통과를 바라지만 의제 2에 대해서는 극력 반대하고 있다. 사민당은 의제 4에는 찬성하지만 의제 1과 3은 반대하며 의제 2에 대해서는 중립적이다. 자유당은 1, 2, 3은 찬성하나 4에는 적극 반대한다. 이렇게 각 정당들의 입장이 다를 때 과연 연정은 어떻게 구성될 것인가? 연정과 관련된 경우의 수와 그에 따른 각 정당의 득실은 〈표 18〉에 정리되어 있다.

표 17: 의제 법안과 관련한 정당들의 입장

의제번호	법안 내용	정당		
		보수당	사민당	자유당
1	자유무역(FTA 확대)	+1	-3	+10
2	동성배우자에 대한 복지제공	-10	0	+9
3	세금과 의료 혜택의 삭감	+3	-10	+8
4	농민과 기업에 대한 보조금 제공	+6	+3	-10

가능한 4개 연정 경우의 수에서 보수당은 사민당과 연합하는 연정 1에서 가장 큰 이득인 6을 얻는다. 사민당도 역시 보수당과 연합하는 연정 1에서 가장 큰 이득인 3을 얻는다. 그렇다면 보수당과 사민당의 연정 가능성이 가장 높다고 하겠다. 자유당은 연정 2에서 가장 큰 이득인 18을 얻지만 그 경우 연정 파트너인 보수당이 연정 1로 얻을 6을 포기하고 4를 얻는 자유당과의 연정에 합의할 가능성은 낮다. 연정 3의 경우, 자유당만 9를 얻고 사민당은 이

득이 없으므로 성립되기가 힘들다. 연정 4인 대연정은 3개 정당 모두 얻는 것이 없다. 그러므로 성립될 수 없다. 따라서 "보수당+사민당"인 연정 1이 성립될 가능성이 가장 높다.

표 18: 연정구성에 따른 각 정당의 득실

번호	연정구성	정당			통과가능 법안
		보수당	사민당	자유당	
1	보수당+사민당	6	3	−10	4번
2	보수당+자유당	4	−13	18	1번, 3번
3	사민당+자유당	−10	0	9	2번
4	대연정(보수/사민/자유)	0	0	0	없음

(2) 2000년 미국 대통령선거

지난 2000년 11월에 실시된 미국 대통령 선거에서 개표를 둘러싸고 공화당과 민주당이 한 달이 넘는 법정소송을 벌인 끝에 공화당 후보인 부시(아들)가 당선되었다. 미국 대통령선거 역사에서 일반인 투표에서 지고도 선거인단 확보에 이겨 대통령 당선이 결정된 매우 드문 경우이다. 또한 제3 후보인 녹색당의 네이더(Ralph Nader)가 출마하여 민주당 지지성향의 유권자를 일부 흡수함으로써 당락결과를 바꿔놓아 선거훼방꾼이라는 비난을 받은 흥미로운 선거였다. 다음의 〈표 19〉는 세 후보와 유권자들의 선호를 정리한 것이다.

표 19: 2000년 미국 대통령선거 유권자 후보 선호도

유권자 분류	선호도 순위			일반투표 득표율
	고어(민주당)	부시(공화당)	네이더(녹색당)	
민주당 지지	1	2	3	49%
공화당 지지	2	1	3	48%
녹색당 지지	2	3	1	3%

먼저 선거구도를 살펴보면 네이더의 선택에는 출마냐 불출마냐 하는 두 가지가 있었다. 출마를 선택하면 3자구도가 되는 것이고 불출마를 선택하면 공화당 부시 후보와 민주당 고어 후보의 양자구도가 된다. 양자구도에서는 부시가 불리하고 3자구도에서는 고어가 불리하다. 왜냐하면 〈표 19〉에 나타나듯이 네이더 지지 유권자들은 네이더가 불출마 할 경우, 고어를 지지할 가능성이 높기 때문이다. 그런데 네이버의 출마 강행으로 3자구도의 선거전이 진행되었다.

여기서 부시와 고어의 선거전략에는 다시 두 개의 선택이 있다. 부시는 전통적인 공화당 기조인 보수주의에서 다소 벗어나 "온정적 보수주의"를 내세웠다. 이를 우리나라에서는 좌클릭했다라고 말하며 공약을 약간 진보화시켰다는 의미이다. 이제 고어는 전통적인 민주당 기조인 진보성을 유지하느냐 아니면 다소 보수화시키느냐 하는 선택을 해야 했다. 그런데 사실 선택의 여지도 없었다. 부시가 이미 정책기조에서 민주당의 영역을 침범해왔기 때문에 고어로서는 부시에 맞서 우클릭하는 선택을 할 수 밖에 없었다. 이를 미국에서는 중도라고 부르며 정책을 다소 보수화시켰다는 의미이다. 고어의 정책이 보수화되자 네이더를 지지하는 진보적 유권자들은 고어를 지지할 아무런 이유를 발견할 수 없었다. 결국 일반투표에서 고어는 3% 가량의 표를 네이더에게 뺏겨 49%를 득표하였으며 선거인단 계수 결과 부시에게 패하고 말았다. 사후결과분석이지만 전문가들은 네이더가 출마하지 않았으면 고어 후보가 일반투표에서 50% 이상의 득표를 하고 결국 선거인단 계수에서도 부시 후보를 이겼을 것이라는 평가를 하고 있다. 네이더가 고어를 망친 훼방꾼이었다는 것이다.

이 3자구도의 선거에서 네이더는 출마가 우월전략이었다. 그는 출마를 강행함으로써 선거판을 흔드는 영향력을 발휘할 수 있었다. 민주당으로서는 그 다음부터 의제설정에서 네이더나 녹색당을 무시할 수 없게 되었다. 네이더

입장에서는 어차피 당선을 목표로 출마한 것이 아니었다.

부시도 우월전략이 있었다. 득표를 위해서는 전통적 보수주의가 아니라 온정적 보수주의를 강조해야만 했다. 그렇다면 고어는 우월전략이 있었는가? 3자구도에서 그에게 우월전략은 없었다. 공화당의 부시가 온정적 보수주의를 표방하자 그에 맞서 우클릭한 중도를 내세울 수 밖에 없었다. 네이더가 불출마했더라도 부시나 고어는 선거전략상 같은 정책기조를 유지했을 것이다. 그러나 당락결과는 달라졌을 것이다.

그렇다면 녹색당 지지자들은 왜 네이더에게 투표하였는가? 어차피 당선될 가능성이 없는 네이더에게 투표하느니 전략적으로 고어 후보를 지지하여 자신들이 가장 싫어하는 부시 후보의 당선을 막는 것이 더 나은 선택이 아니었겠는가? 녹색당 지지자들은 적극적 환경주의자들로써 그동안 민주당의 선거승리에 많은 도움을 주었다. 그러나 정작 민주당과 그 당선자들은 환경문제에 대해 그다지 적극적인 모습을 보이지 않았고 이에 대한 불만이 팽배해 있는 상황이었다. 그렇다고 민주당에 대한 지지를 철회하기도 쉽지 않은 상황이었다. 공화당 후보가 당선될 가능성이 높아지기 때문이다. 더군다나 2000년 미국 대통령 선거에서 민주당의 고어 후보는 정책을 우클릭하였다. 고어 후보가 환경론자로 널리 알려져 있었지만 녹색당 지지자들 입장에서는 그가 당선되더라도 적극적인 환경정책을 채택할 것인가에 대한 의구심이 생겼다. 그런데 녹색당 후보로 네이더가 출마하였다. 그들은 당선여부와는 관계없이 의구심이 드는 민주당 후보보다 자신들의 가치를 확실히 공유하고 있는 네이더에게 표를 던졌던 것이다.

(3) 대통령 선거전략

대통령 선거일을 앞둔 마지막 유세를 어느 지역에 집중하느냐를 놓고 여당은 전략수립에 몰두하고 있다고 가정하자. 여당의 선택대안은 영남, 호남, 충청 등 세 지역이고, 이에 맞서는 야당의 선택대안은 수도권, 호남, 충청 등 세 지역으로 예상되었다. 양측 모두 잘못된 선택을 할 경우 만회할 시간이 없기 때문에 지역선정에 매우 신중할 수 밖에 없었다.

그동안의 여론조사결과 추이를 분석한 결과, 〈표 20〉과 같은 이득표가 작성되었다. 이에 따라 여당과 야당은 각각 어떤 전략을 선택하게 될지 살펴보자.

표 20: 여야의 전략에 따른 이득표와 maximin-minimaxi값

야당 / 여당	전략 I(수도권)	전략 II(호남)	전략 III(충청)	여당의 mini값	maximin값
전략 I(영남)	10만표	20만표	17만표	10만표	10만표
전략 II(호남)	-10만표	-15만표	25만표	-15만표	
전략 III(충청)	5만표	40만표	-20만표	-20만표	
야당의 maxi값	10만표	40만표	25만표	maximin값(10만)과	
minimax값	10만표			minimax값(10만)이 일치	

여야 모두 신중한 결정을 해야하기 때문에 각각 maximin전략과 minimax전략을 선택하였다. 여당의 선택대안인 전략 I, II, III에 따른 mini값은 각각 10만표, -15만표, -20만표이며 여당은 maximin전략에 따라 그중 최대값인 10만표가 예상되는 전략 I, 즉 영남지역 유세를 선택하였다.

반면, 야당의 전략 I, II, III에 따른 maxi값은 각각 10만표, 40만표, 25만표이며 야당은 minimax전략에 따라 그중 최소값인 10만표가 예상되는 전략 I, 즉 충청지역 유세를 선택하게 된다. maximin값과 minimax값이 일치하는 10만표가 안장점이 되는 것이다.

즉, 선거일 마지막 주말에 여당과 야당은 각각 영남과 충청지역에서 유세를 펼침으로써 여당은 전체적으로 10만표를 더 얻게 되고 야당은 10만표를 잃게 되는 것이다.

제 9 장

대중사회

I. 대중사회의 성격

(1) 대중의 의미

대중사회(mass society)라는 말은 현대사회 구성원들의 심리적 특성을 이해하는데 가장 필수적이고 포괄적인 개념이다. 산업화, 도시화, 관료화로 특징지어지는 현대사회는 그 결과로 비인간화라는 현상을 초래하였다. 이같은 현대사회의 부정적인 측면을 부각시킨 평가적 개념이 대중사회인 것이다.

기술의 발달에 힘입어 현대사회는 교통수단과 통신수단의 엄청난 발전을 가져왔고 이는 물리적 거리를 극복하여 사람들의 접촉을 대폭 증진시켰다. 우리나라의 예만 봐도 최근 휴대전화 가입자수가 5천만 명을 넘어서는 등 영유아와 노약자들을 제외하면 성인남녀는 거의 모두 무선통신에 가입하고 있다고 하겠다. 다른 사람과 연락하기 위해 공중전화를 찾을 필요가 없어졌다. 급하던 급하지 않던 아무 때나 어느 장소에서나 통신이 가능한 사회가 된 것이다. 이는 우리 일상생활을 매우 편리하게 해주는 동시에 인간관계 그 자체를 부담스럽게 만들고 있다. 우리는 가끔 휴대전화를 없애버렸으면 하는 생각이 들 때가 있다. 불필요한 통화가 많다는 생각이 들고 일상생활이 방해를 받는다는 느낌이 들기 때문이다. 이러한 생각이 든다는 사실 자체가 인간관계가 부담스러워 진 것을 의미한다.

또한 산업화 과정에서 필연적으로 나타난 분업은 개인 상호간의 기능적 유대를 강화하였지만 그 유대 속에 있어야 할 인간적 배려는 결여되어 있어 개인의 무력감이나 지엽말단성을 조장하고 있다. 기능적 유대의 강화가 오히려 정서적 차원에서는 고독감을 심화시키고 있으며 과도한 상호의존성은 자신이 책임질 수 없는 부분의 고의나 과실로부터 파생되는 책임과 피해까지도 감수해야하는 상황이 빈번히 발생하고 있다.

물질적 풍요와 편리함을 향유하고 있는 현대사회 또는 대중사회는 일원성에 의해 설명될 수 있는 성격의 사회가 아니다. 가족이나 지역을 단위로 하는 원초적 집단, 즉 전통적 의미의 공동체적 유대관계는 약화되었으며 가부장적 권위와 기타 권위에 대한 불신이 강화되었고, 일상생활을 지배하는 가치가 다원화되면서 행위규범의 구속성이 약화되었다. 사회규범 자체가 계속적으로 그리고 급격히 변하는 사회인 것이다.

이같은 대중사회에 대한 이해를 높이기 위해서는 먼저 대중이라는 용어가 어떤 의미를 가지고 있는지를 살펴보는데서 시작해야 할 것이다. Daiel Bell은 여러 학자들의 연구결과를 분석하여 대중이라는 용어가 갖는 다섯 가지의 복합적인 의미를 다음과 같이 제시하고 있다.(Bell, 1956)

1. **무차별적 개인으로서의 대중 the mass as undifferentiated number** : 대중매체와 같은 용어 속에서 대중이라는 말은 어떤 표준화된 정보를 불특정 다수에게 무차별적으로 전달하는 것을 의미하고 있다. 대중이란 말은 그 성원이 갖고 있는 다양한 속성은 무시한 채 사회구성원의 획일성을 나타내는 개념이기 때문에 어떤 공통적 속성을 공유하는 특정집단을 지칭하는 계급(class)이라는 말과는 대조적인 개념이다. 영화나 TV 등 대부분의 대중매체는 특정한 사회계층을 위해서 만들어지는 것이 아니라 사회적 배경과는 관계없이 모든 사람들이, 또는 될 수 있는대로 다수의 사람들이 수

용하도록 만들어지는 것이다. 예를 들어 지난 1990년대 이후 최근까지 우리나라에서 방영된 TV드라마 중 가장 높은 시청율을 기록한 프로그램은 지난 1992년 MBC에서 방영된 최민수, 하희라 주연의「사랑이 뭐길래」이다. 최고 시청율이 59.5%을 기록하였다. 이는 우리 국민 중 약 2,500만명 이상이 동시에 그 드라마를 시청하였다는 말이 된다.(『조선일보』, 2003-10-24) 이같이 수 천만명을 동시에 매혹시킨다는 것은 바꿔 말하면 아무도 위하지 않는다는 것과 같다. 보면서 울고 웃지만 보고나면 남는 것이 하나도 없는 것이다. 그 결과 대중매체의 수용자를 무관심과 소외로 이끄는 결과를 초래할 수 있다.

대중의 이러한 의미를 Herbert Blumer는 더 적나나하게 표현하고 있다. 그는 대중매체의 청중을 "분리되고 격리되고 익명적인(separate, detached, and anonymous) 집단"으로 규정한 뒤에 이러한 "대중에게는 조직도 없으며 전통이나 관습도 없고 특정 규범이나 의식도 없으며 집단의 결속이 되는 '우리' 의식도 없고 그 속에는 사회적 역할이나 지위도 없으며 지도자도 없다"라고 묘사하고 있다. 따라서 이러한 대중의 성원이 된다는 것은 곧 자기상실을 의미하며 소외에 빠지기 쉽다고 하겠다.

2. 무자격자의 판단으로서의 대중 the mass as the judgement by the incomponent : 이 말은 어떤 집단을 지칭하는 개념이 아니다. 교육받은 엘리트의 권위가 실추되면서 수반되는 현대문명의 하향화 내지 저질화를 지칭하는 것이다. 현대사회는 과거의 전통적인 권위를 부인하고 제약으로부터 벗어나 생동하는 욕구의 자유분방한 표현이 만발하고 있다. 그 결과 어떤 뚜렷한 가치의 기준도 없이 중구난방적인 모습을 띠는 것을 대중이라고 말하는 것이다.

3. 기계화된 사회로서의 대중(the mass as the mechanized society : 현대사회의 기술문명은 현대인들을 그들이 본초적으로 꿈꾸는 자연상태나 전원생활과는 매우 동떨어진 방향으로 이끌고 있다. 이를 대부분의 학자들은 비인간화되었다고 표현하고 있다. 기술중심의 사회는 기계화된 사회이다. 사회가 하나의 거대한 기계와 같은 것으로 변모해 가면서 인간은 이 거대한 기계의 한낱 부속품으로 전락되어 정밀하고 수

학적인 삶을 강요 당한다. 인간의 가치는 기능적인 차원에서만 평가되고 정서는 무시된다. 생산성만이 강조되는 현대사회의 비인간적 성격이 대중이라는 말로 표현되는 것이다.

4. 관료화된 사회로서의 대중 the mass as the bureaucratized society : 현대의 거대한 조직사회는 효율성만을 강조하고 합리적인 조직작동을 위해 위계질서를 확립하였다. 현대사회의 목표는 인간만족이 아니라 오로지 효율성 제고이기 때문에 문제의 해결은 수단적 가치에 입각하여 이루어진다. 이러한 합리성을 기능적 합리성(functional rationality)이라고 하는데 인간의 문제 그 자체를 위한 실질적 합리성(substantial rationality)과는 그 성격이 전혀 다르다. 관료화된 사회에서 의사결정권은 집중화되고 대중들은 다만 준율성(conformity)만이 요구될 뿐이지 창의성이나 자발성은 억제됨으로써 자아실현의 욕구가 좌절 당하게 된다.

5. 폭도로서의 대중 the mass as mob : 현대사회를 그 구성원의 성격을 중심으로 대중사회라고 부르게 된 것은 대중이란 말이 신분이나 계층 상의 차이가 없어지고 사회경제적으로나 문화적으로 획일화된 특성을 강조하는 것이다. 이러한 대중은 목적의식이 없고 소외되고 결속력이 약화된 특징을 보인다. 사회는 각기 자신들의 관심과 이익을 추구하는 집단들로 구성되어 있다. 사회가 계층화되어 있으면 사회통제는 가능해지고 각 집단 구성원들의 비합리적인 감정은 억제될 수 있다. 그러나 이러한 계층집단이 붕괴되어 사회성원들이 획일화되면 사람들은 변덕스러워지고 열기에 들 뜬 대중으로 변해버려 쉽게 조작의 대상이 될 수 있다. 대중에게는 정당도 없고 공동사회도 없고 소속된 집단도 없기 때문에 이들은 사회문제에 아무런 관심도 없다. 사회생활을 하지만 사회 밖에 사는 존재들이다. 그 과정에서 발생하는 폭동이란 사회성원들이 자신들의 상실된 사회적 지위와 소속감, 그리고 자아의식을 회복하기 위한 투쟁인 것이다.

Bell은 대중이라는 말이 어떻게 사용되나를 앞에서와 같이 분석하며 이는 현대사회를 올바르게 설명하는 개념이 아니라고 주장하고 있다. 그러나 최근 현대사회를 설명하며 이 대중이라는 말이 사회과학자들에 의해 많이 쓰여지고 있는 이유는 우리가 살고 있는 이 현실사회를 파악하는데 상당한 설명력을 갖고 있기 때문이라고 하겠다. 그러나 현대사회가 정말로 대중사회냐 아니냐 하는 질문은 큰 의미가 없다고 하겠다. 문제는 그 사회가 어느 정도 대중사회적 성격을 보이느냐 하는 점이다.

(2) 대중사회의 특성

대중사회가 가지고 있는 특성은 다음과 같이 요약될 수 있다.(전병재, 1995)

1. **지역사회의 붕괴**: 대중사회에서 지역사회의 붕괴는 사회구성원들의 소속감과 귀속의식을 약화시켜 개인들의 소외감을 강화시킨다.
2. **사회조직의 강화**: 현대사회가 점점 조직화되어 가면서 우리의 사회생활은 합리성이 강조되는 반면 정서적 욕구가 무시되며 인간의 존재는 수단시되고 개인은 조직의 한 부속품과 같이 취급된다.
3. **대중의 수평화**: 대중사회의 가장 큰 이념은 평등이다. 모든 사람들은 동등한 유권자, 동등한 고객, 동등한 관객으로 취급된다. 따라서 숫자상의 우위가 승패를 가늠한다. 다른 말로 표현하며 질보다 양이 중요한 사회인 것이다. 이러한 수평성은 개성보다는 다른 사람들과의 동질성이 강조된다.
4. **대중운동의 확대**: 현대사회의 대중운동은 대중사회에 반대하는 운동의 성격을 띠게 된다. 대중사회가 발달할수록 전통적 집단은 소외감을 느낀다. 그 과정에서 그들은 자신들의 소외감이 대중사회의 도래 내지 심화 때문이라고 생각하게 된다. 이들은 대기업, 대도시, 큰 정부조직 등에 대해 강한 반발을 느끼게 되며 이에 반대하는 대중운동에 쉽게 참여한다.

또 이미 현대사회의 조직생활에 적응하여 사는 사람들도 자신들의 존재가 기능적, 수단적인 차원에 그치고 평가받는다고 생각하기 때문에 이러한 기계적인 삶과는 다른 청사진을 제시하는 선동가들의 선전에 현혹되기 쉽다.

(3) 대중의 심리

이러한 대중사회에서 대중의 심리적 특성은 무엇일까? 사회구성원의 심리는 두 가지 기준에 의해 다음의 〈표 21〉과 같이 유형을 도출해볼 수 있다.

표 21: 사회구성원 퍼스낼리티의 유형

태도 / 사고	자기충실적 태도	자기소외적 태도
집단중심적 사고	공동체사회/전통적 인간	전체주의사회/전체주의적 인간
개인중심적 사고	다원주의사회/자율적 인간	대중사회/대중사회적 인간

* 출처: 정윤무, 『현대정치심리론』(서울: 박영사, 1993).

앞의 네 가지 퍼스낼리티 유형을 설명하면 전통적 인간은 공동체사회 구성원의 유형으로 명예와 수치심이 행동규범의 기준이 된다. 다원주의사회의 자율적 인간은 자기신뢰에 기반하여 행동하며 공익과 사익에 대한 균형감각을 유지한다. 전체주의적 인간은 개인으로서의 주체성을 결여하고 있으며 공포에 따라 행동하며 복종만 있을 뿐이다. 이들과 비교할 때 대중사회적 인간은 암시성과 불안감에 압도 당하고 있다.

대중사회적 인간이란 개인중심적 사고를 하지만 기본적인 태도가 자기소외적인 유형을 지칭한다. 이 유형의 인간은 자기소외로 인해 집중력이 결여되어 산만하며 늘 원인불명의 불안감에 싸여 있다. 확고한 자아정체성이 없으므로 대중조작에 휘말리기 쉽다. 한마디로 대중사회적 인간이란 자기상실감과 불안에 사로잡힌 동조과잉 인간이라고 할 수 있다. 이들은 타자지향형 인간이며 스스로의 판단력없이 암시에 따라 움직이는 자동인형과 같다.

대중사회적 인간의 특성은 민주주의와 관련하여 매우 위험한 요소를 내포하고 있다. 이들은 확고한 내재적 기준이 없기 때문에 '대중적 기준'에 의존할 뿐이다. 자기소외와 불안감은 심리적 고통을 수반하는데 이를 극복하기 위한 방법은 무관심을 통한 도피나, 반대로 과격하고 극단적인 행동에 편승한 감정의 폭발이다. 이 모두 원만한 민주주의의 작동을 위협하는 요인인 것이다.

II. 소외

앞에서 살펴본 대중사회에서 살고 있는 개인들의 생활을 심리학적으로 분석할 때 가장 빈번하게 등장하는 개념이 바로 소외(alienation)이다.

소외라는 개념의 근원은 무엇인가, 어떻게 정립되었는가에 대한 도출된 합의는 없다. 이 용어가 현대사회의 심리학적 개념으로 자리잡는데 큰 역할을 한 인물들은 Hegel, Feuerbach, Marx라고 하겠다. 그중 소외를 사회과학의 주요 개념으로 발전시킨 Marx의 논의를 소개하기로 한다.

Hegel과 Feuerbach의 소외론이 지나치게 관념적이고 종교적인 것에 비판을 가한 Marx는 정신적 활동을 포함한 인간의 모든 활동과 관련하여 소외를 개념화하였다. 그에 따르면 인간은 자기활동의 결과를 여러 가지 형태로 소외시켜서 결국에는 스스로 감당할 수 없는 상황으로까지 가고 만다. 인간활동의 결과는 하나의 독립된 객체가 되어 인간을 그 노예로 전락시켜 버린다는 것이 Marx 소외론의 요약이다.

Marx는 인간의 불행은 자기 행동의 결과를 자신으로부터 소외시킨다는 데만 있는 것이 아니라 활동과정 그 자체로부터도 자신을 소외시키는데 있다고 주장한다. 인간은 행동의 결과와 활동과정으로부터 소외되고 나아가 자기가 살고 있는 자연과, 더불어 사는 타인들로부터 소외되어버린다는 것이다. 이렇게 다양한 소외들은 궁극적으로 인간이 인간의 근본적인 속성으로부터 소외되는 것을 의미한다고 주장하고 있다. 이런 형태의 자기소외된 인간은 참다운 인간이 아니며 이러한 소외 속에서 인간의 삶은 자신의 창조적 활동을 통한 역사에의 참여라는 의식을 망각하게 되어 진정한 의미의 삶을 살지 못한다는 것이다.

Marx의 소외론은 그 의미가 간과되어 오다가 이차대전이 끝난 후 중요성이 발견되어 맑스주의자 뿐 아니라 실존주의자, 철학자, 문학가, 사회학자, 정치학자 등에 의해 많은 학문분야에서 논의가 활발히 전개되었으며 특히 정신분석학자들에 의해 본격적으로 다루어지기 시작했다.

소외라는 개념은 다양한 분야의 학자들에 의해 제각기 정의되고 있는데 개인의 심리상태라는 차원과 함께 그러한 심리상태를 유발하는 객관적인 사회상황을 지칭하는 것으로도 사용된다. 여기서는 현대사회에서 생활하는 개인들의 심리상태를 파악하는 분석적 개념을 중심으로 살펴보기로 한다. Melvin Seeman은 소외라는 개념이 사회과학에서 다음의 다섯 가지로 사용되고 있다고 분석하고 있다.(Seeman, 1959)

1. **무능력** powerlessness : 무능력으로서의 소외라는 개념은 개인이 자기의 행동과정이나 결과를 스스로 결정할 수 없다고 느끼는 심리상태를 말한다. Marx가 말한 자본주의체제의 노동자 상태를 의미한다. 그는 인간이 인간으로부터 소외되고 하나의 상품으로 전락되는 과정을 분석하면서 노동자의 삶에 대한 결정권을 자본가가 가지고 있기 때문에 노동자는 무능력함을 느낀다고 지적하고 있다.
 Weber는 Marx가 사용한 소외라는 개념을 산업사회의 테두리를 넘어 적용하고 있는데 현대사회에서 노동자가 공장으로부터 소외되고 있는 것과 마찬가지로 군대는 폭력의 수단으로부터 소외되고 있으며 공무원은 행정의 수단으로부터 소외되고 있다고 보고 있다.

2. **무의미** meaninglessness : 현대사회에서 인간의 실질적 합리성은 감소되는 반면 기능적 합리성은 증가하는 현상을 지적할 때 사용되는 의미이다. 현대의 조직화된 사회는 기능적 합리성만 강조하기 때문에 인간은 주어진 상황을 자기의 주관적인 관점에서 의미있게 파악하는 능력을 상실하게 된다. 이는 삶의 의미가 쇠퇴되는 것을 의미한다.

따라서 소외란 개인이 무엇을 믿어야 하며 자신의 의사결정을 어디에 근거해야 할지를 모르는 심리적 방황상태이다. 무능력으로서의 소외가 인간행동의 결과를 통제하는 문제라고 한다면 무의미로서의 소외는 행동의 결과를 예측하는 문제와 관련된 개념이라고 하겠다.

3. **무규범** normlessness : 무규범 상태란 사회활동을 규제하는 적절한 규범이 없거나 전통적 규범이 그 영향력을 상실해 버린 상태를 의미한다. 이는 Durkheim이 제시한 아노미(anomie) 개념에 기반을 둔 것이다. 행위규범의 상실과 이에 따른 극단적 개인주의나 수단주의와 같은 문제를 다루고 있다. 즉 어떤 행위규범이 그 행위가 궁극적으로 표방하고 있는 목적과 적절히 연결되지 못하여 규범으로서의 의미가 약화되고 그 구속력도 상실되어버린 상태 속에서의 개인의 심리상태가 소외라는 말로 표현되고 있는 것이다.

4. **격리** 隔離, isolation : 현대대중사회에서 대중문화와 유리되어 있는 지식인의 역할을 분석할 때 많이 사용된다. 즉, 특정개인의 적극적인 가치판단의 기준이 기존사회의 그것과 부합되지 않는 상태를 의미한다. 격리라는 의미의 소외는 어떤 개인이 그 사회에서 통속적으로 큰 가치를 부여하는 신념이나 목표에 대해 그 자신은 그렇게 큰 의미를 부여하지 않는 심리상태를 나타내는 것이다.

5. **자기유리** 自己遊離, self-estrangement : 인간이 자기 자신을 낯선 사람처럼 느끼는 심리상태를 말한다. C. Wright Mills가 말한 것처럼 사람들은 은밀히 남을 자기의 목적을 달성하기 위한 수단으로 취급하게 되는데, 이러한 상황이 서로 간에 만연하게 되면 인간은 결국 자기 자신으로부터 소외되어버리는 심리상태를 의미한다. 결국, 인간의 어떤 이상적인 삶의 상태로부터의 소외를 의미한다고 하겠다.

종합적으로 보면 이같은 소외는 현대사회의 산업화에 따른 분업, 도시화에 따른 익명성의 팽배, 관료제에 따른 수단적 합리성의 강조 등에서 형성된 결과로 나타나는 현상이며 인간을 수단과 부속품으로 전락시켜버린 것에 대한 부작용이라 하겠다.

이같은 소외의 유형화를 A. Finfter는 정치에 적용하여 정치소외를 네 가지

로 설명하고 있다.(Finfter, 1970)

1. **정치적 무력감**: 정치현상에 대해 아무런 영향을 미치지 못한다고 느껴지는데서 발생한다.

2. **정치적 무의미감**: 정치적 결정이 좀처럼 예측할 수 없다고 느끼는데서 생기는 감정이다. 정치는 너무 복잡하고 그 결과도 쉽게 예측할 수 없을 뿐 아니라 유효성도 처음부터 상실되어 있다는 생각에서 생긴다. 정치적 무력감이 정치현상에 대한 예측은 가능하나 개인의 영향력이 미흡하다고 느껴지는데서 출발하는 것과는 다르다.

3. **정치적 무규범감**: 정치와 관련된 규범이나 규칙이 붕괴됨으로써 발생하는 것으로 일탈행동이 일반화되어 있다고 느껴질 때 발생한다.

4. **정치적 고립감**: 사회구성원 사이에 널리 공유되고 있는 정치적 규범이나 목표를 거부하는데서 생긴다. 어떤 특정한 규범으로부터의 일탈이 문제가 되는 정치적 무규범감의 경우 그 규범을 암묵적으로 인정하고 있다는 점에서 정치적 고립감과 차이가 있다. 정치적 고립감은 규범 자체의 불공정성이나 기만성으로 인해 정치적 게임의 여러 규칙을 거부하는 것이다.

III. 아노미

앞에서 소외의 뜻 중 무의미가 아노미라는 개념에 의해 영향을 받았다고 지적하였다. 현대사회와 그 구성원의 심리적 특징을 지칭하는 개념 중 아노미는 가장 많이 사용되고 있는 용어 중 하나이다. 그중 아노미라는 말을 사회과학적 용어로 정착시킨 Emile Durkheim의 개념을 먼저 소개하기로 한다.

(1) Emile Durkheim의 아노미

학문적 개념으로서 아노미라는 용어는 1893년 프랑스 사회학자 Emile Durkheim이 출간한 『분업론』이라는 책에 처음 등장하였다.(Durkheim, 1947) 그는 고도로 분화된 산업사회가 어떻게 사회결속을 유지할 수 있는가에 관심을 가졌다. 사회결속의 기반은 단순한 기계적 연대(mechanical solidarity)와 복잡한 유기적 연대(organic solidarity)로 나눌 수 있는데 동질성에 근거한 전자는 공동의 관심이나 감정, 집합의식 등을 통해 개인의 행동을 규제한다, 후자는 개인의 특성과 자유를 보장하면서 이질성을 통제한다.

Durkheim은 고도로 분업화된 산업사회에서 자본과 노동의 갈등, 기술의 고도화와 전문화 등에 의해 위기가 조성되어 직업간의 조정이나 통합이 불가능하게 되는데 이 경우 분업은 사회구성원들의 관계를 규제할 효과적인 규범이 없어지기 때문에 아노미 현상이 나타난다고 보고 있다.

그의 아노미 개념은 1897년 출간한 『자살론』에서 좀더 정교화되었다.(Durkheim, 1951) 그는 자살율과 관계가 있을 만한 사회적 변수들을 조사하는 과정에서 자살율과 경기변동의 상관관계가 높은 것을 발견했다. 이 두 변수 사이에는 U字型의 관계가 있는데, 즉 경제공황시기에도 자살율이 높지만 경제호황에도 역시 높았던 것으로 나타난 것이다. 그의 설명에 따르면 공황과 호황은 비정상적인 상황으로 사회구성원들이 전통적인 삶의 양식을 포기하게 되고 생활에서 방향감각을 상실하게 되며 사회로부터 격리감을 강하게 느끼게 된다는 것이다. 이러한 사회적 상황을 아노미 상태라고 규정하고 그는 이 상태에서 발생하는 자살을 아노미적 자살(anomic suicide)라고 불렀다.

간단히 요약하면 Durkheim은 무규범상태를 아노미라고 불렀는데 당시에는 체계적인 분석개념으로 발전되지는 않았다. 그러나 급속한 산업화에 따른 심리적 방황상태를 지칭하기에 매우 적합한 개념이었던 것이다.

(2) Robert Merton의 아노미

Merton은 현대사회에서 급증하고 있는 일탈행위를 설명하기 위해 아노미라는 개념을 사용하였다. 그는 우리가 살고 있는 현실세계를 문화와 사회라는 두 차원으로 구분하였는데 문화 또는 문화구조란 특정 사회집단 구성원들의 행동을 규제하는 규범적 가치체계로, 사회 또는 사회구조란 사회구성원들의 생활목표를 달성하는데 필요한 행위를 규제하는 제도적 규율로 정의하였다.(Merton, 1949)

특정사회 속에서 문화적으로 강조되는 목표와 이를 합법적으로 달성할 수 있는 수단은 항상 일치하지 않는다. Merton은 이 차이, 즉 문화적 목표와 제도화된 수단 사이의 괴리현상을 아노미라고 규정하고 있다. 그는 이러한 아노미적 상황에서 개인이 대처할 수 있는 선택적 행동양식을 다음의 다섯 가지로 제시하고 있다. 〈표 22〉는 Merton이 제시한 행동양식을 정리한 것이다.

1. **준율형** conformity : 사회에서 강조되고 있는 문화적 목표와 제도적 수단을 모두 받아들이는 경우이다. 사회의 가치가 돈이라면(대부분의 자본주의사회가 그렇다.) 이를 중요하게 생각하고 합법적 수단(사업, 절약, 주식시장 참여 등)을 통해서 돈을 버는 정상적이고 모범적인 시민이 예라고 할 수 있다.

2. **개혁형** innovation : 문화적 목표는 받아들이지만 제도화된 수단은 거부하는 경우이다. 예를 들면 목표로서의 돈은 인정하지만 이를 벌기 위해 사기를 치거나 도박에 몰두하는 경우이다.

3. **의례형** ritualism : 문화적 목표는 망각하고 제도화된 수단에만 집착하는 경우이다. 무사안일 내지 복지부동형의 공무원 등을 예로 들 수 있는데 극단적인 경우를 제외하고는 일탈이라고 볼 수는 없다.

4. **은둔형** retreatism : 문화적 목표나 제도화된 수단 모두를 거부하는 경우이다. 마약중독자나 알콜중독자 등이 이에 해당된다.

5. **저항형** rebellion : 일체의 사회적 가치와 수단을 거부하나 자신만의 새로운 가치를 제시하고 이를 실현시키려 노력하는 경우이다. 은둔형과 유사한 태도를 가지고 있으나 도피적이지 않고 적극적인 점이 틀리며 때로는 폭력적 수단을 사용하기도 한다.

표 22: 아노미적 행동양식

행동양식 유형	문화적 목표	제도적 수단
준율형	수용	수용
개혁형	수용	거부
의례형	거부	수용
은둔형	거부	거부
저항형	거부	거부

제 10 장

인간행동에 대한 심리적 분석

I. 서론

우리 사회에는 하루도 빠짐없이 각종 범죄가 발생하고 있다. 그 빈도도 많아질 뿐 아니라 수법도 점점 흉악화되고 있다. 범죄는 대표적인 공격행동으로 이같은 공격행동은 모두 대인관계의 맥락 속에서 타인의 존재에 의하여 야기되는 사회적 행동의 주요한 유형의 하나이다.

한편, 우리 주변에는 사람들의 마음을 흐뭇하게 하는 미담이 가끔 언론을 통해 알려진다. 이를 공격행동과는 반대되는 친사회적 행동이라고 한다. 지난 2001년 1월 우리나라 대학생 이수현군이 일본 동경 지하철에서 술에 취한 사람을 구하려다 희생된 경우와 같은 행동을 말한다. 먼저 이 부분에서는 공격행동이나 친사회적 행동이 어떻게 일어나는 가를 살펴보기로 한다.

또한 사람들이 군집하였을 때 개성을 상실한 집단 구성원으로서의 행동인 집합행동과, 자신의 의지나 인식과는 다르게 주변으로부터 무언의 압력을 받아 취하는 동조행동, 그리고 편견 및 차별 등 기타 사회적 행태에 대해 알아보기로 한다.

II. 공격행동

(1) 공격의 개념

행동주의 심리학자들은 공격이란 일반적으로 타인을 해치는 어떤 행동을 의미한다고 정의하고 있다. 이같은 정의는 행동 자체에 초점을 맞추고 있기 때문에 행위 주체의 의도를 무시하고 있다. 그러나 공격행동에 대한 의도성 포함 여부는 매우 중요한 요소이다. 만약 의도가 무시된다면 타인을 해치려는 의도가 있어도 결과적으로 피해가 발생하지 않는다면 공격행동이라고 말할 수 없기 때문이다.

예를 들어 어떤 암살자가 정치지도자를 해치려고 총을 발사하였는데 다행히 탄환이 멀리 빗나가는 바람에 그 지도자는 아무런 해를 입지 않았다고 하자. 그렇다면 그 암살자의 행동은 공격행동이라고 할 수 없는가? 또한 야구경기에서 어떤 타자가 홈런을 쳤는데 그 공에 외야석의 어떤 관중이 맞아 부상을 입었다고 하자. 그러면 그 타자의 타격행위는 공격행동이라고 해야 하는가?

따라서 공격행동을 정의내리는데 있어 해를 입히는 행동과 해치려는 의도를 구별할 필요가 있으며 공격이란 "타인을 해치려는 의도가 있는 행동"이라고 정의내려야 할 것이다.

(2) 공격의 분류

공격은 크게 다음과 같은 두 차원으로 분류된다.

1) 적의적 공격과 도구적 공격

공격의 목적을 기준으로 적의적 공격과 도구적 공격으로 구분된다. 전자는 타인을 해치려는 내면적 동기를 가지고 행하는 행동으로 타인에게 위해를 가하고 고통을 주려는 것이 목적이다. 후자는 적의는 없으나 타인을 해침으로써 자기의 목적이 달성되기 때문에 하는 공격행동을 말한다. 부모의 원수를 갚기 위해 상대방을 공격하는 경우는 적의적 공격이며 돈을 벌기 위해 상대 선수를 가격하는 격투기 선수의 행위는 도구적 공격이라고 하겠다.

공격에 대한 이분법적 분류는 그러한 행동에 대한 이해를 위한 것이지 실제 특정 공격행동을 뚜렷하게 적의적 공격인가 도구적 공격인가를 구분하기는 힘들다. 공격행동에는 적의적인 면과 도구적인 면이 혼재되기 쉽기 때문이다. 예를 들어, 권투선수는 돈을 벌기 위해 시합을 하는 것이지 상대선수에 대한 분노 때문에 가격을 가하는 것은 아니다. 그러나 시합을 진행하다보면 상대선수에 대한 분노가 발생하기 마련이다. 이 경우, 그 행위가 도구적이냐 적의적이냐를 구분하기란 쉽지 않은 것이다.

2) 직접적 공격과 간접적 공격

공격행동은 대상에 대해 직접적으로 공격하느냐 간접적으로 공격하느냐에 따라 직접적 공격과 간접적 공격으로 나누어질 수 있다. 전자는 상대방을 직접 폭행하거나 비난하거나 혹은 상대방의 일을 방해하여 손해를 입히거나 하는 등 자신이 직접적으로 그 대상에 위해를 가하려고 하는 행위를 말한다. 반면 간접적 공격은 ▲ 공격대상의 치환, ▲ 공격형식의 변경, ▲ 공격의 정화 등을 예로 들 수 있다.

(3) 공격행동의 원인

그러면 인간은 왜 공격행동을 하는가? 이에 대해 Freud는 공격성이 인간의 본능 중 하나라고 말하고 있다. 여기서는 그같은 본능이 어떤 기제에 의해 유발이 되느냐를 살펴보기로 하겠다.

1) 욕구불만 · 공격가설

공격행동에 대한 초기 설명은 욕구불만과의 관계를 이론적으로 밝히려는 시도였다. 그것이 바로 욕구불만 · 공격의 가설(frustration-aggression hypothesis)인데 한마디로 공격행동은 욕구불만의 결과이며 욕구불만은 공격적인 행위를 유발한다는 것이다.

이 가설에 따라 일부 학자들은 어린이들을 대상으로 장난감 실험을 하였다. 두 집단에 대해 한 집단은 욕구불만을 유발시켰고, 다른 한 집단은 그대로 놔두었다. 그 결과 욕구불만을 유발케 한 집단은 그렇지 않은 집단보다 장난감을 파괴하는 행위를 훨씬 더 많이 하였다.

Hovland와 Sears는 이 가설의 차원을 넓혀 사회적 현상을 대상으로 관찰하였다.(Hovland · Sears, 1940) 그들은 경제불황이 사람들의 욕구불만 수준을 높일 것이라는 가정 하에 1882년부터 1930년 기간 중 미국 남부에서 발생한 흑인에 대한 백인의 린치 발생횟수를 조사하였다. 그 결과 목화값이 하락하여 수입이 현저히 줄어든 해에 백인들의 흑인들에 대한 공격행위가 늘어난 반면 목화값이 높을 때는 그러한 공격행위가 줄어든 것을 발견하였다.

앞의 연구결과와 같이 공격과 욕구불만은 직접적인 관계가 있는 것은 사실이다. 그러나 욕구불만이 모두 공격행동으로 이어지는 것은 아니고 반대로 모든 공격행동이 욕구불만에 의해 유발되는 것도 아니다. 공격행동은 다양한 요인에 의해 발생할 수 있는 것이다. 이것이 욕구불만 · 공격가설이 가지고 있는 한계이다.

우리는 직장에서 해고되거나 사업에 실패하거나 하는 등의 이유로 좌절감을 느낀 사람들이 자신과 직접적인 관계가 없는 사람들을 대상으로 공격행위를 하는 사례를 접하곤 한다. 그러나 해직 당하거나 실연을 당한 사람들이 모두 공격행위를 하는 것은 아니다. 오히려 그들 중 어떤 사람들은 실의 속에서도 더 큰 목표를 세워 재기에 성공하는 사례도 있다.

앞에 소개한 실험과는 달리 욕구불만이 공격 뿐 아니라 다른 다양한 행동을 일으킨다는 연구결과도 있다. 어린이들을 대상으로 한 연구를 보면 욕구불만을 느낀 실험대상의 어린이들이 오히려 친구들과 같이 그림을 그리고 협력하여 퀴즈를 푸는 등의 협동성을 촉진시키는 사실이 발견된다. 물론 이 연구는 사전에 어린이들을 대상으로 훈련과정을 거친 결과이다. 그러나 아무튼 욕구불만만으로 공격행동을 설명하려는 이 가설은 한계를 보이고 있다.

2) **공격단서이론**(theory of aggression cue)

Berkowitz는 욕구불만 · 공격가설에 내재된 문제점을 검토한 후 공격단서이론을 제시하였다.(Berkowitz, 1965) 이 이론은 욕구불만 · 공격가설을 부인하는 것이 아니라 욕구불만 · 공격가설이 설명하지 못하는 부분을 보완해주는 것이라 하겠다.

그는 욕구불만이 공격의 준비상태를 만드는데 그런 준비상태가 있다고 해서 반드시 공격적 반응이 일어나는 것은 아니며 공격을 유발하는 적당한 단서가 있어야만 비로소 공격행동이 일어난다고 주장하고 있다. 이 공격단서는 공격 준비상태가 되어있는 사람들에만 효과를 가져온다. 그리고 공격의 강도는 공격단서와 현재 및 과거의 공격과의 연합의 강도, 그리고 공격 준비상태의 정도에 따라 다르다는 것이다. 공격 준비상태가 매우 높은 경우 공격단서가 없어도 공격행동이 발생할 수 있다고 한다.

그림 3: 공격단서이론

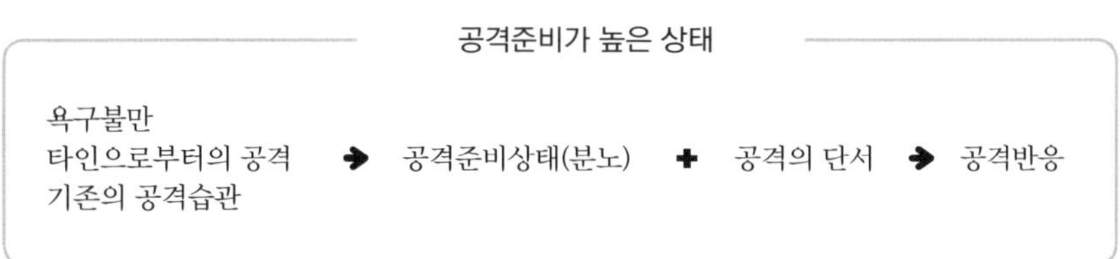

공격단서이론과 관련된 예를 들어보자. 가끔 영화에서 보면 다툼을 벌이다 상대방이 무기를 가지고 있는 것을 알았을 때 그것에 자극을 받아 과잉대응

을 함으로써 살인을 저지른다. 이는 그러한 무기가 공격하려는 의도와 연합하여 공격단서가 됨으로써 공격행동을 유발했다고 볼 수 있다.

3) 공격학습이론

행동주의 학파에 의하면 공격행동은 다른 모든 행동과 마찬가지로 학습에 의해 습득되며 보상과 처벌에 의해 강화 또는 약화된다. 이 이론은 공격의 직접학습과 관찰학습 두 가지로 나눠진다.

먼저 직접학습이론을 알아보자. 자녀가 밖에 나가 놀다 친구에게 맞고 울면서 들어오면 야단을 치고, 친구와 싸워서 이기고 들어오면 칭찬을 할 경우 그 아이는 더욱 공격적인 행동을 할 것이다. 이것이 바로 공격의 직접학습이다. 한 연구는 3-7세 아이들을 대상으로 실험하며 그 아이들이 인형에게 난폭한 욕설을 할 때마다 상으로 장난감을 주었더니 그후 그 아이들은 친구들과 놀며 언어적으로 공격행동을 하는 경우가 많아졌을 뿐 아니라 놀이 자체가 매우 거칠어지고 공격적으로 변하는 것을 발견하였다. 이 실험에서는 어린 아이들에게 장난감이 보상으로 주어졌지만 어른들의 세계에서도 금전이나 지위, 집단의 인정 등이 보상으로 주어질 경우 공격행동의 학습은 강화될 것이다.

공격학습에서 말하는 직접적인 경험과는 달리 간접적 경험, 즉 관찰만으로도 공격행동이 습득된다는 이론이 관찰학습이론이다. 이를 모델링이라고도 부르는데 사람들 특히 아이들이 갖고 있는 강력한 모방심리경향에 착안한 것이다. 이같은 경향은 공격행동 뿐 아니라 사실 모든 종류의 행동에 적용될 수 있다. 공격과 관련하여 아동은 자신에 대한 공격행동이나 또는 공격을 통제하는 행동 등을 관찰하여 이를 모방하게 된다는 것이다.

Bandura와 그의 동료연구자들은 실험을 통해 관찰학습가설을 이론으로 정립하는데 기여했다.(Bandura · Ross · Ross, 1961) 연구진은 아이들이 보는 앞에서 어른이 인형에게 욕하고 때리고 발로 차고 집어 던지는 등 공격행동을 하도록 했고 이를 아동들에게 관찰시켰다. 그후 한 사람씩 같은 인형을 가지고 놀게 했더니 자신들이 관찰했던 어른의 공격행동을 재현하는 것이었다. 게다가 공격행동을 보일 때마다 음료수와 사탕같은 것으로 보상을 했더니 이들은 보상을 받지 않은 아이들보다 더 많은 공격행동을 보였다.

Bandura와 그의 동료들은 이같은 학습과정을 대리적 학습이라고 이름짓고 그후 유사한 실험을 통해 모방적 학습에 대한 일반적 통칙을 제시하고 있다. 모방적 공격학습은 첫째, 보상을 받을 때, 둘째, 모델이 아동과 동성일 때, 셋째, 아동이 그 모델과 이전에 친분관계를 가졌을 때(교사 등) 많이 나타난다는 것이다. 또한 어린이들이 보기에 권위있는 지위에 있거나 친근하고 호감이 가는 모델일수록 공격행동을 모방하는 경향이 많았다. 이러한 발견점은 폭력을 행사하는 아이의 뒤에는 폭력행사 아버지가 있다는 사실과 일치하는 것이다. 우리들의 자녀교육에 많은 시사점을 주고 있다고 하겠다.

(4) 미디어와 공격행동

매스미디어의 광범위한 보급과 함께 이들 매체에서 방영하는 폭력프로그램에 대한 문제점이 많이 지적되고 있다. 한때 우리나라에서도 큰 인기를 끌었던 조폭영화는 과도하고 지나치게 잔인한 폭력묘사로 일부 시민단체들의 반발을 사기도 했다. 이러한 미디어의 폭력물이 공격행동에 미치는 영향에 대해 두 가지 대립된 견해가 있다. 첫째는 공격행동강화설로 폭력물에 대한 노출 내지 접촉은 공격행동을 촉진시킨다는 주장이다. 다른 하나는 폭력물을 봄으로써 심적 갈등이 감소되어 오히려 공격충동이 해소된다는 정화설(淨化說)이다. 공격행동강화설은 학습이론자들이 주장하고 있으며 후자는 정신분석학파 학자들이 옹호하고 있다.

강화설은 미디어에 보도 내지 방영된 폭력은 개인이 과거에 경험한 폭력장

면과 연합하게 되고 이에 따라 반응에 의해 중개된 자극일반화가 발생하여 공격행동 강화의 효과가 나타난다고 주장하고 있다. 반대로 정화설 주장자들은 대학생들을 두 집단으로 나눠 폭력물과 비폭력물을 관람시킨 후 각각의 언어연상과 태도를 조사하여 비교 · 분석하였다. 그 결과 폭력물 관람집단에서 공격적 충동의 감소 수준이 비폭력물 집단보다 높았음을 확인하였다. 이 조사결과는 정화설 또는 정화이론의 근거가 되고 있다. 그런데 정화이론의 문제는 비슷한 실험을 한 결과, 정화설 학자들의 발견과 정반대되는 연구결과가 많이 있다는 점이다.

한편 미국 보건부 과학자문위원회는 지난 70년대 "TV와 사회적 행동에 관한 종합적 조사연구"를 후원하였는데 이 연구는 폭력물 시청이 공격충동을 해소시킨다는 확실한 증거는 없으며 오히려 대리적 공격의 경험은 공격충동을 촉진시킨다는 결론을 내리고 있다. 과학자문위원회는 그 연구결과를 정밀검토 한 뒤 "TV폭력물의 시청과 공격행동 사이에는 예비적이고 잠정적인 인과관계의 징후가 있다. 그 잠정적인 징후란 공격성향을 가진 아이들에게나 특정한 환경 속에서 인과관계가 작용한다는 것이다"라고 조심스러운 결론을 내리고 있다.(Surgeon General's Scientific Advisory Committee, 1972)

그 10년 뒤인 1982년 미국 국립정신건강연구소는 TV폭력물의 효과에 대해 연구를 실시하였는데 이번 연구결과는 명백하게 TV폭력물 시청이 아동과 청소년들에게 공격행동을 유발시킨다는 결론을 내렸다.(National Institute of Mental Health, 1982) 그후 이와 같은 결론은 다른 연구들에 의해 지지를 받았다.

미디어의 폭력물과 공격행동과의 관계에 대해 촉진설과 정화설이 대립해 왔으며 양쪽 다 실증적인 연구에 의해 그 타당성을 검증받았으나 최근의 추세는 촉진설이 더 많은 지지를 받고 있다.

그 외 청소년들을 대상으로 한 폭력물과 공격성향과의 관계에 대한 연구결과는 다음과 같은 점을 말해주고 있다.

첫째, 폭력물에 많이 노출된 청소년들일수록 폭력사용을 꺼리지 않을 뿐 아니라 문제해결을 폭력적으로 처리하는 것이 효과적이라고 생각하는 경향이 있다.

둘째, 폭력물에 계속적으로 노출된 아동들은 현실세계에서 폭력을 관용하는 경향이 있다.

셋째, 폭력물에 대한 노출 정도와 실제 공격행동의 빈도는 소년들의 경우 정상관관계를 보였으며 소녀들의 경우 그런 관계가 존재하지 않았다. 또한 남자의 경우, 10세 미만에 시청한 폭력물의 양과 10대 후반의 공격행동의 빈도는 정상관관계를 보이고 있다. 이 역시 여자의 경우 아무런 관계가 없었다.

TV의 보급확대와 함께 시청율을 확보하기 위한 상업방송들의 폭력프로그램이 늘어남에 따라 폭력물과 공격행동의 관계는 청소년 문제와 관련하여 큰 관심의 대상이다. 지금까지의 연구결과를 보면 TV폭력물 자체가 유일한 공격촉진의 요인은 아니지만 다른 어떤 요인, 예를 들어 지적 능력, 사회계층, 종교, 인종, 부모와의 불화여부 등의 다른 요인들보다 더 큰 영향을 미치는 것으로 나타나고 있다.

한편 폭력물과 공격행동 사이의 직접적인 관계보다 폭력물이 개인의 동기와 공격행동의 매개변수로 작용하고 있다는 주장도 있다. 즉, 폭력물이 청소년들의 공격성이나 비행을 주도적으로 유발하는 것이 아니라 그 표출을 돕는 작용을 한다는 것이다. 미디어의 폭력물은 수신자들의 기존 행동경향을 보강하는 경향이 있다는 주장이다. 어떤 집단에게는 해롭지만 어떤 집단에는 해롭지 않다는 것이다. 청소년 비행과 폭력의 근거는 가정생활, 이웃과의 관계, 인성의 분열 등에 의해 형성되는 것이며 이미 그러한 성향이 형성된 청소년에게 폭력물은 공격욕구를 자극한다는 주장이다.

그러면 폭력물에 의해 해로운 영향을 받는 청소년은 어떤 특징을 가지고 있을까? 무엇보다 욕구불만에 빠져있는 아이들인데 어떤 이유에서든지 이들은 또래집단 지향적이지 않다는 공통점을 보이고 있다. 그리고 부모와의 원만치 않은 관계나 그 원만치 못함이 주로 부모의 폭력성향에 기인하고 있다는 것이다.

결국 공격행동을 유발하는 성향은 대인관계가 원만치 못하고, 이에 따라 욕구불만에 사로잡혀 있으며 환경에 대한 적응력이 떨어지는 동시에 가족이 이를 제대로 통제하지 못하는 청소년들에게 많이 나타난다. 이들은 그렇지 않은 또래들보다 폭력물을 더 좋아하고 많이 시청하며 그 내용에 영향을 받기 쉽다는 것이다.

(5) 포르노와 공격행동

최근 각종 성범죄가 심각한 사회문제로 대두되자 이에 관한 실증적 연구가 활발해졌다. 그 관심은 각종 대중매체의 노골적인 성적 묘사, 그중에서도 포르노나 폭력적 에로물들이 남성들의 성폭행이나 공격행동을 증가시킬 것이라는 가정을 전제로 하고 있다.

이 경우도 두 가지 상반된 연구결과를 보이고 있다. 먼저, 1969년 미국 대통령 직속 외설 · 춘화위원회의 조사결과는 포르노의 해로운 효과는 없으며 따라서 반사회적 영향이 없다는 결론을 내리고 성폭행은 또래집단의 영향을 받는 것이 큰 이유라고 제시하고 있다. 이 결론은 보수주의자, 종교단체, 그리고 여성단체들의 반발을 불러일으켰다.(정철수, 1995)

지난 1980년대 미국 레이건 정부는 위원회를 조직하여 이 문제를 검토시켰다. 그 결과는 앞의 것과는 정반대로 나와 성적 폭행의 묘사는 성폭력을 유발한다는 결론을 내리고 강력한 反외설 입법의 제정을 권고하였다.

이같은 대립적 견해는 폭력적 포르노(강제적 성행위의 묘사 등)가 비폭력적 포르노(단순한 성행위의 묘사)보다 더 많은 공격행위를 유발하는가 하는 문제로 발전하였다. 그후 이와 관련된 연구는 폭력적 포르노가 여성의 품위를 격하시키고 무감각적 태도를 유발함으로서 관람자들로 하여금 성폭행에 관한 수용적 태도를 갖게 한다는 것을 발견하였다. 폭력적 춘화가 비폭력적 춘화보다 공격행동을 더 많이 충동한다는 것이다.

한편, 성범죄자들과 성적 공격행동을 하는 대학생들을 조사한 결과 그들은 여성에 대한 분노의 감정과 지배적 욕구가 강하다는 것을 발견한 연구도 있다. 따라서 성과 관련된 폭력사용, 즉 공격행동을 이해하기 위해서는 포르노의 영향에 대한 연구도 중요하지만 그보다도 공격행위자의 기본 태도와 인성적 특성에 대한 연구가 중요하다는 결론에 이른다. 이와 관련된 연구는 청소년들이 비행 청소년들과 어울리거나 또는 개인적으로 성문제를 폭력적으로 접근하려는 친구를 가졌을 경우 성적 공격행동이 충동을 받을 개연성이 높다는 것을 보여주고 있다.

(6) 공격행동의 억제

그러면 남에게 위해를 가하는 공격행동은 어떻게 억제될 수 있는가? 행동주의 학자들의 논리에 따르면 공격행동에 대해 보상을 하면 그것이 늘어날 것이고 처벌을 하면 공격행동이 줄어들 것이다. 그렇다면 공격행동을 억제하는 방법은 처벌이 효과적이라 하겠다. 사실 사회가 일반적으로 택하고 있는 방법은 처벌이다. 남에게 해를 가하는 반사회적 행동에 대해 인신구속이나 벌금형이라는 수단을 동원하여 처벌하고 있다. 그러나 앞에서도 처벌의 문제점에 대해 살펴보았듯이 처벌은 공격행동을 억제하기보다 정반대의 결과를 가져올 위험성이 있다.

예를 들어 동생을 때리고 못살게 구는 남자 아이가 있다고 하자. 부모는 그러한 행위에 대해 벌을 주어서 공격행동을 안하게끔 하려고 할 것이다. 그리고 그 아이는 괴롭히는 것을 중지함으로써 처벌을 피할 수 있다는 것을 알게 된다. 그러나 가정 밖으로 나가면 상황은 틀려진다. 그 아이는 자신의 공격행동과 관련하여 부모의 처벌을 두려워할 이유가 없다. 즉, 집 밖에서 그의 공격행동은 더욱 늘어날 수 있다. Sears는 이러한 분석을 실증연구를 통해 밝힌 바 있다.(Sears · Whiting · Nowlis · Sears, 1953) 처벌이 예상되면 공격행동을 자제하지만 처벌의 위험성이 없을 경우, 공격행동은 증가될 수 있다. 그리고 처벌 자체가 대개는 언어든 체벌이든 폭력적인 형태로 나타나며 처벌자는 대개 공격적인 모습을 띠기 때문에 처벌대상자에게 새로운 학습효과를 줄 수도 있는 것이다.

처벌은 공격행동을 일시적이고 제한적으로 억제할 수 있다. 그러나 공격을 장기적으로 억제하기 위해서는 정당한 이유없이 타인을 공격해서는 안된다는 신념과 가치관을 내면화시키는 것이 중요하다. 공격행동에 대한 단순한 물리적 처벌보다 잘못된 행위라고 논리적으로 설득시키는 것이 공격억제심리를 내면화하는 효과를 가져올 것이다.

그렇게 보면 우리 사회는 어렸을 때부터 너무 많은 공격행동에 노출되는 사회라고 하겠다. 어린 애들에게 소리지르는 부모와 어른들, 학교에서 학생들 사이에 빈번히 행해지는 폭력행사, 교사들의 체벌 위주의 학생지도 등은 우리 아동들과 청소년들에게 폭력적인 행동에 친화성 내지 인내성을 갖게 한다고 하겠다. 특히 남성들의 경우 대부분 경험하는 군대생활은 사회적으로 허용하는 폭력적 공격행동에 대한 수용을 극대화한다고 하겠다. 이중 교육현장에서 지도라는 명목으로 행해지는 여러 몰지각한 행동들은 우리 사회의 공격성향지수를 높히는 위험성이 있다고 하겠다.

Ⅲ. 친사회적 행동

공격행동과 대조되는 행동으로 친사회적 행동(pro-social behavior) 또는 이타적 행동(altruistic act)이 있다. 학자들은 친사회적 행동의 경우 그 의도를 따지지 않고 남을 도우려는 동기가 있든 없든 타인을 돕거나 도우려고 계획된 모든 행동을 포함시킨다. 이타적 행동이란 "어떤 형태로든 보상을 받는다는 기대가 없이 남을 자발적으로 돕기 위해서 행해진 행위"라고 정의된다. 이 정의에 따르면 어떤 행위가 이타적이냐 아니냐는 오로지 행위자의 의도에 달려 있는 것이다. 그러나 친사회적 행동은 의도를 따지지 않기 때문에 이타적 행동보다 포괄적인 개념이다. 예를 들어 신문에 이름을 내기 위해 거액의 수해의연금을 기부한 행위는 순수한 의미의 이타적 행동이라고 할 수 없으나 어쨌든 다른 사람들에게 도움을 주는 결과를 가져온다는 면에서 친사회적 행동으로 분류된다. 따라서 친사회적 행동의 범위는 사심이 없는 이타적 행동으로부터 자기의 이해에 의해 동기화되어 타인에게 혜택을 베푸는 행위에 이르는 연속선상에 있는 것이다.

그러면 사람들은 어떤 경우에 남을 돕고 또 어떤 경우에 도움을 주지 않는가? 친사회적 행동은 행위자가 처한 상황에 따라 다르게 나타난다. 상황에 따라 남을 돕는 행동이 촉진되기도 하고 억제되기도 한다. 친사회적 행동에 영향을 미치는 상황요인들을 살펴보기로 하자.

(1) 타인의 존재

우리는 지하철 안에서 치한이 성추행을 하거나 어떤 사람이 소매치기 당하는 것을 많은 승객들이 목격하면서도 이를 적극적으로 저지하거나 피해자를 돕지 않을 뿐 아니라 경찰에 신고하지도 않는 경우를 보게 된다. 범죄가 발생하는 상황 속에서도 왜 사람들은 피해자를 도우려고 하지 않을까? 이에 관해 거시적인 해석은 현대산업사회의 아노미 상태에서 도덕적 타락의 조짐이라는 것이다. 일반적인 해석은 가해자의 보복이 두려워 돕지 않을 것이라는 의견이다. 그런데 일부 학자들은 이 문제를 상황적 요인과 관련하여 소위 방관자효과(by-stander effect)라는 가설로 설명하고 있다. Latané와 Darley는 어떤 사건이 발생했을 때 주위에 많은 구경꾼들이 있을 경우, 사람들이 돕는 행위를 꺼리게 된다는 사실을 발견하고 이를 방관자효과라고 이름지었다.(Latané · Darley, 1970) 타인의 존재가 친사회적 행동을 억제한다는 것이다. 그들은 구경꾼 또는 목격자들이 많을수록 돕는 행위를 할 가능성이 줄어들 뿐 아니라 실제 도움을 주기까지의 시간이 지체되는 것을 실험을 통해 발견하였던 것이다. 이같이 타인의 존재가 친사회적 행위를 억제하는 현상은 ▲ 책임의 분산, ▲ 애매성, ▲ 평가우려의 세 요소에 의해 설명되고 있다.

1. **책임의 분산** diffusion of responsibility : 여러 사람들이 있을 경우 자신과는 직접적인 관계가 없는 다른 사람을 도우려는 개인적 책임의식이 약해지는 것은 자연스런 일이다. 긴급사태에 직면했을 때 주위에 자신 밖에 없다면 도움을 줘야 한다는 책임감을 느끼지만 다른 사람들이 여럿 있다면 책임감은 분산되기 마련이다. 그리고 돕지 않았다는 사실에 따른 죄의식이나 주변으로부터의 비난 가능성도 분산된다. 방관자효과는 단순히 타인의 수가 문제가 아니라 집단의 일원으로서 동질성과 책임의식을 얼마나 갖는가 하는 문제와도 관련된다.

2. **애매성** ambiguity : 어떤 사태가 발생했을 때 그 사태가 얼마나 위급한가를 판단하기가 어려운 경우가 많다. 이 때 사람들은 타인의 반응으로부터 상황의 심각성을 판단하게 되는 경향이 있다. 만약 다른 사람들이 아무렇지도 않은 듯 행동할 경우 그 상황을 위급사태로 생각하지 않고 사태를 방치하게 된다. 애매성과 관련하여 재미있는 실험연구가 있다. 실험대상자들에게 옆 방에서 공사를 하고 있는 사람이 타고 있는 사다리가 넘어지는 소리와 함께 그 사람이 고통에 비명을 지르는 소리를 듣게 하였다.(애매성이 낮은 상황) 또한 같은 실험대상자들에게 단순히 사다리만 넘어지는 소리만 듣게 하였다.(애매성이 높은 상황) 그 결과 애매성이 낮은 상황에서 실험

대상들은 애매성이 높은 상황보다 옆 방으로 도움을 주러 가는 경우가 많은 것을 발견하였다.

3. **평가우려** evaluation apprehension : 사람들은 행동을 하며 다른 사람들의 자신에 대한 평가를 의식하게 된다. 그리고 부정적 평가를 피하려고 한다. 이를 평가우려라고 하는데 다른 사람들이 존재하는 가운데 남을 돕는 행위를 하려고 할 때 사람들은 혹시 주변 사람들이 착한 척 한다, 잘난 척 한다라는 평가를 하지는 않을 까 우려하게 된다. 이러한 평가우려가 친사회적 행동을 억제하게 되는 것이다.

(2) 환경적 요인

친사회적 행동은 타인의 존재 뿐 아니라 환경적 요인으로서 날씨, 도시의 규모, 소음상태, 시간의 압력 등에 의해 영향을 받는다.

날씨가 친사회적 행동에 영향을 미친다는 사실은 학자들의 경험적 연구에 의해 검증되었다. M. Cunningham의 연구결과에 의하면 사람들은 날씨가 좋고 기온이 쾌적한 날에 남을 잘 도우며 비오는 날보다 맑은 날에 사람들의 친사회적 행동이 더 많이 발생한다는 것을 발견하였다.(Cunningham, 1979)

연구결과에 따르면 대소시, 중소도시, 시골 마을 등 도시의 크기에 따라 주민들의 친사회적 행동에 차이가 있다. 한 연구는 도시와 지방 주민들을 대상으로 모르는 사람이 자기 집 전화를 빌려 쓸 수 있도록 집안에 들어오게 하는가, 또 일부러 전화를 잘못 걸었을 때 상대방이 올바른 정보를 제대로 가르쳐 주는가 하는 등을 조사하였다. 그 결과 시골 지역의 사람들이 도시 주민들보다 친절하고 남을 돕는 행위를 많이 하는 것으로 밝혀졌다. 이는 도시의 경우 소음과 조밀한 인구밀도 등의 물리적, 사회적 자극이 매우 높아 타인을 돕고자 하는 마음의 여유가 적기 때문에 발생하는 차이라고 해석된다.

소음이 심할 경우 타인에 대한 관심이 떨어질 뿐 아니라 돕고자 하는 행위를 기피하는 것으로 나타나고 있다.

친사회적 행위는 자신이 가지고 있는 시간적 여유에 의해 영향을 받는다.

사람들이 시간에 쫓겨 서둘러 갈 때와 한가롭게 산책을 즐길 때와는 주변에 대한 관심에 차이가 있다. 길거리의 걸인이 적선을 요구할 때 바쁜 사람들보다 여유있는 사람들이 더 관심을 갖고 동냥을 하게 마련이다.

IV. 집합행동

(1) 집합행동의 개념

일상적인 개인행위는 행위규범을 따르는 유형화된 모습을 띤다. 보행자는 횡단보도에서 파란불이 들어올 때까지 기다리며 은행고객은 순서표를 뽑고 번호판이 자기의 번호를 표시할 때까지 순서를 기다린다. 학생들은 대부분 수업시간 중 정숙을 유지하며 교수의 강의내용을 필기한다. 그러나 이와는 달리 그러한 규범에서 일탈하는 행동들도 심심치 않게 목격된다. 지난 1980년대 우리나라의 거리를 장악했던 각종 시위, 자신이 응원하는 팀이 심판의 오심 때문에 억울하게 졌다고 난동을 부리는 팬들 등이 그러한 경우이다. 개개인 한 명은 질서를 지키는 인격체로 행동을 하나 다중이 모여 집단을 이루면 감정에 의한 행동에 휩싸여 일상적인 행위패턴이나 규범에서 벗어나는 행동을 하는 경우가 있다. 이같은 다양한 집단의 행동을 집합행동(collective behavior)이라고 부른다.

집합행동이라는 개념 속에는 폭동(riot), 광란(craze), 사형(私刑, lynching), 공황(恐慌, panic), 혁명, 유행과 같은 여러 현상이 포함된다. 집합행동에 대해 관심을 갖는 이유는 이들의 대부분이 기존 사회질서를 부인하고 권위에 도전하는 모습을 띠게 됨에 따라 사회변동에 직 · 간접적인 영향을 미치기 때문이다. 집합행동은 이를 유도하는 구조적 요인이 사회에 존재하기 때문에 발생하며 그 요인들이 사회성원들의 욕구불만을 일탈행동으로 유도하는 것이다.

그러면 다양한 모습을 띠고 있는 집합행동을 어떻게 분석할 수 있는가? 먼저 집단을 이루어 행동을 하는 주체의 성격을 군중(群衆, crowd), 난중(亂衆, mob), 회중(會衆, audience)으로 구분할 수 있다. 이중 난중은 그 집단의 목표에 따라 린치나 폭동 또는 집단테러와 같은 공격적인 것, 공황과 같은 탈출적인 것, 약탈과 같은 획득적인 것, 그리고 표출적인 것 등 네 가지로 분류될 수 있다. 회중의 경우 의도적 청중(오락적, 정보수집적)과 우연적 청중의 두 가지로 분류된다.

Blumer는 집단목표의 성격과 상호작용의 본질, 조직의 강도, 합리성의 정도에 따라 네 가지 기본적인 집합체를 제시하고 있다.(Blumer, 1969) 첫째, 집단의 목표와 목적을 가지고 있는 능동적 군중, 둘째, 단순한 표출적 행위로 자신의 감정과 충동을 자아내는 표출적 군중(종교행사에 참석한 신자), 셋째, 앞의 두 집합체보다 익명적이고 이질적이며, 조직화되어 있지 않은 친근한 상호작용이 없는 대중, 넷째, 어떤 문제에 관심을 갖고 문제의 대체방안에 서로 일치하지 않지만 토론을 통하여 결정에 이르려고 하는 공중(public)이다.

Smelser는 집합행동의 유형으로 다음과 같은 다섯 가지를 제시하고 있다.(Smelser, 1962)

1. **집합도주**: 가장 저차원의 미조직 집합행동으로 애매한 상황에 대한 불안을 일반적인 위협으로 변형시킨 것을 말하며 1938년 미국에서 있었던「화성인 침공」방송사건을 예로 들 수 있다.

2. **원망(願望)표출행동**: 의미부여가 곤란한 상황에서의 불안을 해결하기 위해 감정표출행동으로 해소하고자 하는 현상으로 축제, 가면무도회 등에서의 일탈적인 행동을 예로 들 수 있다.

3. **적의(敵意)표출행동**: 불안이나 위기의 책임자로 지목되는 인물이나 단체, 제도를 손상, 제거, 파괴함으로써 어떤 해결을 시도하는 것으로 린치, 테러, 소동, 군중봉기 등을 예로 들 수 있다.

4. **규범지향운동**: 사회질서의 틀 속에서 기존의 사회규범의 부활, 개량을 통한 불안이나 위기의 해결을 기대하는 현상으로서 각종 개량운동이나 계몽운동이 그러한 예에 속한다.

5. **가치지향운동**: 사회질서의 기본원리가 되는 가치체계 자체의 변혁을 통하여 불안이나 위기의 해결을 시도하는 현상으로서 혁명이나 종교개혁 등을 예로 들 수 있다.

Smelser가 분류한 유형들 중 앞의 세 가지는 자연발생적인 군중행동으로, 뒤의 두 가지는 의도적인 면이 있는 사회운동으로 크게 나누어질 수 있다.

(2) 집합행동에 대한 이론들

집합행동에 대한 초기 이론은 전염이론(contagion theory)에 근거하고 있다. 초기이론은 어떻게 집단의 구성원들이 그렇게 ▲ 강렬하게, ▲ 획일적으로, ▲ 평상시와는 다르게 행동하는 가를 설명하려고 하였다. 이를 위해 집단심(group mind)이라는 개념을 사용하고 있다. 이 집단심의 형성은 다음과 같은 세 가지 연관된 과정을 포함한다.

첫째, 평준화가 발행한다. 다양한 특성를 가진 개인들이 집합체 내에서는 균질적인 존재로 변해간다는 것이다. 나이, 성, 교육수준, 직업 등 개별적인 특성에 관계없이 일단 군중으로 외현화되면 모든 참가자들은 동일한 방식으로 느끼고 생각하고 행동하게 된다.

둘째, 군중은 단순한 개인들의 집합체인 상태를 떠나 단일체화되어 하나의 새로운 조직처럼 된다.

셋째, 군중행동이 발현된다. 군중의 행동은 개개인의 성향이 합하여져서 나타나는 것이 아니라 새로운 단일체가 갖는 독특한 특성과 과정을 가진 실체로 표출되는 것이다. 이러한 군중의 특성으로 충동성, 흥분성, 비합리성, 판단과 비판정신의 부재, 감정의 고조 등이 지적되고 있다. 이같은 특성을 가진 군중 속에 참여하는 구성원들의 심리적 기제는 다음과 같다.

첫째, 무의식적인 심리과정이 외현화된다. 폭동을 일으키는 군중은 합리적 사고에 의해 그같은 행동을 하는 것이 아니다. 아무런 생각없이 무의식적으로 폭동을 일으키고 참여하게 된다.

둘째, 군중성원은 극도의 암시성을 띤다. 참여자들은 귀로 들은 것은 거의 모두 믿게 된다. 이 암시성은 군중성원 간의 피암시성으로 변해 모종의 연쇄반응적 모방과정이 발생한다. 흥분된 감정상태는 질병과 같이 군중 사이에 전파되는 것이다.

셋째, 군중성원들의 사고유형은 그들이 일상생활에서 갖는 사고유형과는 상이하다. 그 과정은 단순하고 안목이 짧고 비논리적이다.

넷째, 군중성원은 자신들과 그것을 둘러싼 환경에 대해 크게 잘못된 개념을 갖는다. 리더는 막강한 권력과 권능의 소유자로 여겨지며, 군중성원들은 종종 자신들이 이룩한 것에 대한 과장된 느낌을 갖는다. 그러므로 저항이 불가능해질 때 비로소 통제되며 상대방의 통제가 약하다고 생각되면 무시해 버린다.

다섯째, 군중성원들은 리더를 절대적 인물로 믿기 때문에 리더가 기대 이하의 실적을 낼 경우 그에 대한 존경심은 증오로 바뀐다. 리더는 상상적인 훌륭한 인물로 부각되기 때문에 그의 인간적인 약점도 군중들에게 허용될 수 없다.

그러면 군중행동의 특성은 무엇인가?

첫째, 익명성이다. 군중 속에서는 어떤 지위 또는 역할이 부여되지 않고 모든 개인은 단순한 군중의 일원으로 참여하므로 익명성이 보장된다. 높은 익명성이 보장되기 때문에 군중 속의 개인은 평소와는 다른 행동을 할 수 있는 강한 잠재력을 갖게 된다. 그리고 군중 속에서는 과격한 결과가 나타나도 행위의 책임은 모두 군중에게 돌려지고 각 개인의 행동은 익명성에 의해 감추어지게 된다. 따라서 군중 속의 개인은 과격하고 일탈적인 행동을 하는데 큰 부담을 느끼지 않는다.

둘째, 비개인성이다. 군중 속의 개인은 자신의 목적에 따라 행동하는 것이 아니라 집단, 즉 군중의 일원으로 행동할 뿐이다. 군중행동의 표적이 되는 특정 개인도 그 자신이 원인을 제공하는 것이 아니다. 군중행동은 다수인의 다수인에 대한 감정과 이해관계 때문에 나타난다. 예를 들어 1992년 LA 흑인폭동 당시 흑인들의 집단공격의 대상이 되었던 한 백인은 자신의 행동이 흑인들의 공격을 유발시킨 것이 아니라 단순히 백인집단의 한 성원이었기 때문에 공격을 받은 것이다. 군중행동은 집단과 집단간의 상호작용이므로 개인의 존재는 무시되기 마련이다.

셋째, 사회적 전염이다. 군중의 흥분된 감정적 반응은 한 사람으로부터 다른 사람에게로 쉽게 옮겨간다. 개인이 군중의 열기에 몰입하게 되면 익명성과 비개인성으로 말미암아 개인의 이성적 사고는 힘을 잃게 되고, 군중 상호간에 일련의 감정의 상호작용이 야기된다. 그리하여 개인은 타인과 감정을 공유함과 동시에 타인의 감정을 격화시키는 과정으로 발전하게 된다.

넷째, 피암시성이다. 군중은 이질적인 개인의 집합이며 행동의 방향을 정해주는 조직적인 지도력이 결여되어 있다. 뿐만 아니라, 군중은 감정의 반응으로 모인 집단이기 때문에 군중 속의 개인은 암시에 쉽게 동조하여 행동하는 경향이 있다. 군중행동이 발생할 때 사람들은 그들의 행동에 깊이 생각하지 않는다. 즉흥적으로 선동가의 지시와 주장에 따라 집단감정이 흐르는 대로 행동을 하게 된다.

(3) 집합행동의 사회적 수준

집합행동에 대한 심리학적 고찰은 개인주의적 접근을 취하기 때문에 사회적 요인들에 관심을 두지 않고 있다. 그러나 어떤 사회적 조건과 구조 속에서 집합행동의 발생빈도가 많아지고 확산되고 지속되는가 하는 문제는 심리학적 접근으로는 설명되지 않는다. 따라서 개인의 차원을 넘어선 사회적 조건 속에서 집합행동의 문제가 다루어져야 할 것이다. Smelser는 사회적 수준에서 집단행동 발생과 관계있는 결정요인을 분석하였는데 그의 분석시도를 가치부가적 접근법(value-added approach)라고 부른다.(Smelser, 1962) 이 접근법은 집합행동과 관련하여 일반적인 결정요인에서부터 특정한 결정요인까지 이어지는 배열방식을 도출할 수 있다. 집합행동을 유인하는 사회적 요인은 다음과 같다.

1. **구조적 유인성** structural inductiveness : 집합행동의 발생에 가장 필요한 일반적인 사회구조의 조건을 말한다. 불평등이 사회구조화되어 있어 대립되는 집단이 존재해야 한다. 예를 들어, 자본가와 노동자, 지주와 농노 사이의 갈등이 심각한 상황 등이다. 구조적 유인성은 집단행동의 원료에 해당한다고 볼 수 있다.

2. **구조적 긴장** structural strain : 이는 사회적 기본요소들 간의 긴장 또는 모순을 의미하며 사회적 행위를 규제하는 규범체계의 손상이나 부적절한 기능을 말한다. 구체적으로 대립되는 집단이 존재하더라도 실제 삶 속에서 상대적 박탈감을 경험해야 한다.

3. **일반화된 신념** generalized belief 의 전파: 사회적 긴장이 모호한 상황을 만들어 낼 때 긴장의 원천을 확인하고 그것에 대한 적절하고 가능하다고 생각하는 반응을 확정함으로써 긴장이 초래될 상황을 재구성한다. 이 경우, 개인적인 박탈감이나 분노가 이를 경험하는 집단 내에서 의식화가 이루어 진다. 19세기 후반 유럽의 노동자들이 자신의 처지에 대해 신세한탄하는 수준을 넘어서 맑시즘을 수용하여 의식화되는 과정이 대표적인 사례이다. 이 신념이 행위구성 요소의 어느 차원에 속하느냐에 따라 집합행동의 형태가 달라진다.

4. **촉발요인** precipitating facors : 이는 집합행동의 직접적인 유발을 가져오는 요인으로서 일반화된 신념을 구체화하고 긴장의 조건을 자극하며 촉발력을 갖게 한다. 집단이 의식화되어 있는 상황에서 행동을 촉발하는 사건의 발생을 의미한다.

5. **행동을 위한 참가자의 동원** mobilization of participation for action : 이상의 요건이 갖추어진 단계에서 영향을 받은 성원을 특정행동으로 동원한다. 비록 초보적이지만 관련된 사람들이 조직화되어야 집단행동이 가능하기 때문이다.

6. **사회통제의 작용** operation of social control : 어느 정도 성공적으로 사회통제가 작용되느냐에 따라 집단행동의 성공 여부가 결정된다. 사회통제의 기제가 강하고 효율적일 경우 집합행동은 억제되는 경향이 있다. 그러나 사회 부조리가 깊이 존재하고 불의가 팽배해 있는 상황에서 사회적으로 소외된 계층이 문제해결을 위해 적극적으로 나설 경우, 사회통제의 수단은 그 한계성을 가진다고 하겠다.

(4) 촛불시위 사례

이명박 정부 출범 직후인 2008년 5월부터 8월까지 약 3개월 동안 진행된 촛불시위는 여러 가지 의미에서 우리나라 정치 뿐 아니라 학문적으로도 중요한 의미를 갖는 사건이다. 집회의 전개방식과 결과 등에 있어 전문가들도 예측하지 못한 매우 이례적인 사건이며 이에 대한 학자들의 평가도 다양하다.

정부가 미국산 쇠고기 수입개방을 결정한 후 정부의 안전성 공표에도 불구하고 수입 쇠고기에 대한 불신과 광우병에 대한 우려가 국민들 사이에 확산되었다. 5월 2일 인터넷카페 '이명박 탄핵을 위한 범국민운동본부'가 청계천에서 개최한 수입반대 촛불문화제에 1만 여명이 참석하였고 7월 5일 20 여만 명이 참가한 비폭력평화행진을 기점으로 촛불집회 참가인원이 서서히 줄어 8월 중순 경 시위열기가 사그러듬으로써 촛불시위는 종료되었다. 정부의 자료에 따르면 첫 집회 이후 106일 동안 2,398회의 촛불집회에 연인원 93만 2천 여명이 참가하였고 시위대와 경찰측의 충돌로 양측에서 모두 200 여명의 중상자가 발생하였으며 경제적 피해도 1조원을 넘은 것으로 추산되고 있다. 이는 1987년 6월 민주화운동 이후 국내에서 벌어진 최대 규모의 시민저항으로 평가받고 있다.

이 촛불시위가 관심의 대상이 되는 이유는 이전의 집회나 시위에 비교할 때 집회참가자, 의제설정, 그리고 전개과정에서 상당한 차이를 보이기 때문이다. 10대 중고생, 여성, 가족단위 참가자들이 상당 부분을 차지했으며 이들이 제기한 쟁점이 광우병 위험이라는 건강과 생활에 관한 내용이었기 때문이다. 과거의 시민저항이 계급, 이념, 체제, 지역갈등과 같은 정치사회적 쟁점 중심으로 발생한 것과 비교할 때 뚜렷한 차별성을 보이는 초유의 사례가 발생한 것이다. 또한 촛불시위의 전개를 정당이나 시민단체가 주도하여 조직하고 동원하는 과정을 거친 것이 아니라 일반인들이 인터넷을 활용한 정보의 생산과 공유를 통해 자발적으로 참여한 것도 새로운 양상이었다.

이에 대한 학자들의 평가를 살펴보면 진보성향의 학자들은 촛불집회가 한국정치에서 새로운 참여민주주의의 시발점이며 민주주의 발전에 크게 기여했다고 분석한다. 반면 보수적 성향의 학자들은 선동에 의해 촛불집회가 민주주의 질서를 훼손하고 정부불신을 가중시킴으로써 대의민주주의의 위기를 초래했다고 비판한다. 이들과는 달리 중도적 학자들은 촛불집회를 계기로 새로운 형태의 거버넌스 체제가 마련되어야 한다는 방향성을 제시한다.

그중 일부 학자들의 평가를 소개하면 먼저 홍성태(2008)는 촛불집회를 현대적 민주주의로의 전환이라는 관점에서 분석하면서 민주주의 심화를 추구하는 참여민주주의와 생활민주주의의 표출이라고 규정하고 있다. 한편 김호기(2008)는 촛불집회의 성격을 생활정치, 참여정치, 인정정치, 위험정치, 디지털정치, 가치의 정치로 정의한 후 정당정치가 제도화되지 못한 환경 속에서 탈현대적 정치가 제도권 정치를 압도하는 현상의 향후 빈발 가능성에 대해 우려하고 있다.

1) 시위참여자 분석

앞에서 서술한 촛불시위가 갖는 의미를 바탕으로 이 부분에서는 "누가 시위에 참여하였는가"라는 질문을 중심으로 그들의 인구사회학적 특성과 정치적 정향 및 태도를 살펴보기로 한다. "누가 참여하였는가"라는 질문은 촛불시위를 분석할 때 중요한 주제이다. 왜냐하면 과거 정치저항에 적극적이었던 20대의 대규모 참여가 목격되지 않았던 반면 '유모차 부대'로 일컬어지는 기혼여성, '오빠부대'인 10대 여중고생이 대거 참여하는 전례없는 현상이 목격되었기 때문이다.

표 23: 촛불집회 참가자의 인구사회학 및 정치적 성향

구분		참여한 경험 있음.	의사는 있었지만 참여 못함.	의사도 없었고 참여도 안함.	N
성별	남	14.8	32.0	53.1	493
	여	6.5	35.8	57.7	506
연령	19-20세	13.7	40.3	46.0	211
	30-39세	14.8	42.4	42.8	229
	40-49세	12.8	35.4	51.8	226
	50-59세	6.5	27.9	65.6	154
	60세 이상	2.2	19.4	78.3	180
교육수준	초졸 이하	1.4	24.3	74.3	70
	중졸	2.5	28.8	68.8	80
	고졸	6.2	36.6	57.2	292
	대재 이상	15.3	35.6	49.1	528
소득수준	100만원 이하	4.0	25.0	71.0	124
	101-200만원	12.9	34.2	52.9	155
	201-300만원	9.2	38.8	51.9	206
	301-400만원	10.7	44.3	45.0	149
	401-500만원	13.8	24.5	61.7	94
	501만원 이상	12.5	32.5	55.0	160
출신지역	수도권	8.6	28.9	62.5	152
	충청	6.8	32.4	60.8	176
	호남	19.4	47.8	32.8	232
	영남	8.2	28.9	62.9	329
	기타	0.0	22.2	77.8	27
이념성향	진보	15.5	44.9	39.6	419
	중도	10.7	38.3	51.0	196
	보수	4.9	19.4	75.7	309
지지정당	한나라당	4.3	12.2	83.5	327
	민주당	16.0	55.9	28.2	188
	진보*	27.0	51.0	22.0	100

정보취득	TV	5.4	32.7	61.9	446
	신문	7.9	26.6	65.4	214
	인터넷	19.5	42.1	38.4	297

* 민노+진보신당

〈표 23〉은 촛불집회 참가자 및 비참가자에 대한 인구사회학적 특성과 정치적 정향 및 태도를 요약한 것이다. 이 자료는 이갑윤의 연구논문(2010)에 수록되어 있는 것으로 한국리서치가 지난 2008년 8월 4-5일 기간 중 전국 19세 이상 성인 1,000명을 무작위 추출하여 전화로 면접조사한 결과이다. 응답자들 중 촛불집회에 참여한 경험이 있는 사람은 총 106명이었다.

먼저 남성이 여성보다 참여율이 높았다. 일부 분석가들은 촛불집회가 생활정치에 관심이 큰 여성들 주도로 이루어졌다는 관찰결과를 제시하고 있지만 이는 과거 사례에 비해 여성 참여 비중이 높았다는 것을 의미하지 여성이 주도했다는 것을 의미하는 것은 아니라 하겠다. 집회 참여경험이나 참여의사는 연령이 낮을수록 높은 것으로 나타났으며 교육수준이 높은 사람이 낮은 사람보다 참여의사가 더 높았다. 소득수준과 관련하여 월수입 400만원 미만까지는 소득에 비례하여 참여의사가 높아지다가 400만원이 넘으면 참여의사가 급격히 줄어드는 것으로 나타났다.

촛불집회 참여여부와 관련하여 가장 큰 상관관계를 보이는 요인은 출신지역이다. 호남출신은 타지역인들보다 참여경험이나 참여의사가 매우 높았으며 반대로 영남출신은 타지역출신에 비해 참여율이 다소 낮았다. 응답자의 이념성향도 촛불집회 참여에 영향을 미쳤는데 진보적 성향의 사람들이 보수적 성향의 사람들보다 참여율이 높았다. 이와 마찬가지로 지지정당도 참여율과 깊은 관계를 보였는데 민주당이나 진보정당들의 지지자가 한나라당 지지자에 비해 높은 참여율을 보이고 있다. 마지막으로 신문이나 TV를 통해 정보를 얻은 응답자들보다 인터넷을 통해 정보를 취득한 사람들이 참여율이 높은 것으로 나타났다.

이처럼 연령, 교육수준, 출신지역, 이념과 지지정당에 따라 촛불집회 참여율에서 차이를 보여주고 있지만 각 요인들의 효과를 정확히 측정하기 위해서는 다른 요인들의 영향력을 통제하여야 한다.

좀더 세련된 통계기법을 활용하여 각 요인들의 독립효과를 측정한 결과 〈표 24〉와 같은 결과를 얻었다. 이 측정은 3단계로 실시하였다. 먼저 인구사회학적 요인만 포함된 1단계 모형에서 촛불집회에 가장 큰 영향력을 미친 변수는 호남출신이라는 지역변수이다. 그 다음으로 연령이 큰 영향을 끼쳤으며 교육수준이나 소득수준, 그리고 영남출신은 통계적으로 유의미한 영향력이 발견되지 않았다. 일부 연구(조기숙, 박혜윤, 2008)에서 촛불집회 참여자의 교육수준이나 소득수준이 높았다는 결론을 제시하고 있는 것과는 상반된 결과이다.

앞의 요인들에 이념성향과 지지정당을 포함시킨 2단계 모형을 살펴보면 한나라당 지지성향의 영향력이 가장 컸으며(부정적 방향으로) 그 다음으로 진보정당 지지성향과 이념이 뒤를 잇고 있다. 민주당 지지성향도 유의미한 영향을 미치고 있는 것으로 나타났다. 인구사회학적 요인들과 정치정향 요인들을 모두 합쳐 한나라당 지지성향의 영향력이 가장 컸으며(부정적 방향으로) 그 다음은 호남출신 요인이었다.

마지막 3단계 모형에서 촛불집회 참가여부에 가장 큰 영향을 미친 요인은 미국산 쇠고기를 먹을 의사이며 그 다음으로 큰 영향력을 갖는 요인은 이명박 대통령에 대한 직무평가이다. 이명박 정부가 민주적인 정부인가에 대한 평가도 통계적으로 유의미한 영향을 미쳤지만 정보취득 경로와 미국에 대한 정서적 거리는 유의미한 영향을 발휘하지 못한 것으로 나타났다. 이 단계에서도 호남지역 변수는 세 번째로 큰영향을 미치고 있으며 성별, 이념, 진보정당 지지도 유의미한 것으로 나타났다.

총괄적으로 살펴보면 촛불집회 참가여부에 가장 영향력을 미친 변수는 호남지역 요인이다. 그 다음으로 큰 총합효과를 나타내는 것은 미국산 쇠고기를 먹을 의사이며 연령, 지지정당, 이념 등이 그 다음 순서를 따르고 있다.

앞의 결과는 미국산 쇠고기를 먹을 의사를 제외하면 지역, 이념, 지지정당 연령 등이 촛불시위 참여여부에 큰 영향을 미친 요인으로 나타났으며 이는 현재 국내정치와 선거결과에서 발견되는 지역, 세대, 이념의 균열구조를 그대로 보여주고 있다. 그렇다면 이 결론은 참여민주주의나 생활정치에 기반한 탈물질주의와 물질주의 정치균열의 등장이라는 촛불시위에 대한 일부 연구결과와는 배치된다. 대의민주주의에 대한 도전이나 참여의 확대를 통한 새로운 민주주의에 대한 열망과 그 가능성을 보여줬다는 분석과 일치하지 않는 것이다.

표 24: 촛불집회 관련 인구사회학적 및 정치적 성향 2차분석

		1단계	2단계	3단계
인구사회변수	성별	0.102	0.084	0.106
	연령	-0.180	-0.089	-0.011
	교육	0.076	0.076	0.056
	소득	-0.056	-0.046	-0.036
	영남	0.013	0.021	0.026
	호남	0.281	0.181	0.134
정치정향	이념		0.164	0.102
	한나라당		-0.192	-0.043
	민주당		0.113	0.042
	민노-진보신당	0.169	0.098	
정치태도	TV			-0.030
	인터넷			0.037
	미국과 정서적 거리			-0.024
	이명박 정부 직무평가			-0.159
	민주적 정부			-0.105
	미국산 쇠고기 먹을 의사			-0.242
R-Square		0.136	0.280	0.394

2) 촛불시위의 정치적 의미

그렇다면 촛불시위의 정치적 의미는 무엇일까? 앞의 연구결과를 해석하면 미국산 쇠고기 수입에 반대하는 집회로 시작된 촛불시위가 대규모로 장기간 지속된 이유는 이명박 정부에 대한 불만과 불신이라고 하겠다. 집권 초기부터 "강부자," "고소영"으로 상징되는 편향적인 고위공직자 임명, 일방적인 대운하사업 추진 등은 대통령을 지지했던 국민들에게도 많은 실망을 주었다. 이러한 상황적 맥락에서 보면 이명박 정부의 미국산 쇠고기 수입결정은 촛불시위의 촉발요인이지 근본적인 원인으로 보기는 어렵다. 실제로 촛불시위 참여자의 70%는 참여동기를 정부와 대통령에 대한 분노를 표현하거나 대통령의 일방적인 정책추진을 저지하기 위한 것이라고 답변한 반면 정작 쟁점과 관련된 쇠고기 재협상을 관철시키기 위한 것이라고 답변한 사람은 20% 수준에 불과했다.(이현우 2008)

물론 촛불집회에서 과거의 정치정항과는 매우 다른 모습들이 발견된다. 10대나 여성참가자의 비중이 컸고 인터넷을 통해 집회에 대한 토론과 정보교환이 활발하게 이루어졌으며 정치조직과 단체에 의해 동원되기보다는 개인들의 자발적 참여가 높았던 점들이 그러한 사례이다. 또 초기 집회가 문화행사 형태로 시작되었다는 사실도 과거 집회와는 분명 다른 점이다. 그러나 이러한 차별성은 촛불집회가 새로운 정치균열의 투영이라는 사실을 뒷받침하는 증거라고 할 수는 없다. 기존의 정치균열이 새로운 분야와 형태로 확대되어 나타난 것이라는 해석이 오히려 맞는다 하겠다.

V. 동조행동

우리는 흔히 인간을 사회적 동물이라고 말한다. 이 말은 인간은 태어나면

서부터 부모와 가족, 그리고 성장하면서 학교, 친구, 동료, 기타 소속된 집단과 관계를 가지면서 타인 또는 집단의 영향을 받을 수 밖에 없는 것을 의미한다. 이러한 대인관계에서 오는 영향 가운데 심리학의 주요 관심대상이 되는 것 중 하나가 바로 동조현상(conformity)이다. 여기서는 동조를 실제 또는 가상의 인물이나 집단으로부터 압력을 받아 자신의 행동과 의견을 바꾸는 것으로 정의내리고자 한다.

사람들은 일반적으로 소속된 집단에서 벗어난 행동을 하지 않으려는 성향을 가지고 있다. 사람들은 소속 집단의 성원들과 같은 행동을 하면 심리적 안도감을 느낀다. 여기서 동조행동이 발생한다. 이를 양떼효과(herding effect)라고도 한다. 즉, 빨간신호등일 때 행인들이 모두 함께 건너면 무섭지 않거나 죄의식을 느끼지 않는 현상을 말한다. 양떼효과와 비슷한 의미의 밴드왜곤효과(bandwagon effect)라는 용어가 있는데 둘 다 동조현상이라는 유사점이 있지만 밴드왜곤효과는 행위자의 능동성을, 양떼효과는 수동성을 강조하고 있다.

(1) 동조에 대한 실험연구

이성적 존재인 사람들은 과연 자기주관이나 판단과는 다르게 다른 사람들로부터 영향을 바뀌 행동과 의견을 바꾸는가? 이와 관련한 가장 유명한 실험은 지난 1951년 Solomon Ash에 의해 이루어졌다. 그는 사람들이 애매하고 불안정한 상황에 놓이게 될 때 자신의 판단보다 집단의 판단에 동조하려는 경향이 있을 것이라는 가설 하에 실험을 진행하였다.(Ash, 1951)

그의 실험디자인은 매우 간단한 것이었다. 먼저 실험대상자들에게 두 개의 그림을 제시하였다. 왼쪽 그림에는 한 개의 직선이 그려져 있고 오른 쪽 그림에는 길이가 다른 세 개의 직선이 그려져 있는 것인데, 그 세 개의 직선 중 하나는 다른 그림의 직선과 길이가 같은 것이었다. 실험대상자들이 할 일이란 오른 쪽 그림에 있는 세 개의 직선 중 왼쪽 그림의 직선과 길이가 일치하는 것을 지적하는 것이었다. 이 질문은 매우 쉬운 것이어서 피험자의 약 95%가 맞는 정답인 B를 선택하였다.

앞의 결과를 얻은 후 Ash는 실험상황을 다소 바꿨다. 피험자 집단을 4-6명으로 구성하여 회의탁자에 앉게 한 다음 돌아가면서 대답을 하도록 했다. 그런데 마지막 사람이 대답을 하기 전 다른 피험자들(즉 3-5명)이 길이가 같은 선은 원래 정답인 B가 아니라 A라는 대답을 하도록 사전에 조작했다. 이들은 실험목적을 위해 일부러 틀린 대답을 하도록 지시를 받은 실험협조자들이었다. 따라서 실제 의도된 피험자 한 명은 자신의 판단을 따를 것인가 아니면 다른 동료들의 판단에 따를 것인가 하는 상황에 처하게 된 것이다. 이러한 실험을 50회 반복한 결과 피험자 중 약 1/3이 다수인(실험협조자)의 판단에 동조하여 틀린 대답을 하는 것으로 나타났다. 이들은 판단의 갈등상황에서 동료집단에 동조하는 결정을 내린 것이다.

이 실험결과는 매우 중요한 점을 시사하고 있다. 이 실험과정에서 피험자는 타인에게 동조하도록 어떠한 구속이나 압력을 받지 않았다. 동료들에게 동조한다고 보상이 주어지는 것도 아니었다. 그럼에도 불구하고 다른 사람들의 의견에 동조하는 대답을 했다는 것은 무언의 집단압력이 작용하고 사람들은 이에 영향을 받는다는 사실이다.

이 동조현상은 투표행위에 적용하여 해석될 수도 있다. 동질성을 강하게 느끼는 집단일수록 특정후보에 대한 지지도가 높아지는 소위 몰표현상을 우리는 선거를 통해 목격하게 된다. 국회의원을 뽑는 총선보다는 대통령을 선출하는 대선에서 그러한 현상이 더 두드러지게 나타난다. 이는 자기가 속한 집단의 전체적인 분위기가 압력으로 작용하여 동조현상을 불러일으킨 것이라 해석될 수 있다.

이 동조실험에서 중요한 점은 다수의 압력이 전원일치적이어야 한다는 것이다. 전원일치가 아니라 그들 가운데 하나라도 옳은 대답을 하는 사람이 있으면 동조현상이 급감하는 것으로 추후 실험에서 밝혀졌다.

(2) 동조의 심리적 기제

1) 규범적 영향과 정보적 영향

동조에 영향을 미치는 사회적 압력은 크게 규범적 영향(normative social influence)과 정보적 영향(informational social influence)으로 구분될 수 있다.(Deutsch · Gerard, 1955)

먼저 규범적 영향이란 타인의 기대나 집단의 규범에 동조하도록 작용하는 사회적 영향을 의미한다. 개인은 집단의 규범에 동조함으로써 다른 집단성원들로부터 수용되고 호감을 받을 수 있다. 반대로 동조를 하지 않으면 다른 성원들로부터 거부를 당하거나 따돌림을 받게 된다. 사람들은 자기가 속한 집단으로부터 인정받기를 원하고 소외 당하기를 회피하려는 심리적 기제가 있다. 이에 따라 동조행동의 경향이 나타나는 것이다. 예를 들어 어떤 평범한 청소년이 조직폭력배에 들어갔다고 치자. 그 청소년은 그 집단에서 인정받기 위해 조직 내 다른 폭력배들의 언행을 모방하고 따라할 것이다. 만약 그 청소년이 다른 여느 청소년처럼 거친 말이나 행동을 하지 않고 공부에 관심이 많아 열심히 수능시험을 준비한다고 하면 그 집단 내에서 인정을 받을 수 없을 뿐 아니라 심지어 그에 대한 물리적인 제재가 가해질 수도 있다. 이를 피하려면 그 청소년은 다른 집단성원들의 언행에 동화된 행동을 보일 수 밖에 없을 것이다.

정보적 영향이란 규범적 영향이 중요시하는 집단 내 타인과의 인간관계와는 상관없이 보다 정확하고 적절하게 행동을 하려는 사람들의 심리적 기제에 촛점을 맞추고 있다. 사람들은 어떤 문제나 상황에 대하여 다른 사람이 정확한 해답을 내렸거나 자기가 갖고 있지 못한 정보를 가졌다고 생각하기 때문에 다른 사람에게 동조하려는 경향이 있다. 간단한 예로 어린 시절 받아쓰기 시험을 보며 자신이 바른 답을 썼음에도 불구하고 자신의 것과는 틀리게 쓴 옆 학생의 답을 보고 고민을 하다가 결국 자신의 답을 고쳐 썼다가 오히려 틀린 경험을 들 수 있다.

정보적 영향은 개인이 속한 집단을 신뢰할 때 그 영향력이 커지며 극단적인 경우 그 집단을 절대적으로 믿게 되면 그 개인은 자신의 견해를 수정하여 집단에 동조하는 경향이 있다. 이같은 현상은 개인이 가지고 있는 정보보다 다수인의 정보가 보다 정확할 것이라고 믿는 심리적 기제에 바탕을 둔 것이다.

2) 표면적 동조와 내면적 동조

학자들은 동조행동을 크게 표면적 동조와 내면적 동조로 나누거나 또는 추종(compliance), 동일시(identification), 내면화(internalization)의 세 가지 형태로 분류하기도 한다.

먼저 표면적 동조란 자신의 신념이나 태도와 관계없이 겉으로만 외적 압력에 굴복하여 그에 따르는 것을 말하며 내면적 동조는 외적 압력의 영향으로 자신의 신념과 태도까지 변하는 것을 의미한다. 표면적 동조와 내면적 동조의 차이는 사회적 압력에 의해 생긴 변화가 어느 정도 지속되느냐에 따라 구분된다. 즉, 외부의 영향에 의해 생긴 변화가 압력이 없어졌을 때 바로 원상으로 회복하는 경우 표면적 동조이며 압력이 사라졌는데도 변화가 오랫 동안 지속되면 내면적 동조라고 할 수 잇다.

전자는 보상을 기대하거나 처벌을 피하려는 동기에서 자기가 하고 싶지 않은 행동을 하는 것이며 이를 보통 추종(compliance) 또는 복종(obedience)라고 일컫는다. 교통경찰의 단속이 두려워 신호와 제한속도를 지키는 행위가 대표적인 예이다. 이는 일시적이고 표면적으로 외적 압력에 복종하는 것이기 때문에 보수, 처벌, 위협, 사회적 압력 등을 활용하면 증가시킬 수 있다. 그러나 너무 심한 외적 압력은 역효과 내지 반발을 일으킬 수 있다. 부모가 지나치게 간섭하면 자녀가 가출하거나, 민주화 투쟁을 하는 반정부인사가 경찰의 고문에도 뜻을 굽히지 않는 것 등이 그 예이다. 사람은 외부압력이 자신의 행동의 자유를 위협하는 것이라고 인지할 때 이에 복종하는 것을 거부하고 오히려 외부압력이 요구하는 것의 반대행동을 함으로써 자신을 방어하려는 경향이 있다. 이러한 심리적 기제를 반발심(reactance)이라고 한다. 내면적 동조는 외부의 영향을 받아들인다는 의미에서 사적 수용(private acceptance)이라고 부른다.

지난 1974년 2월 미국 캘리포니아 버클리대학에 재학 중이던 미국 신문재벌 Hearst의 손녀 Patty Hearst가 공생해방군(SLA: Symbionese Liberation Army)에 의해 납치된 사건이 일어났다. 그녀가 납치된 뒤 두 달 후 공생해방군은 캘리포니아의 한 은행을 털었는데 그 일당 중에 총을 든 한 명은 Patty인 것으로 밝혀졌다. Patty를 포함한 은행강도단은 그 후 모두 검거되었다. 이 사건은 당시 미국사회에 충격을 주었는데 대부분 사람들이 Patty가 공생해방군의 압력 때문에 그렇게 된 것이라고 생각하였다. 그러나 그녀가 처음에는 공생해방군에게 강제적으로 설득을 당했으나 그후 Patty는 자기의 화려하고 자유분방한 과거 생활방식과 부모, 그리고 약혼자를 비난했을 뿐 아니라 이름도 Tana라고 바꾸고 적극적으로 공생해방군 활동에 참여한 것으로 밝혀졌다. 이는 초기 처벌이 두려워 시작된 표면적 동조가 내면적 동조로 바뀐 사례라 하겠다.

동일시는 영향을 주는 인물이나 집단과의 정서적 결합에 의해 그 대상과 같아지기를 원하는 욕망에서 그 영향을 수용하는 무의식적 기제이다. 내면화는 동일시에서 한 단계 더 심화된 것으로 타인 또는 집단의 가치나 규범을 가치있는 것으로 보고 자신의 가치로 체계화함으로써 그것이 자기 인성의 한 부분으로 자리잡는 것을 의미한다. 그 둘의 차이는 동일시에 의한 동조행동은 대상과의 정서적 결합이 단절되면 원상으로 돌아가지만 내면화의 경우 이미 자기가치화했기 때문에 영향을 준 대상관계의 존재와는 상관없이 동조행동이 지속성을 갖게 된다. 예를 들어, 이차세계대전 전 많은 독일 국민들이 나찌와 히틀러에 동조하여 그들을 추종하였다. 그러나 히틀러의 자살과 패전으로 인한 충격과 정서적 유대관계의 단절로 인해 나찌즘에서 벗어났다. 반면 일부 나찌 추종자들은 남미로 도피하여 나찌의 부활을 도모하였다. 전자는 동일시로, 후자는 내면화로 구분될 수 있을 것이다.

3) 인민사원 사건의 사례

앞에 거론된 Ash 실험이나 Patty Hearst 사건이 개인적인 차원의 동조행동을 말해주는 사례라면 집단적 차원의 동조 또는 맹목적인 복종의 대표적인 사례로 1978년 발생한 "인민사원"(Peoples Temple) 또는 "존스타운"(Jones Town) 사건이 꼽히고 있다. 1970년대 미국 캘리포니아주에서 활동하던 목사 Jim Jones는 핵전쟁의 위기에서 벗어날 수 있다는 예언을 하며 추종자들과 함께 종교공동체를 건설하고 공동생활을 하였다. 그러나 공동체의 억압적인 분위기에 염증을 느낀 일부 추종자들이 이곳에서 이탈하려는 조짐을 보이자 감금과 구타 등 인권유린사태가 발생했고 이에 주정부는 조사에 착수하게 되었다. 정부의 처벌을 피하기 위해 Jones 목사는 1000여명의 추종자들을 이끌고 남미의 가이아나로 이주하여 정착촌을 세웠다. 그들은 이 정착촌을 "인민사원"이라 불렀다.

그런데 그곳에서도 인권유린 사태가 벌어지고 있다는 소식을 들은 미국 하원의원 Leo Ryan은 1978년 소수의 보좌진과 함께 인민사원을 직접 방문하여 실태를 파악하였다. 그의 방문은 비교적 우호적인 분위기에서 진행되었고 별

다른 문제점을 찾아내지 못했다. 그러나 Ryan 의원이 돌아가기 전날 일부 정착촌 주민들이 인민사원에서 탈출하고 싶다는 메시지를 은밀히 전달하였고 이 사실이 Jones 목사에게 알려지며 분위기는 험악해졌다. Ryan 의원은 서둘러 보좌진, 기자 등 수행원과 인민사원을 떠나기 원하는 몇몇 사람들과 함께 귀국길에 오르기 위해 비행기에 탑승하려 했다. 이때 Jones 목사의 지시를 받은 추종자들이 이들에게 총격을 가해 모두 살해하였다.

Jones 목사는 이후 곧바로 인민사원의 모든 추종자들을 집합시키고 준비한 독극물을 마시고 자살할 것을 명령했다. 극히 일부 추종자들이 도주하다가 사살됐지만 대부분의 추종자들은 자발적으로 독극물을 마시고 집단자살에 동참하였다. 자살 및 사살을 포함하여 모두 914명이 사망하였으며 Jones 목사 자신도 머리에 총을 쏘아 자살하였다. 사망자 중에는 영아를 포함한 어린 아이들도 276명이나 포함되어 있었다. 전세계를 경악시킨 끔직한 사건이었다.

그렇다면 순순히 집단자살을 택한 추종자들의 행동을 어떻게 해석하여야 할까? 이들 중 일부 어머니는 자신들의 갓난 아기에게 직접 독약을 먹였으며 심지어 “그는 구원자이다.”(Jones is the one.)라는 쪽지를 남기기도 했다. 집단자살 현장에서 Jones 목사의 강요와 같은 위압적인 분위기가 있었던 것은 사실이지만, 어쨌든 자살을 택한 대부분의 추종자들은 그의 자살명령에 복종하였던 것이다.

4) 준거집단과 동조행동

어떤 집단은 다른 집단에 비해 특정 개인의 인지나 태도 또는 행동에 더 많은 영향을 미친다. 이 집단은 영향을 받은 개인의 동조행동을 유도해낸다. 이 같은 집단을 준거집단(準據集團, reference group)이라고 부르는데 일반적으로 자기 자신 또는 타인을 평가 · 판단하거나 또는 자기의 태도를 형성하는데 기준이 되는 집단이라는 뜻이다.

준거집단은 두 가지 의미로 사용되는데, 첫째는 개인이 그 집단에 수용되기를 원하고 또 그러한 수용관계를 계속 유지하고자 하는 집단이다. 이 경우 개인은 그 집단에 받아들여지기를 원하기 때문에 심리적으로 그 집단의 규범에 자기 태도를 동일시하려고 한다. 따라서 집단성원들의 행동을 모방한다. 둘째는 개인이 자기 또는 타인을 판단하거나 평가할 때 기준이 되는 집단을 의미하며 사회과학에서 주로 사용되는 개념이다. 준거집단은 두 가지 기능을 가지고 있다. 규범적 기능과 비교기능이다. 전자는 동기적 측면을 중시하는 것이며 후자는 인지적 측면을 강조하는 것이다.

준거집단은 자기가 소속하고 있는 소속집단과 일치하는 경우도 있고 그렇지 않은 경우도 있다. 그리고 동일시의 대상으로 삼는 긍정적 준거집단이 있고, 반대로 비호의적인 반응의 대상인 부정적 준거집단이 있다. 그런데 보통 준거집단이라고 할 경우 긍정적 준거집단을 의미한다.

준거집단이 개인의 인지나 태도, 또는 동조적 행동에 미치는 영향에 관한 실증적 연구들 중 많이 인용되고 있는 Lewin의 식습관변화에 대한 연구를 소개한다.(Lewin, 1947) 미국인들은 곱창과 같은 소의 내장을 먹지 않고 버렸다. 그런데 이차세계대전 중 전쟁으로 인해 미국 본토에 소고기 공급량이 줄어들자 Lewin은 고기와 마찬가지로 단백질이 풍부한 소 내장의 식용을 권장하고자 시도하였다. 이를 위해 그는 주부 13-17명으로 구성된 6개 집단을 구성하고 이 집단들을 강의집단(lecture group)과 토론집단(discussion group)으로 구분하였다.

강의집단에서는 식품영양 내지 조리의 전문가가 강사로 나와 소의 내장은 고기와 마찬가지로 풍부한 영양소가 있으며 이를 버리지 않는 것이 개인적으로나 국가적으로 유익하다는 강의를 하였다. 또한 소 내장의 요리법 등을 상세히 소개하고 요리법이 적힌 인쇄물을 배포하여 각 가정에서 이용하도록 권하였다. 반면, 토론집단에서는 참가자인 주부들 스스로 내장의 식용과 관련된 문제를 자발적 토론을 통해 의견을 교환하도록 했다. 주부들 중 일부는 이미 내장을 요리해서 먹어본 경험이 있어 이들에게 다른 주부들의 질문이 이어지기도 했다. 토론이 끝날 무렵에 강의집단과 마찬가지로 내장 요리법 인쇄물을 배부하였다.

Lewin은 몇 주 후 참가주부들을 대상으로 소 내장의 식용여부를 조사하였다. 그 결과, 강의집단은 참가자 중 3%만이 소내장을 요리해 먹은 반면 토론집단은 32%의 높은 성과를 올렸다. 한마디로 개인의 습관이나 태도를 바꾸는 데는 전문가를 통한 강의식보다 성원들의 자유로운 토론에 의한 방식이 훨씬 유효하다는 것이 검증되었다. 그 이유는 실험대상 주부들에게 준거집단은 강사인 전문가가 아니라 같은 주부들이었기 때문이다. 강의집단의 주부들은 내장을 먹는 것과 같은 새로운 행동을 시도하고 싶어도 자기와 유사한 다른 주부들의 의사를 알지 못하기 때문에 기존의 집단규범을 일탈할 용기를 내기 어려웠던 것이다. 반면, 토론집단의 경우, 주부들끼리의 토론을 통해 다른 사람들이 새로운 것을 시도할 의사가 있다는 것을 확인할 수 있었을 뿐 아니라 집단 기준이 변하고 있다는 사실을 확인함으로써 행동변화가 수월했던 것이다.

이같은 실험을 통해 알 수 있는 것은 개인의 태도나 행동을 변화시키는데 있어 개인은 집단규범에서 벗어나지 않으려는 경향이 있기 때문에 개개인에 대한 설득을 통한 행동의 변화는 기대하기 힘들다는 점이다. 따라서 먼저 집단의 기준을 변화시키는 방향으로 서서히 분위기를 조성하는 것이 선행되어야 할 것이다.

이와 같이 준거집단은 준거의 기준(frame of reference)을 제시해줌으로써 개인의 태도와 행동에 미치는 영향이 크다. 이러한 준거집단과 관련하여 개인의 사회적 행동을 분석하는데 자주 사용되는 용어가 상대적 박탈감(sense of relative deprivation)이다. 사람들이 자기 처지를 평가할 때 비교대상이 되는 집단은 준거집단이라는 것이다. 예컨대 미국 프로야구에 진출한 한국 선수들의 연봉이 수 백만 달러가 된다는 뉴스를 접하며 자신의 처지가 불우하다고 느끼지는 않는다. 그렇지만 자신의 동창생이나 친구가 복권에 당첨되어 어마어마한 금액을 받았다거나 또는 벤처사업이 크게 성공하여 몇 백억원 부자가 되었다는 얘기를 들으며 자기 처지가 하찮아지고 불만을 갖게되는 것이다. 우리 속담에 사촌이 땅을 사면 배가 아프다라는 것과 일맥상통한다고 하겠다.

다른 예를 들어보자. 2000년 A라는 저개발국가의 일인당 국민소득은 1,000달러였다. A국가는 2001년부터 본격적으로 산업화를 추진하여 비약적인 경제성장을 하게 되었다. 매년 10%의 경제성장율을 기록하였다. 농업에 의존하던 시대에는 일부 극소수층을 제외하고 대다수가 가난했지만 대부분 연소득 1,000달러에 만족하며 살았다. 그런데 산업화가 진행되며 경제성장으로 늘어난 국부의 반은 상위 20%의 자본가와 고소득층이 가져갔고 나머지 반은 국민의 80%를 차지하는 노동자와 농민들이 차지하였다. 이는 산업화 과정에서 발생하는 자본주의의 불가피한 현상이라고 할 수 있다. 산업화 추진 10년 만인 2010년 A국가의 국민총생산은 2.6배로 늘어났다. 따라서 일인당 국민소득은 10년만에 2,600달러가 되었다.

그런데 국민의 상위 20%는 일인당 국민소득이 5,000달러가 되었고 나머지 80%는 2,000달러가 되었다. 80%의 국민들은 10년 만에 국민소득이 두 배로 늘어나 그전에 비해 풍요로운 생활을 하게 되었다. 그러나 A국가는 연소득 5,000달러와 연소득 2,000달러의 두 집단으로 양분화되고 말았다. 하위 80% 집단은 불과 10년 만에 소득이 두 배로 증가했음에도 불구하고, 상위 20% 집단이 자신들의 소득보다 2.5배 많은 것을 보며 불평등을 느끼게 되었다. 경제발전은 국민 전체의 생활수준을 향상시키지만 내부의 불평등을 조성하게 되며 불평등에 대한 인식은 상대적 박탈감에 기인하는 비중이 크다고 하겠다.

Ⅵ. 편견과 차별

우리는 재일동포들이 일본에서 차별을 받으며 살고 있다는 얘기를 듣는다. 차별의 이유는 단 하나이다. 민족이 다르기 때문이다. 또 미국은 인종차별이 있다고 한다. 이렇듯 집단과 집단 사이의 차별은 인류사에 많은 비극을 가져왔다. 이차세계대전 당시 독일 나찌의 유대인 학살, 1922년 동경대지진 후 일본인들의 조선인 학살 등이 대표적인 예이다. 비단 인종차별 뿐 아니라 우리 일상생활에서도 남성의 여성들에 대한 편견, 출신지역과 학벌로 인한 취업에서의 차별 등 다양한 형태의 집단간 반목을 볼 수 있다. 이러한 차별은 편견에 의해 발생하는데 이는 정상적인 사회관계나 인간관계를 저해하고 대립과 분쟁의 원인이 된다.

(1) 고정관념, 편견, 차별

일반적으로 집단간 반목은 인지적, 감정적, 행동적 요소로 구분된다. 인지적 요소에 의해 고정관념이, 감정적 내지 평가적 요소에 의해 편견이, 그리고 행동적 요소에 의해 차별이 발생한다. 선입관에 의한 고정관념은 스테레오타입이라고도 불리우는데 이것이 다른 대상에 대해 부정적이거나 비하적인 감정을 수반할 때 편견이 되며 이 편견이 행동으로 옮겨질 때 차별이 발생하는 것이다.

우리는 사람을 평가할 때 그 사람의 인종 내지 국적, 출신지역, 직업 등 일정한 범주로 분류하여 그 범주가 가지고 있는 공통적인 특징으로 규정지으려는 심리적 경향이 있다. "유태인은 구두쇠다," "서울사람은 깍쟁이다"하는 등의 평가가 그 예이다. 이같이 일정한 대상에 대한 어느 집단 속에서 공통적으로 받아들여지고 있는 단순화된 고정관념을 스테레오타입이라고 한다. 스테레오타입은 다음과 같은 세 가지 특징이 있다.

첫째, 사람들은 동일화된 특성에 따라 범주화되고, 둘째, 일반적으로 그 범주 속에 속하고 있는 사람들이 가지고 있는 특성에 대해 다른 사람들이 동의하며, 셋째 귀속된 특성(attributed traits)과 실제적 특성(actual traits) 사이에는 차이가 있다.

우리는 대중매체가 전달하는 정보나 가족, 친구, 동료 등 주변 사람들과의 대화를 통해 특정한 사회집단에 대해 직접 접촉하기 전에 어느 정도의 선입견을 형성하게 된다. 이러한 선입견은 스테레오타입을 갖게 한다. 스테레오타입은 긍정적인 측면과 부정적인 측면을 함께 가지고 있다. 스테레오타입은 처음 대하는 대상을 인지하는데 사고의 경제를 가져다 준다. 이에 따라 우리는 짧은 시간 내에 쉽게 환경에 적응할 수 있는 긍정적 기능이 있는 것이다. 스테레오 타입이 제시하는 관념이나 이미지에 의해 많은 시간과 노력을 투자하지 않고도 손쉽게 대상의 특징을 파악할 수 있는 것이다.

그러나 스테레오 타입은 한정된 정보에 의해 형성된 이미지를 집단 전체에 적용하여 일반화하려는 경향이 있으므로 집단구성원의 개개인의 차이를 무시하는 인지적 오류를 범하게 한다. 쉽게 말해 숲은 보되 나무는 보지 못하는 부정적 기능이 나타나게 될 위험성이 있다. 또는 부분적 인상을 전체에 확대해석하는 오류를 범하기 쉽다.

한편, 편견은 "개인이 특정집단이나 집단성원들에 대하여 호의적 또는 비호의적으로 생각하고 인지하고 행동하도록 촉구하는 태도"를 의미한다. 편견은 정서적 측면을 강조하고 있으나 반드시 구체적 행동이 수반되는 것은 아니다.

편견이 행동으로 나타날 때 이를 차별(discrimination)이라고 하며 사회적으로 특정집단에 소속된 개인에 대한 불평등한 대우를 의미한다. 회사의 신입직원 선발 시 서류심사과정을 통해 여성이나 지방대 출신 또는 특정학과 졸업생에 대해 보이지 않는 불이익을 준다거나 하는 것은 이들에 대한 편견이 행동으로 이어지는 차별인 것이다. 그리고 그 편견은 이들에 대한 범주화된 인식인 스테레오타입에 기인하는 것이다.

이렇듯 편견이 집단간 갈등의 감정적, 평가적 측면이라면 차별은 그 갈등의 행동적 요소이고 스테레오타입은 그 바탕을 이루는 인지적 측면이라 할 수 있다.

(2) 편견에 대한 이론

편견이 왜 생기느냐 하는 것에 대한 학문적 접근은 크게 사회적 수준의 이론, 사회문화적 학습이론, 개인내부이론 등 크게 세 가지로 나누어 볼 수 있다.(Freedman, 1981)

1) 사회적 수준의 이론(societal-level thoery)

이 이론은 편견을 개인의 태도보다 집단적 차원으로 접근하여 특정사회나 또는 집단 내에서 언제 어떻게 발생하는가를 설명하려고 한다. 일종의 현실적 집단갈등이론(realistic group conflict theory)이다. 이 이론의 요지는 집단들이 부족한 자원을 차지하기 위해 경쟁할 때 서로 위협을 가하고 적대감을 불러일으키는 과정에서 상대방에 대한 편견을 갖게 된다는 것이다. 예를 들어 이스라엘과 팔레스타인이 동일한 지역을 놓고 서로 영유권을 주장하는 과정에서 증오감과 적대감이 생기는 것과 같이 편견은 현실적 집단갈등의 자연적이고 필연적인 결과라고 할 수 있다. 즉, 내집단과 외집단 간에 존재하는 긴장관계는 편견을 유발한다는 것이다.

집단갈등이론은 경제적 이익에 그 관심이 집중되는데 대부분의 갈등은 부와 재산, 국가적으로는 영토 및 자원을 둘러싸고 발생하며 한 집단의 이익은 다른 집단의 이익과 양립되지 않으므로 적대감이 생긴다고 한다. 미국에서 흑인에 대한 차별이 가장 심한 계층이 백인 저소득층인데 이는 직업을 둘러싸고 흑인들이 그들과 경쟁상대가 되기 때문이다. 또한 흑인 이외의 유색인종인 아시아계는 초기 이민 시기에 백인들이 기피하는 3D업종에 종사할 때는 차별을 적게 받지만 이들의 교육과 소득수준이 향상되어 백인들과 직업상 경쟁을 하게 되면서 백인들 사이에 이들에 대한 편견이 형성되었다고 해석된다.

이 이론은 사회적 현상으로서의 편견과 차별을 이해하는데 도움이 되지만 그러한 편견이 형성되는 과정에 있어서 개인적 수준의 메카니즘은 분석하지 못하는 약점을 가지고 있다.

2) 사회문화적 학습이론(sociocultural Learning heory)

이 이론은 사회적 수준이론과는 달리 편견을 사회화 과정을 통해 대인관계적으로 전달되는 것으로 본다. 편견의 원인을 부모와 자녀, 선생과 학생, 친구와 친구 등과 같은 대인적 상호작용에서 찾으려고 한다. 이 이론에 따르면 편견은 사회문화적 학습을 통해 습득된 보다 큰 규범체계의 일부인 것이다.

이 이론은 다음과 같이 요약될 수 있다. 첫째, 편견은 개인을 둘러싼 환경으로서의 문화나 하위문화에서의 하나의 규범이다. 둘째, 편견은 개인이 성인이 되기 전 사회화 과정을 통해 습득된다. 셋째, 어린이는 타인들에게 받아들여지기 위해 편견적 태도를 습득하고 이를 표현한다. 넷째, 편견의 전달과 표현은 문화적 규범으로서의 역할을 강화한다.(Ashmore, 1980)

달리 말하면 사회마다 구성원들의 태도와 행동을 규제하는 규범이 있는데 특정사회에서 사람들이 편견을 갖게 되는 것은 기존 사회규범에 동조하기 위해 대인 상호작용을 통해 습득하게 된다는 것이다. 흑인에 대한 편견이 사회적 규범으로 널리 공유되어 있던 지난 1950년대 남아프리카공화국의 백인들을 대상으로 한 연구에 따르면 그 사회의 규범에 가장 동조하고 있는 사람이 흑인에 대해 가장 심한 편견을 가지고 있는 것으로 나타났다.

편견이 사회화 과정에서 어린 시절에 형성된다는 주장에 대한 실증적 사례로 3-4세만 되면 백인과 흑인 어린이들은 인종차이에 대한 인지를 하게 되고 4세 어린이의 약 1/4은 이미 인종에 대한 가치관을 갖고 있다는 연구결과가 있다.(Goodman, 1952) 그리고 이들 어린이들 중 흑인애처럼 되고 싶다는 백인 어린이는 하나도 없는 반면 많은 흑인 아동들이 자신의 피부색깔 때문에 고민을 하는 것으로 나타났다.

또한 일부 연구는 부모와 자녀의 인종에 대한 편견은 강한 상관관계가 있다는 것을 밝히고 있는데 이는 부모의 평소 발언이나 태도, 그리고 행동이 자녀에게 편견을 심어준다는 것을 의미하는 것이다.

3) 개인내부이론(intrapersonal theory)

개인내부이론은 사회문화적 학습이론과 마찬가지로 개인적 차원에 초점을 맞춘 접근방법을 사용하지만 편견의 원인을 개인의 인성 내지 인지구조와 같은 내적 요인에서 밝히려 한다. 이 이론은 편견의 내적 역동성을 고려하여 개인의 어떠한 심리적 과정이 그들로 하여금 편견을 갖게 하는가를 살펴보는 것이다. 이에는 크게 인지적 일관성(cognitive consistency)과 심리역학적 이론(psychodynamic theory) 등 두 가지 이론이 있다.

먼저 인지적 일관성 이론은 사람들이 기존의 성향이나 태도와의 일관성을 유지하기 위해 편견을 형성하거나 차별행동을 하게 된다고 주장한다. 이 이론에 따르면 인간은 자신의 태도나 가치에 일치하는 사람이나 집단을 좋아하게 된다. 흑인에 대한 백인의 편견은 인종 그 자체 때문이 아니라 흑인들이 그들과 유사한 가치나 태도를 갖고 있지 않다고 여기기 때문에 발생한다는 것이다. 그렇다면 비슷한 가치와 태도를 갖고 있다면 비록 피부색이 다르다 할지라도 서로 호감을 갖게 될 것이라는 가설이 성립될 수 있다.

과연 앞의 주장이 맞는가를 검증하기 위해 실시한 연구들의 결과는 타인에 대한 호감을 일으키는 두 가지 요소, 즉 인종과 태도의 유사성 중 인종보다는 태도의 유사성이 더 중요하게 작용하는 것으로 나타났다. 그렇다면 사람들에게 타인종에 대한 교육을 강화시켜 타인종이 그들과 그렇게 큰 차이가 나는 가치나 태도를 가지고 있지 않다는 사실을 인식시킬 경우 인종갈등을 약화시킬 수 있는 효과를 기대할 수 있다고 하겠다.

편견을 개인 내부의 동기적 긴장의 산물로 보고 이에 접근하는 것이 심리역학적 이론이다. 앞서 공격행위에 관해 설명하며 사람들은 어떤 장애에 의해 욕구실현이 좌절되어 불만상태에 빠지면 그 원인이 된 대상에 대해 공격본능이 발휘된다는 내용을 소개하였다. 이 이론은 여기에다 방위기제 중 치환을 적용하여 편견을 설명하고 있다. 즉, 인종에 대한 편견은 백인에게 욕구불만의 원인이 된 대상이 직접 공격하기에 너무 벅차거나 상황이 불분명할 때 그들은 공격의 대상을 소수집단인 흑인으로 삼는다는 것이다. 인종차별이나 인종적 편견은 대치(혹은 전치)된 공격인 것이다.

이같이 대치된 공격의 대상을 스케이프 고우트(scape goat), 즉 희생양이라고 부른다. 스케이프 고우트의 대상은 약하고 보복할 능력이 없으며 눈에 잘 띄고 접근하기 쉬운 대상이 선택된다. 스케이프 고우트에 대한 공격적인 차별행위는 자기집단에 대해 친근감과 충성심을 강화하고 타집단에 대해서는 적개심을 갖게 하는 효과를 가져온다. 이 방법은 예로부터 국가지도자들이 자주 사용하는 통치수단의 하나이다. 정권에 대한 국민들의 불만이 높을 경우 그 불만을 외집단에 전치하여 해소시킴으로써 내집단의 동질성과 연대성을 강화하곤 했다. 스케이프 고우트현상은 경쟁이 매우 심하고 지위가 위협을 받을 때 발생하기 쉽다. 인종차별이 심한 미국 남부의 인종차별주의 집단의 구성원들은 대부분 교육, 소득, 사회적 지위가 백인들 중 하위계층에 속하고 지위상승의 가능성도 거의 없으며 오히려 흑인들에 의해 자신들의 직업이 위협받는 것으로 나타났다.

Ⅶ. 유언비어

우리는 일상생활에서 친구들과의 대화 중에 믿거나 말거나 한, 그러나 흥미있고 확인되지 않은 내용 등을 담은 얘기들을 듣게 된다. 대부분 그러한 얘기는 연예인과 유명한 프로스포츠 선수 등과 같은 인기인 내지 정치권력자와 관련된 것들이다. 예를 들어 어느 유명 여자탤런트가 심야에 음주운전을 하다 경찰에게 적발되었는데 그 옆에 동승한 인물이 어느 권력자의 아들이라고 하더라 하는 등의 얘기를 말한다. 또는 경제위기 시에 "우리나라의 석유비축량이 보름치 밖에 안남았다" 또는 "정부가 화폐개혁을 준비 중에 있다"라는 등의 얘기가 떠돌아 다닌다. 이러한 것들을 유언비어라고 하는데 사람들의 비공식적 접촉을 통해 이루어지고 권위있는 소식원에 의해 확인되지 않았지만 이에 실질적인 이해가 있는 집단들에 의해 심각히 받아들여지는 서술, 예측, 설명 등을 가리킨다.

유언비어는 사람들 사이의 커뮤니케이션을 통한 일종의 대중전염이기 때문에 그 본질이 사회적인 것이다. 때문에 심각한 사회병리 현상의 하나이다. 유언비어의 내용이 사회구성원 전체에게 개연적이고 생존에 직접 관계되는 것이면 격렬한 감정을 수반하여 심각한 사회혼란을 야기하는 경우도 있다. 지난 1922년 일본의 관동대지진 당시 조선인들이 반란을 일으켜 방화를 하고 약탈을 한다는 얘기가 나돌며 일본 사람들이 한국인들을 무자비하게 학살하였으며, 지난 1980년 5월 광주민주화운동 초기 경상도 군인들이 전라도 사람 씨를 말리러 왔다는 소문은 지역감정과 합쳐지면서 사태를 급격하게 악화시켰던 예 등은 유언비어가 갖고 있는 정치적 영향력을 말해주는 사례라 하겠다.

그러면 유언비어는 어떻게 생기고 퍼져나가는가? 유언비어의 생성에는 크게 개인적 조건과 사회적 조건이 있다. Allport는 유언비어 생성의 중요한 변수는 모호성과 중대성이라고 지적했다. 유언비어는 그 내용이 진실한 것이든 가공적인 것이든 개인의 흥미나 관심을 집중시킬 수 있는 중요한 내용이어야 하고 또 사실여부가 불명확할 때 생성될 가능성이 큰 것이다. 사실에 대한 불명확성은 애매모호한 상황을 만들며 이같은 상황에서 사람들은 유언비어로써 자신들의 불충분한 지식을 메우려는 경향이 있다. 즉, 유언비어는 애매모호한 상황에서의 개인이 느끼는 호기심, 불안, 공포 등을 해소시켜주는 기능을 하는 것이다. 중요성과 모호성에 감정의 고양이 개입되어 유언비어가 발생하고 전파되는 것이다. 이외에도 개인의 욕구가 중요한 요소이기 때문에 개개인의 퍼스낼리티가 생성요건으로 작용할 수 있다. 말하자면 유언비어를 들어도 어떤 사람은 아예 무시하는 반면 어떤 사람은 이를 다른 사람에게 금방 전파하는 차이점을 보인다. 이는 퍼스낼리티의 차이라 하겠다.

유언비어 생성의 사회적 조건이란 사회적 긴장이 높은 위기적 상황에서 자주 발생하는 것을 의미한다. 전쟁이나 경제적 공황 등이 위기 속에서 사람들은 냉정한 비판력을 상실하며 자아생존에 민감하기 때문에 유언비어의 내용에 집착하기 쉽다. 유언비어의 급속한 전파나 확대가 매우 쉬운 상황적 조건을 제공하는 것이다. 다른 사회적 조건은 정보의 부족이나 허위성 또는 불명확성에 따른 대중의 불신감이다. 사회구성원들이 대중매체가 제공하는 공식적 뉴스에 만족하지 못할 경우 유언비어는 자연적으로 발생하여 비공식 통로를 통해 공감대를 얻어가며 퍼져나가 영향력을 발휘하게 된다. 우리나라에서도 고위층과 관련된 스캔들이 발생했는데 신문, TV 등 대중매체가 제공하는 그 사건에 대한 보도내용이 만족감을 못주고 수사기관이 뭔가를 감추고 있다는 인상을 주면 그와 관련된 유언비어가 급속하게 퍼져나가는 것을 여러 번 경험하였다.

Allport는 유언비어가 전달되는 과정에 대해 첫째, 보다 내용이 간결해져서 피전달자의 이해를 쉽게 하는 단순화의 경향, 둘째, 제한된 수의 세부사항만 선택적으로 지각, 기억, 보존되고 전술되는 첨예화의 경향, 셋째, 진술내용이 보다 조리있게 되고 청취자의 습관, 관심, 기대 등에 접근되어 가는 동화의 경향이 나타난다고 지적하고 있다.(Allport · Postman, 1965) 즉, 유언비어가 여러 사람을 거치며 전달되는 과정에서 그들의 문화적 관심이나 기억범위, 집단감정의 최대공약수가 그 안에 담아지게 되는 것이다.

인용 및 참고문헌

모튼 D. 데이비스 著, 홍영의 譯, 『게임의 이론』(서울: 팬더-북, 1998).

오명호. 『현대정치학방법론』(서울: 박영사, 1996).

이갑윤. "촛불집회 참여자의 인구 · 사회학적 특성 및 정치적 정향과 태도," 『한국정당학회보』 제9권 1호(2010).

전병재. 『사회심리학: 관점과 이론』(서울: 경문사, 1995).

정철수. 『사회심리학』(서울: 법문사, 1995).

허태회, 장우영. "촛불시위와 한국정치: 원인과 과제," 『현대정치연구』 제2권 1호(2009).

Allport, Gordon W. "Attitude," Ca Murchison Ed., *A Handbook of Social Psychology* (Worcester, MA: Clark University Press, 1935).

_______, L. Postman, *The Psychology of Rumor*(New York: Russel & Russel, 1965).

Ash, S. E. "Effects of Group Pressure upon the Modification and Distortion of Judgements," in H. Guetzkow, Ed., Groups, *Leadership and Men*(Pittsburg, PA: Carnegie Press,1951).

Ashmore, R. D., F. K. Delfoca, "Psychological Approaches to Understanding Intergroup Conflicts," in P. A. Katz, Ed., *Towards the Elimination of Racism*(Elmsford, NY:Peramon Press, 1980).

Bandura, A., D. Ross, S. A. Ross, "Transmission of Aggression through Imitaion of Aggressive Models," *Journal of Abnormal Social Psychology*, Vol. 63(1961).

Bandura, A. *Self-Efficacy: The Exercise of Control*(New York: Freeman, 1997).

Bell, Daniel. "America as Mass Society: A Critique," *Commentary*, Vol. 22(1956).

Berkowitz, L. "The Concept of Aggressive Drive," in L. Berkowitz, Ed., *Audiences in*

Experimental Social Psychology, Vol. 2(New York: Academic Press, 1965).

Blumer, H. "Outline of Collective Behavior," R. R. Evans, Ed., *Readings in Collective Behavior*(Chicago: Rand McNally & Company, 1969).

Cannon, Walter Bradford. *The Wisdom of the Body*(New York: Norton, 1932).

Cunningham, M. R. "Weather Mood and Helping Behavior: Quasi-Experiments with the Sunshine Samaritan," *Journal of Personality and Social Psychology*, Vol. 37 (1979).

Deutsch, M., H. B. Gerard, "A Study of Normative and Informational Social Influence upon Individual Judgement," *Journal of Abnormal and Social Psychology*, Vol. 51(1955).

Durkheim, Emile. *The Division of Labor in Society*(New York: The Free Press, 1947).
_________. Suicide(New York: The Free Press, 1951).

Finfter, A. W. "Dimensions of Political Alienation," *American Political Science Review,* Vol.64(1970).

Freedman, Jonathan L. *Social Psychology*, 6th Ed.(New York: Prentice Hall College Division, 1988) Ed.(1981).

_________, D. O. Sears, J. M. Carlsmith. *Social Psychology*, 4th Ed.(New York: Prentice-Hall,1981).

Goodman, M. E. *Race Awareness in Young Children*(Cambridge, MA: Addison-Wesley, 1952).

Hamburger, Henry. *Games as Models of Social Phenomena*(San Francisco: W. H. Freeman and Co., 1979).

Hovland, C. I., R. R. Sears, "Minor Studies of Aggression: Correlation of Linchings with Economic Indices," *Journal of Psychology*, Vol. 9(1940).

_______, W. Weiss, "The Influence of Source Credibility on Communication Effectiveness," *Public Opinion Quarterly*, Vol. 15(1951).

Isaak, Alan C. *Scope and Methods of Political Science*(Homewood, IL: Dosey Press, 1981).

Janis, I. L. "Stages in the Decision-Making Process," R. P. Abelson et al. Eds., *Theories of Cognitive Consistency*(Chicago: Rand McNally & Company, 1968).

Krech, David, Richard S. Crutchfield, E. L. Ballachey, *Individual in Society*(New York:

McGraw-Hill, 1962).

_____, Richard S. Crutchfield, *Theory and Problems of Social Psychology*(New York: McGraw-Hill, 1948).

Lapiere, R. T. "Attitude versus Actions," *Social Forces*, Vol. 13(1934).

Latané, B., J. M. Darley, *The Unresponsive Bystander: Why Doesn't He Help?*(New York:Appleton-Century-Crofts, 1970).

Lewin, K. "Group Decision and Social Change," in T. M. Newcomb, E. L. Hartley, Ed., *Readings in Social Psychology*(New York: Holt, 1947).

Little, Daniel. *Varieties of Social Explanation*(Boulder, CO: Westview Press, 1991).

Maslow, Abraham H. *Motivation and Personality*, 3rd, Ed.(NY: Addison-Wesley, 1987).

McClelland, David C. *The Achieving Society*(New York: Van Nostrand Reinhold, 1961).

Merton, Robert. *Social Theory and Social Structure*(Glencoe, IL: Free Press, 1949).

National Institute of Mental Health. *Television and Behavior: Ten Years of Scientific Progress and Behavior and Implications for the Eighties, Vol. 1*(Rockville, MD:National Institute of Mental Health, 1982).

Olson, Mancur. *The Logic of Collective Action: Public Goods and the Theory of Groups*(Cambridge, MA: Harvard University Press, 1965).

Rosenzweig, Saul. *Aggressive Behavior and the Rosenzweig Picture-Frustration Study*(Austin, TX: Holt Rinehart & Winston, 1978).

Sears, R. R. J. W. Whiting, V. Nowlis, P. S. Sears. "Some Chil-Rearing Antecedents of Aggression and Dependency in Young Children," *Genetic Psychological Monographs*,Vol. 47(1953).

Seeman, Melvin. "On the Meaning of Alienation," *American Sociological Review*, Vol. 24(1959).

Shein, E. H., I. Schneier, C. H. Barker, *Coercive Persuation*(New York: W. W. Norton & Company, 1961).

Sherif, M., H. Cantril, "The Psychology of Attitudes," *Psychological Review*, Vol. 52(1952).

Shubik, Martin. Ed., *Game Theory and Related Approaches to Social Behavior*(New York: John Wiley & Sons, Inc., 1964)

Smelser, N. J. *Theory of Collective Behavior*(New York: The Free Press, 1962).

Surgeon General's Scientific Advisory Committee, *Television and Growing Up: The Impact of Televised Violence, Report to the Surgeon General, U.S. Public Health Service, Department of Health, Education and Welfare Publication* (Rockville, MD: National Institute of Mental Health, 1972).

제 3 부

한국의 정치문화

제 11 장

정치문화와 정치의식

I. 정치문화

정치문화란 한 나라 국민의 정치적 정향의 특성이라고 정의된다. 정치체제와 그 구성요소들에 대한 태도와 그 정치체제 내에서 개개인 자신의 역할에 대한 국민들 인식의 총화를 의미한다. 우리는 가끔 어떤 정치쟁점이나 스캔들에 대한 처리 방안에 관해 논의하는 과정에서 미국과 한국의 정치문화는 다르므로 접근방식이 달라야 한다는 얘기를 듣는다. 이는 정치체제에 대한 두 나라 국민들 사이의 태도가 상이하고 또 자신의 역할에 대해 달리 인식하고 있으므로 당연히 정치와 관련된 문제해결방식 또한 달라질 수 밖에 없다는 말과 같다.

정치문화가 인식과 태도의 총화라면 한 국가에는 하나의 정치문화만 존재하는 것인가? 이에 대한 의견은 크게 두 가지로 나누어진다. 첫째, 국가 내 사회계층에 따라 다른 정치문화가 존재한다는 것이고 둘째, 다른 사회계층도 동일한 정치적 정향을 가지고 있다는 것이다. 전자의 대표적인 예로 19세기 엥겔스가 영국 노동자들을 대상으로 실시한 의식조사 결과를 들 수 있다. 그의 조사결과에 따르면 노동자는 부르조아와 다른 언어를 사용하고 다른 사고방식과 이상을 가지고 있으며 다른 관습과 도덕적 원칙을 따르고 있었다. 또한 신봉하는 종교와 정치도 부르조아와 다른 것으로 나타났다. 사회계층간의 의식구조가 그렇게 틀리다면 정치문화도 다르다고 봐야 할 것이다. 반면, 다른 사회계층도 동일한 정치문화를 공유한다는 주장은 종속계급의 성원들이 지배계급과 동일한 가치체계를 내면화시킨다고 지적한다. 따라서 계층에 따른 투표행태나 정치적 태도의 차이를 인정하면서도 모든 계층이 정치적 절차에 대해서는 기본적으로 동의하고 있다고 주장한다.

한 국가의 정치문화가 단층적인가 다층적인가 또는 단원적이냐 다원적이냐 하는 문제와 함께 정치문화는 쉽게 변하지 않는 지속성을 가지고 있는가 아니면 이와 반대되는 가변성을 가지고 있느냐 하는 문제도 연구의 관심사이다.

그러면 우리나라 정치문화의 특징은 무엇일까? 이에 대한 기존의 대표적인 학설로 윤천주의 '권위주의 정치문화론'을 들 수 있다. 윤천주는 지난 1960년대 초『한국정치체계』에서 한국정치문화의 특성을 권위주의적 정치문화로 규정하고 그 특성으로 '장악적 지배행태와 노예적 복종행태'를 들고 있다.(윤천주, 1961) 장악적 지배행태의 예는 공무원들이 민원인을 깔보는 행태, 부하직원을 인격적으로 대하지 않고 마구 다루는 행태, 공과 사를 구분하지 않고 자신의 권한을 남용하는 행태 등을 들 수 있다. 노예적 복종행태는 권력있는 자에게 무조건 고개를 숙이는 행태, 상관의 부인을 무조건 사모님이라고 부른 행태, 권력있는 사람을 상좌에 모시거나 모임의 장으로 모시려는 행태 등을 들 수 있다. 이러한 권위주의적 정치문화가 우리나라에 민주주의가 정착되지 못하는 이유라는 것이다.

이같이 계층을 떠나 대다수 우리나라 국민들이 권위주의적 태도나 의식을 가지고 있는 이유로 조선시대 500 여년에 걸친 전제적 왕조정치와 이의 사상적 기반이 되는 유교문화의 영향이 지적되고 있다. 유교문화가 민주주의적 정치문화와 상충이 되는 이유는 첫째, 민주주의는 주체적인 개인의 성립을 전제로 하는데 반해 유교문화는 개인을 집단 속에 매몰시키며, 둘째, 민주주의는 모든 사람들에게 통용되는 합리적인 행동규범을 전제로 하는데 반해 유교문화는 연고를 중시여김으로써 친족집단이나 대면집단의 인간관계에 치중하는 규범을 가지고 있고, 셋째, 민주주의는 법치를, 유교문화는 덕치를 그 이상으로 삼고 있다는 것이다. 넷째, 민주주의는 평등한 인간관계에 기반하고 있는데 반해 유교문화는 위계질서에 따른 인간관계가 당연시되며 다섯째, 민주주의는 주권재민사상에 근거를 두고 있지만 유교문화는 통치자의 주권을 정당화하고 있다는 것이다.

21세기에 들어선 이 시점에서도 윤천주가 말한 권위주의문화론은 한국정치문화의 원형으로 인정받을 수 있다. 지난 1980년대 후반부터 민주화가 진행되었음에도 불구하고 아직 우리 사회 곳곳에 권위주의의 잔재가 남아있으며 권력의 행사가 권위주의적이고 통치자가 국민들에게 자신의 정치적 가치관을 일방적으로 강요하고 있는 것이 사실이다. 그러나 권위주의적 정치문화론을 현 시점에서도 아무런 수정없이 받아들이는 것 또한 무리라고 하겠다. 권위주의적 행태를 제약하는 여러 요인들이 분명히 작용하고 있기 때문이다.

다음 부분에서는 시기별로 우리나라 국민들을 대상으로 실시한 의식조사의 검토를 통해 권위주의적 정치문화가 어떻게 변화되어 왔는가를 살펴보기로 한다.

II. 한국인의 정치의식

정치의식이란 정치와 관련하여 기능하는 감정이나 관심, 그 결과로서의 의견이나 태도, 신념 등의 체계적인 총합을 의미한다. 이에는 정치적 정당성에 대한 의식이나 정치불신 등 정치일반에 대해서 갖는 감정, 정치적 유효성, 정치참여에 대한 의무감 등 정치에 대한 자신의 태도, 정치적인 쟁점에 대한 태도, 정당지지의 태도 등이 포함된다. 이들은 명확하게 정치와 관련된 의식이지만 비정치적인 의식일지라도 정치에 관하여 큰 의미를 갖는 경우에는 역시 정치의식이라고 한다. 예를 들면 권위에 대한 태도, 국가에 대한 태도 등을 들 수 있다.

그러면 우리나라 사람들에게 나타나는 이러한 정치의식의 내용이 무엇인가에 대해 실증연구를 통해 알아보기로 한다.

(1) 권위주의 체제 하: 1970년대

시민의식의 성숙과 각종 매체의 발달, 민주화의 진행, 그리고 과거에 비해 비교적 풍부한 연구비 등에 힘입어 최근에는 여론조사가 활성화되어 있다. 지난 1980년대 중반까지만 하더라도 여러 제약으로 인해 여론조사는 제한적으로 실시되었으며 특히 정치의식 측정을 목적으로 하는 설문조사는 매우 드물었다. 그리고 조사방법의 미숙함 등으로 타당성과 신뢰성에 있어서도 문제를 가지고 있었다. 기존의 우리나라 국민들을 대상으로 한 정치적 태도조사는 크게 국내 언론사 등이 실시한 여론조사와 정치학자들이 조사한 것 등이 있는데 그중 일부를 발췌하여 시기별 한국인의 정치의식을 살펴보기로 한다.

아직 우리나라가 경제적으로 초기 산업화 수준에 머물러 있고 정치적으로 권위주의 정권이 지배하던 지난 1970년 이홍구는 서울지역 빈민층을 대상으로 정치적 태도를 조사하였다.(Lee Hong-Koo, 1978) 당시 청계천과 영등포 지역의 총빈민가구 1만 2,778 가구 중 420가구를 표본으로 선정하였는데 응답자 중 57.2%가 무직자였고 30%가 영세상인이었다. 그들의 교육수준은 국민학교(현재의 초등학교) 졸업 내지 중퇴가 46.2%, 전혀 학교를 다녀본 적이 없는 사람이 24.8%로 전체 응답자의 71% 가량이 국민학교 졸업 이하의 학력을 가지고 있었다. 또한 그들의 가구당 월평균 수입은 2만원 이하였다. 당시 우리나라의 일인당 국민소득은 약 8만 8천원, 달러로는 $257이었다. 즉, 조사대상자들은 당시 우리나라 계층구조에서 극빈층에 해당된다고 하겠다. 외국사례에 따르면 일반적으로 이들 빈민층은 정치에 관심이 없고 정치적 인지도나 정치참여의식이 낮은 것으로 밝혀졌다. 이러한 수동적 정치문화를 鄕里적 정치문화나 臣民적 정치문화라고 명명하고 있다. 과연 한국도 그럴 것인가?

이홍구는 정치적 인지도를 알아보기 위해 당시의 정치 · 사회적 쟁점이 되었던 사건 5개를 설문지에 포함시켜 그에 대해 알고 있는지 여부를 물어보았다. 그 결과는 응답자의 82%가 KAL기 납북사건을, 76%가 국회의원 선거일을, 60%가 주한미군병력의 일부 철수계획을, 그리고 39%가 국립의료원 간호사들의 파업사건에 대해 알고 있었다. 그리고 각 부처의 장관 이름을 물어봤을 때 응답자의 30%가 6명, 35%가 2-5명의 이름을 정확히 대답하였다. 특히 마지막 질문에 대한 결과는 외국사례와 비교하여 매우 놀라는 사실인데 알몬드와 버바의 1960년대 초 조사결과에 따르면 자기 나라의 장관 이름을 4명 이상 알고 있는 비율이 독일 40%, 미국과 영국 34%, 이탈리아 23%였다.(Almond · Verba, 1963) 앞의 수치는 계층별로 구분하여 분석된 것은 아니지만 아무튼 우리나라 빈민층의 정치적 인지도는 매우 높은 것이었다. 만약 요즘 대학생들에게 같은 질문(장관 이름)을 하였을 때 과연 몇 명이나 제대로 대답할 것인가를 생각해보면 놀라운 결과가 아닐 수 없다.

그러나 우리나라 빈민층의 높은 정치적 인지도가 곧바로 정치참여로 이어지는 것은 아니었다. 예를 들어 공무원이 일을 잘못 처리하여 화가 났을 때 어떻게 하겠냐는 질문에 대해 "상급자를 찾아가 항의하겠다"라는 응답은 29%, "지역유지나 이웃에 호소하겠다"가 29%, "호소해야 소용없을 것이다"라는 체념적 답변이 25%를 차지하여 자신의 이익이 침해 당해도 능동적인 정치행위를 하겠다는 응답은 적은 것으로 나타났다. 다시 말하면 정치적 인지도는 높지만 실제 정치행위는 수동적이거나 체념적인 것이었다.

정치적 인지도는 높지만 정치참여의식이 낮다는 것은 바로 그들의 정치문화가 臣民형이라는 것을 말해준다. 이 조사는 이와 관련하여 그들의 체제의식을 알아보는 질문을 포함시켰다. 먼저 우리나라 정치인에 대해 물어보았는데 "한국 정치인들은 공공이익의 증진을 위해 노력하고 있다"라는 응답이 48%, "자신들이 속한 정당의 이익을 위해 일한다"는 12%, "사리사욕에 따라 행동한다"는 38%로 나왔다. 이같은 반응은 빈민층이 정치인에 대해 많은 불신감을 가지고 있다는 것을 의미하지만 이 수치는 후에 소개할 우리나라 엘리트 집단의 불신감에 비하면 훨씬 낮은 수준이다.

또한 빈민층 자신들이 빈곤한 이유에 대해, 대부분 자신들의 노력부족을 이유로 들고 있으며 단지 18%만이 체제의 구조적 문제점 때문에 가난하다는 답변을 하고 있다. 이와 관련하여 그후 1970년대 중반에 실시한 다른 조사에서도 비슷한 결과가 나왔는데 빈민층을 포함하는 저소득층 중 68%가 빈곤을 자신의 탓으로 돌리고 있으며, 5년 후 자신들의 생활수준이 어떻게 될 것 같냐는 질문에 대해 65%가 향상될 것이라는 기대를 보이고 있는 반면 단지 5%만이 더욱 악화될 것이라는 비관적인 전망을 했다. 이러한 결과는 빈민층이나 그들을 포함하는 저소득층이 체제에 대한 신뢰가 비교적 높다는 것을 의미하는 것이다.

그러면 중산층들은 빈민층이나 저소득층과 비교하여 어떤 정치의식을 가지고 있을까? 같은 시기에 중산층을 대상으로 한 조사결과는 없는 것으로 보인다. 다만 1972년 이영호가 실시한 조사결과에 따르면 교육수준이 높은 집단인 신문기자, 대학생, 국회의원 비서들이 "우리나라 정치지도자들이 국민복리에 대해 크게 신경을 쓰고 있느냐"는 질문에 대해 각각 70.9%, 69.3%, 57.6%가 부정적인 견해를 보이고 있는 것으로 나타났다. 이는 앞서 소개한

1970년의 빈민층 조사에서 나타난 50% 수준보다 크게 높은 것이라 하겠다. 또한 이들 엘리트 집단은 "자신들의 노력에 대해 사회로부터 정당한 대가를 받고 있느냐"는 질문에 기자의 76.3%, 국회의원 비서의 51.5%가 부정적으로 답하고 있다. 요약하면 우리나라 엘리트층과 빈민층을 비교해보면 체제에 대한 만족도에 있어 빈민층이 더 높다는 것을 알 수 있다.

그러면 소득이나 교육수준이 엘리트층이나 중산층보다는 낮으나 빈민층보다 높은 노동자들의 정치의식은 어떠했을까? 이들에 대한 의식조사는 매우 중요하다. 왜냐하면 1970년대 우리 사회는 빠른 산업화가 진행 중이었으며 이에 따라 노동계급의 급속한 확대가 일어났다. 이들이 우리 사회의 자본주의체제에 대해 어떤 생각을 가지고 있느냐는 그후 산업화의 진전과 더불어 사회변동의 방향을 가늠해볼 수 있는 척도가 될 수 있기 때문이다.

노동계층에 대한 정치의식은 1971년 김세진의 조사를 인용하기로 한다.(Kim Se-Jin, 1972) 그는 전국적으로 9,171명의 표본을 추출하였는데 그 구성은 노무자 20.7%, 기능공 28.3%, 기술자 19.5%, 엔지니어 8.3%, 사무원 14.6%이다. 이들의 특징은 첫째, 고정적인 직장을 가지고 있으며, 둘째 교육수준이 빈민층보다 높으며, 셋째, 평균소득 또한 빈민층보다 높았다. 그들 중 반 이상은 중졸 이상의 학력을 가지고 있었다.

빈민층들이 정치적 인지도는 높으나 참여의식은 낮았는데 이에 비해 노동자들은 정치참여의식도 높게 나타났다. "선거를 통해 노동자의 복리를 증진시킬 수 있겠느냐"하는 질문에 "가능하다"거나 "어느 정도 가능하다"라는 응답이 전체의 64.4%에 이르렀고, 31.9%만이 "절대적으로 불가능하다"거나 "거의 불가능하다"라는 의견을 보였다. 이는 노동자들의 정치적 자신감이 높은 것으로 해석될 수 있다. 이와 함께 노동조합의 정치활동에 대해 65.6%가 찬성을, 19.5%가 반대한다는 의견을 보여 정치참여의식도 높은 것으로 나타났다. 여기서 눈여겨봐야 할 점은 우리나라의 노동자들이 조사 당시 미국이나 영국의 국민보다 더 높은 정치적 자신감을 보이고 있다는 점이다. 알몬드와 버바의 조사에서 미국 국민들은 44%가, 영국 국민들은 53%가 선거를 통해 자신들의 복리를 증진시킬 수 있다고 생각하는 것으로 나타났다.

조사대상 노동자들은 1971년 국회의원 선거에서 29.6%가 여당에, 46.1%가 야당에 투표했다고 응답했는데 이 결과는 그들이 체제에 비판적이라는 것을 말해주는 것이다. 그렇지만 그 비판이 체제운영에 대한 불만에서 나온 것이지 체제 자체에 대한 불만이 아니라는 점이다. 이같은 해석은 그들의 사회 분배구조에 대한 태도를 통해 알 수 있다. 즉, 노동자의 68.8%는 자신의 빈곤을 개인탓으로 돌리고 있는 것으로 나타났는데 이는 우리 사회의 분배구조에 대해 근본적인 회의를 갖고 있지 않다는 것을 의미한다 하겠다. 즉, 빈민층 조사결과에서 나타난 것처럼 체제긍정적인 의식을 갖고 있다고 보인다.

이같은 우리나라 노동자들의 체제긍정적 의식은 다른 나라의 노동자들의 경우와 대조를 이루는 것이다. 일본이나 유럽의 노동자들은 대체로 자본주의 체제의 개혁을 주장하는 사회주의 정당을 지지하고 자신들의 빈곤을 사회의 불평등한 분배구조 탓으로 돌리는 경향이 높다. 그러면 이같은 차이는 왜 발생하는 것일까?

첫째, 노동자계층의 반체제의식은 자생적으로 성장하는 것이 아니라 정당이나 노조와 같은 집단의 꾸준한 정치교육을 통해 배양되는 것인데, 우리나라의 경우 1970년대 그러한 정치교육이 거의 전무했다고 할 수 있다.

둘째, 빈민층이나 노동자들이 중산층에 비해 더 권위주의적 사회화 과정을 경험했을 수 있다. 즉, 이들보다 학력이 높은 중산층 이상이나 엘리트 집단은 좀더 긴 교육과정을 통해 민주적 가치관을 수용할 기간이 더 길었다고 할 수 있다.

결론적으로 산업화 초기인 지난 1970년대 초의 노동자와 빈민층에 대한 의식조사결과는 그후 발생한 우리나라의 정치변동과 관련하여 많은 시사점을 주고 있다. 이들은 산업화가 심화되고 급격한 산업화에 따른 모순의 누적으로 1980년대 권위주의적 집권세력을 대상으로 사회변혁운동이 전개되었을 때 주도적인 역할을 하지 못했다. 당시 사회변혁의 주도세력은 언론인, 종교인, 지식인, 대학생 등 중간층 엘리트 집단이었다. 노동자와 빈민층들의 사회변혁운동에의 참여가 적었던 것은 이들이 기본적으로 체제긍정적인 태도를 가지고 있었으며 주체적인 참여의식이 낮았기 때문이라는 사실을 의식조사 결과가 설명해준다고 하겠다.

(2) 민주화 이후

지난 1980년대는 한국 현대사에서 매우 중요한 의미를 갖는 시기이다. 경제적으로 개발도상국에서 벗어나 중진국으로 진입한 시기였으며 1960년대 초부터 시작된 산업화의 결과 중산층이 형성되었다. 정치적으로는 유신체제의 붕괴에도 불구하고 군부권위주의가 지속됨으로써 반독재 민주화투쟁이 본격화된 시기였다. 한마디로 정치변혁운동이 지속적으로 전개되어 결국 1987년 시민항쟁을 통해 우리 사회의 권위주의는 급격히 해체되기 시작한다. 1980년대는 급격한 정치변동과 급속한 경제성장을 동시에 경험한 시기였다.

그렇다면 이러한 변화를 겪은 후 우리나라 국민들의 정치의식은 어떻게 변했을까? 좀더 구체적으로 말해 정치적 자유의 신장, 물질적 풍요, 생활의 편리, 전쟁공포로부터의 해방 등, 그전 시기와 뚜렷이 구분되는 1990년대 한국인의 정치의식과 가치관은 어떠한 모습을 띠고 있을까? 변화된 정치의식과 가치관은 민주주의의 공고화에 기여할 것인가?

서구학자들의 연구에 따르면 민주주의 정착으로 인한 정치안정과 소득향상으로 물질적 풍요로움이 보장되면 사회구성원들의 가치관이 풍요와 안정을 최우선의 가치로 여기는 '물질주의적 가치관'으로부터 생활의 질에 관심을 갖는 '탈물질주의적 가치관'으로 바뀌게 된다고 한다. 이는 사회구성원들의 가치관이 변하는 것도 있지만 그러한 풍요롭고 안정된 사회에는 새로운 가치관을 가진 신세대가 주류로 등장하게 된다는 것이다. 과연 이러한 변화가 우리나라에도 발생하고 있는 것인가?

다음에 소개하는 내용은 지난 1990년, 1996년, 2001년 어수영 교수가 세 차례에 걸쳐 실증조사를 통해 한국인의 가치가 어떻게 변화하였는가를 연구한 결과이다.(어수영, 2004)

이 연구는 1990년 전국 성인 1,206명, 1996년 1,234명, 2001년 1,200명을 대상으로 세 차례에 걸쳐 12개 문항을 이용하여 조사대상자의 물질적 가치와 탈물질적 가치를 측정하였다. 그 문항들은 〈표 25〉에 정리되어 있다.

이 12개의 문항 중 ▲ 높은 경제성장 유지, ▲ 방위력 증강, ▲ 사회의 질서유지, ▲ 물가 인플레 억제, ▲ 경제안정, ▲ 각종 범죄소탕 등 6개는 물질적 가치관을 대변하는 지표이며, △ 직장과 사회에의 참여확대, △ 환경개선, △ 정부정책결정에 국민참여확대, △ 언론자유보장, △ 좀더 인간적인 사회로의 발전, △ 돈보다 아이디어가 중요시되는 사회로 발전 등 6개는 탈물질적 가치관을 나타내는 지표이다.

표 25: 가치관 측정 문항

* 다음의 국가목표 중 장기적으로 볼 때 가장 중요한 것과 두 번째로 중요한 것을 하나씩 선택하시오.

구분		문항	제1 목표	제2 목표
1	1	높은 경제성장 유지		
	2	방위력증강		
	3	직장과 사회에서의 참여증대		
	4	환경개선		
2	1	사회의 질서유지		
	2	정부정책결정에 국민참여확대		
	3	물가 인플레 억제		
	4	언론자유 보장		

3	1	경제안정		
	2	좀 더 안정된 사회로의 발전		
	3	돈보다 아이디어가 중요시되는 사회로 발전		
	4	각종 범죄소탕		

조사대상자는 12개의 문항 중 6개를 선택할 수 있는데 이중 물질주의적 가치를 5개 이상 포함하면 물질주의자로, 탈물질주의적 가치를 5개 이상 포함하면 탈물질주의자로 분류하였고 각각 4개 이하의 물질주의적 가치나 탈물질주의적 가치를 선택한 응답자는 혼합형 가치 소유자로 분류하였다. 세 차례에 걸친 조사결과는 다음의 〈표 26〉과 같다.

표 26: 가치관 조사결과

조사년도 / 분류	1990년		1996년		2001년	
	%	N	%	N	%	N
물질주의자	31.3	378	23.9	295	23.4	281
혼합형	64.1	773	71.2	878	71.7	864
탈물질주의자	4.6	55	4.9	61	4.5	55
합 계	100	1206	1001	1234	100	1200

전반적으로 보아 우리 사회에는 물질주의자가 탈물질주의자보다 훨씬 많은 것을 말해주고 있다. 1990년 조사에서 물질주의자는 31.3%를 차지하였으며 1996년에는 23.9%로 다소 줄어들었다. 그리고 2001년에는 그 전 조사와 비교할 때 커다란 변화가 없다. 탈물질주의자는 1990년 4.6%였다가 1996년 4.9%로 약간 증가하였다. 그러나 외환위기를 경험한 후인 2001년 4.5%로 줄었다.

물질주의자와 탈물질주의자의 구성은 연령과 교육수준에 큰 영향을 받고 있다. 탈물질주의자들의 대부분은 2-30대와 대학교육을 받은 층으로 구성되어 있다. 이를 연령을 중심으로 살펴보기로 하자. 연령은 성장과정에서 경험한 정치경제적 환경을 반영하는 주요한 척도이다. 역시 3차에 걸친 조사에서 세대간 격차는 매우 크게 나타났다. 1990년 조사에서 20대와 30대 중 물질적 가치를 선호하는 응답자는 각각 15.6%와 28.2%였으나 50대와 60대는 각각 38%와 65.4%의 높은 비중을 보여주고 있다. 탈물질주의자의 경우 20대와 30대에서 각각 10%와 3.1%를 차지하고 있으나 50대와 60대에서는 각각 2.5%와 0.2%에 불과했다. 이러한 양상은 1996년과 2001년 조사에서도 비슷하게 나타나고 있다.

표 27 : 연령대별 가치관 분포

1990년	단위=% N=1206	20대 1962-72		30대 1952-61	40대 1942-51	50대 1932-41	60대 이상 1931 이전
	물질	15.6		28.2	34.4	38.0	65.4
	혼합형	74.4		68.7	63.9	59.5	43.5
	탈물질	10.0		3.1	1.7	2.5	0.2
	합계	100(%)		100(%)	100(%)	100(%)	100(%)
1996년	단위=% N=1234	20대 전반 1973 이후	20대 1962-72	30대 1952-61	40대 1942-51	50대 1932-41	60대 이상 1940 이전
	물질	4.3	13.2	19.5	29.8	42.4	69.0
	혼합형	82.6	79.9	76.6	66.9	57.3	31.0
	탈물질	13.1	6.9	3.8	3.3	0.3	0.0
	합계	100(%)	100(%)	100(%)	100(%)	100(%)	100(%)
2001년	단위=% N=1200	20대 전반 1979 이후	20대 후반 1973-78	30대 1962-72	40대 1952-61	50대 1942-51	60대 이상 1950 이전
	물질	4.2	13.1	23.0	19.3	34.6	39.9
	혼합형	82.1	78.3	72.4	77.3	63.5	60.1
	탈물질	13.7	8.6	4.7	3.4	1.9	0.0
	합계	100(%)	100(%)	100(%)	100(%)	100(%)	100(%)

〈표 27〉에 따르면 세 차례의 조사에서 30대 이상의 응답자들은 가치관과 관련 큰 변화를 보이지 않고 있다. 반면 20대의 가치선호는 탈물질주의 가치에서 물질주의적 가치로 변하고 있는 현상이 나타났다. 30대 이상의 세대에서는 물질적 환경의 변화에 큰 영향을 받지 않으나 20대는 그 영향을 윗세대

에 비해 크게 받고 있음을 알 수 있다. 이는 20대가 당면한 현실과 밀접한 관계가 있기 때문이다. 즉, 이들은 대학졸업 후 어려운 취업관문을 통과해야 하는 등 미래에 대한 불안감이 높은 수준이며 국가적 경제상황에 대한 전망이 좋지 않을 경우, 탈물질주의적 가치보다는 현실에 바탕을 둔 물질주의적 가치를 더 선호하는 경향을 보이는 것이다.

이 연구가 보여주는 30대 이상의 세대에서 가치선호에 큰 변화가 없다는 사실은 가치변화가 연령이 높아지면서 나타나는 보수화 현상이라는 주장, 즉 가치변화는 연령효과라는 가설(life cycle thesis)을 뒷받침하지 않고 있다. 오히려 가치변화는 경험의 차이라는 가설(generational change thesis)을 지지하고 있다. 가치변화와 관련하여 연령에 따른 보수화 현상이 미치는 영향을 완전히 배제할 수는 없으나 세대의 차이, 성장하면서 경험한 환경적 차이가 더 영향을 미친다는 사실이 입증됐다고 하겠다.

III. 가치변화와 민주주의

그러면 이같은 가치관의 차이는 민주주의에 대한 차별된 태도를 보이는가? 즉, 탈물질주의자들이 물질주의자들보다 민주주의 원리를 더 신봉한다면 시간이 흐름에 따라 탈물질주의자의 숫자가 많아질 것으로 예상되는 우리나라에서 민주주의의 장래는 밝다는 예측을 내릴 수 있을 것이다. 이에 대해 관용성, 신뢰성, 정치참여 등을 중심으로 알아보기로 한다.

(1) 관용성(tolerance)

민주주의는 획일성이 아닌 다원성에 기초한 제도이다. 서로 다른 의견이나 원리를 존중하는가, 특히 사회 내 소수집단에 대해 어느 정도의 관용을 베푸는가 하는 문제는 민주주의 기본원리와 관련하여 매우 중요한 문제이다. 다수결의 원칙에 의해 작동되는 민주주의이긴 하지만 소수의 의견을 존중하지 않으면 다수의 횡포로 변질될 수 있는 것이다. 따라서 사회구성원들의 관용적인 태도는 민주발전에 중요한 문제이다.

이를 알아보기 위해 응답자들에게 전과자, 과음자, 정서적 불안자, 외국인 노동자, 마약 상습복용자 등 5개 사회 소수집단들을 "이웃으로 맞이하겠냐?"는 질문을 하여 이를 지표화하였다. 5개 항목에 대한 응답 중 "이웃으로 맞을 수 있다."라는 응답은 2점, "이웃으로 맞을 수 없다."라는 응답은 1점을 부여하고, 이를 모두 합한 다음 표준화시켜 응답자의 평균이 0이 되독록 통계처리하였다. 다만 이해를 돕기위해 산출된 수치에 100을 곱하였다. 〈표 28〉에 나타나는 "-"부호는 평균보다 관용성이 낮음을 의미하고, "+"부호는 평균보다 관용성이 높음을 나타낸다.

조사결과에 따르면 물질주의자가 탈물질주의자보다 관용성이 많이 낮은 것으로 나타났다. 세 차례 조사 모두에서 그 격차는 유지되고 있다. 또한 탈물질주의자들의 관용성은 세 차례 조사를 거치며 점점 증가하고 있다. 탈물질주의자는 민주주의의 주요 가치인 다양성에 기초한 관용성을 주요한 가치로 선호하고 있음을 알 수 있다. 따라서 우리 사회에 탈물질주의자의 비중이 많아지면 사회 전체의 관용성 수준이 높아져 민주주의 발전에 도움을 줄 것으로 기대된다.

다른 분류기준에 따른 차이를 살펴보면, 관용성과 관련하여 남녀의 차이가 많은 것으로 나타났다. 여성응답자의 낮은 관용성이 남성에 비해 상대적으로 낮은 교육수준에 의한 것인가를 확인하기 위해 교육수준을 통제한 후 그 수치를 살펴보면, 남성은 21(1990), 10(1996), 6(2001)으로 나타났으며 여성은 -12(1990), -10(1996), -5(2001)의 수치를 보였다. 평균적으로 여성들의 관용성이 낮은 것은 사실이나 시간이 흐름에 따라 관용성지수가 점차적으로 높아지고 있는 것은 고무적인 현상이라 하겠다.

연령의 경우, 나이가 들수록 관용성이 떨어지는 현상이 발견되었으며 40대 이상은 전체 조사대상자의 평균보다 낮은 지수값을 보이고 있다. 60대는 세 차례의 조사 기간 중 관용성지수가 점점 낮아지는 경향을 보이고 있다.

교육수준의 경우, 초등교육 수준의 응답자는 관용성지수가 -26(1990), -7(1996), -28(2001)로 나타난 반면 고등교육을 받은 응답자의 그것은 각각 18, 11, 29의 수치를 보였다. 이는 교육수준이 높을수록 사고가 개방적이고 민주주의의 다양성을 인정하는 관용성이 높아진다는 사실을 말해주고 있다.

한편 관용성과 도시화의 관계는 농촌지역보다는 대도시의 거주자들이 높은 관용성을 보였으며 교육과 연령을 통제한 후에도 같은 현상을 보이고 있다.

표 28: 가치관과 관용성

분류		1990년	1996년	2001년
가치	물질주의자	-23	-7	-23
	혼합형	10	-1	3
	탈물질주의자	38	49	66
성별	남성	14	11	10
	여성	-13	-10	-8
연령	20대	29	12	31
	30대	4	11	7
	40대	-23	-7	-4
	50대	-36	-12	-22
	60대 이상	-11	-24	-36
교육수준	초등교육	-26	-7	-28
	중등교육	8	-2	-7
	고등교육	18	11	29
거주지	농어촌지역	-21	-7	-15
	중소도시	30	20	0
	대도시	70	6	6

(2) 신뢰성

신뢰의 대상은 다양하다. 여기서는 정치적 의미를 찾을 수 있는 정치제도에 대한 신뢰를 조사대상으로 하였다. 민주주의 국가에서 정치가 국민들의 기대에 부응하고 정상적으로 운영된다면 시민들은 정치제도에 대해 신뢰를 갖게될 것이다. 그러나 정치가 심각한 사회갈등들을 제대로 해결하지 못하고 정치인을 비롯한 공직자들이 부패하고 무능하다면 시민들로부터 신뢰를 받지 못할 것이다.

정치제도에 대한 신뢰를 측정하기 위해 행정부, 국회, 사법부, 경찰, 군 등 5개 국가기관에 대해 어느 정도 신뢰하는가를 물어보았다. 응답은 "크게 신뢰," "약간 신뢰," "거의 신뢰 안함," "전혀 신뢰 안함"의 네 가지 척도를 사용하였다.

〈표 29〉에 정리된 조사결과에 따르면 먼저 정치제도에 대한 신뢰는 가치유형에 따라 많은 차이를 보이고 있다. 물질주의자는 정치제도에 대한 신뢰가 높았으나 탈물질주의자는 신뢰가 매우 낮았다. 혼합형은 전체 평균수준보다 약간 낮은 신뢰를 보였다. 이는 전반적으로 응답자의 대부분이 정치제도에 대해 신뢰가 없다는 것을 의미하고 있다. 탈물질주의자들이 앞의 관용성 조사에서는 높은 관용성을 보였음에도 불구하고 신뢰성과 관련하여 매우 낮은 수치를 보이는 것은 이들의 비판의식이 높다는 것을 말해주는 것이라 하겠다. 특히 이들은 5개 국가기관 중 국회에 대해 가장 비판적이었다. 여러 국가기관 중 국회에 대한 신뢰성이 가장 낮은 것은 최근의 여론조사에서도 계속 나타나고 있는 현상이다.

표 29: 가치관과 신뢰성

분류		1990년	1996년	2001년
가치	물질주의자	24	20	33
	혼합형	-5	-4	-6
	탈물질주의자	-90	-36	-69
성별	남성	-6	-4	-5
	여성	7	4	5
연령	20대	-25	-26	-31
	30대	-4	-13	-23
	40대	9	4	8
	50대	5	18	32
	60대 이상	54	53	52
교육수준	초등교육	38	38	31
	중등교육	-4	1	2
	고등교육	-44	-39	-18
거주지	농어촌지역	36	38	19
	중소도시	-3	-1	-1
	대도시	-21	-14	-7

다른 유형분류를 살펴보면 남성이 여성에 비해 국가기관에 대한 신뢰성이 낮았으며 연령의 경우 젊은 층에서 장년, 노년으로 연령대가 높아질수록 신뢰가 상승하는 것으로 나타났다. 이는 교육수준으로 통제하여 분석하여도 비슷한 경향을 보이는 것으로 나타나고 있다. 거주지역과 신뢰성과의 관계는 농어촌지역의 거주자들이 국가기관에 대한 신뢰가 높은 반면 대도시는 낮은 것으로 나타났다. 중소도시는 농촌과 대도시의 중간수준을 보여주고 있다. 이는 교육수준과 연령을 통제하였을 때도 같은 현상을 보이고 있다. 다만 대도시 거주자들도 정치제도에 대한 신뢰가 시간이 흐름에 따라 -15(1990), -10(1996), -4(2001)의 수치를 보여 점점 신뢰성이 점점 높아지는 경향을 보이고 있다.

교육수준과 정치제도에 대한 신뢰와의 관계는 당연히 교육수준이 높을수록 신뢰가 낮은 것으로 나타났다. 그리고 신뢰성 수준이 교육수준에 따라 큰 격차를 보이고 있다. 고등교육을 받은 사람들은 매체에 대한 접근빈도가 많고 인지수준이 높아 비판적 시각을 유지하는 경향이 있다. 그러나 이 또한 세 차례의 조사를 거치며 신뢰지수가 -44(1990), -39(1996), -18(2001)로 점점 좋아지는 것을 알 수 있다. 완만하나마 신뢰지수가 좋아지고 있다는 것은 정치 안정을 위해 다행스러운 현상이라 하겠다.

(3) 정치참여 양태

앞의 두 가지 문제에 대해 물질주의자와 탈물질주의자의 가치관의 차이를 살펴보았다. 그렇다면 이들 두 집단은 정치참여에 있어서는 어떤 차이를 보이는가? 이를 알아보기 위해 응답자들에게 정치적 항의활동에 참여한 경험이 있는가를 물어보았다. 정치적 항의활동은 진성서 서명, 보이콧 참가, 시위 참여, 파업참여. 점거농성 참여의 다섯 가지로 나누고 이에 대해 "참가한 경험이 있는가," "앞으로 참여할 의향이 있는가," "앞으로 참여하지 않을 것" 등에 대해 물어보았다. 다음의 〈표 30〉은 이 질문에 대한 응답을 바탕으로 참여 지수화한 것이다.

표 30: 가치관과 정치참여 양태

분류		1990년	1996년	2001년
가치	물질주의자	-27	-31	-33
	혼합형	8	6	-7
	탈물질주의자	101	65	44
성별	남성	8	6	8
	여성	-8	-5	-8
연령	20대	31	36	23
	30대	11	9	20
	40대	-9	-13	-0.4
	50대	-26	-22	-26
	60대 이상	-59	-50	-54

교육수준	초등교육	-44	-42	-54
	중등교육	2	-1	4
	고등교육	60	43	17

결과가 보여주듯이 탈물질주의자가 물질주의자보다 참여지수가 훨씬 높았다. 탈물질주의자는 다른 유형의 가치소유자보다 항의형 참여에 가장 적극적으로 참여하였으며 앞으로로 참여할 가능성이 높은 것으로 나타났다. 그럼에도 불구하고 탈물질주의자나 혼합형이나 모두 시간이 흐름에 따라 참여지수가 낮아지는 현상을 보이고 있다. 이는 우리 사회에서 민주주의 공고화가 진척됨에 따라 항의성 정치참여의 빈도가 점점 줄어들고 있는 것과 관련이 있다 하겠다. 또한 탈물질주의자 대부분이 대학교육을 받은 2-30대로 구성되어 있는데 민주화 이후 대학 캠퍼스가 탈정치화된 것과도 관련이 있다.

다른 유형 분류의 경우, 여성이 남성보다 항의형 참여에 소극적이며 연령의 경우, 20대가 가장 적극적이고 그 다음이 30대, 그리고 연령이 높아질수록 참여수준은 급격히 줄어드는 것으로 나타났다. 교육수준의 경우 고등교육을 받은 응답자가 참여지수가 가장 높았다. 그러나 이 또한 세 차례 조사가 진행됨에 따라 참여지수가 점점 하락하는 현상을 보이고 있다. 역시 민주화의 진척과 관련이 있는 것이다.

그런데 여기서 강조되어야 할 점은 물질주의적 가치관과 탈물질주의적 가치관이 서로 우수성과 열등성을 가지고 있는 것은 아니라는 점이다. 즉, 물질주의자들이 덜 민주적이고 민주화에 대한 기여가 적다는 것은 아니다. 이같은 차이는 산업화와 민주화라는 긴 근대화의 과정 속에서 발생하는 사회변화와 밀접한 관계가 있는 것이고 그 가운데 정치사회적 환경에 맞는 가치관이 형성되는 것이다. 그럼에도 우리 사회의 민주주의 공고화와 관련하여 탈물질주의자의 증가에 대해 희망적인 견해를 갖는 것은 향후 우리나라가 나아가야 할 방향성에서 이들의 가치관과 부합되기 때문이다.

한편으로 우려되는 것은 앞에서 살펴보았듯이 우리 사회에서 2-30대 젊은 세대와 장노년층인 5-60대 사이에 가치나 정치의식에서 심각한 격차를 보이고 있는 점이다. 이러한 격차는 세대간 의미있는 대화를 불가능하게 만들고 갈등을 증폭시킬 위험이 있다. 그리고 최근의 상황을 살펴봐도 이러한 추세는 상당 기간 지속될 것으로 보인다.

IV. 한국인의 정치인식 유형

앞 부분에서는 우리나라 사람들의 정치의식(political consciousness)을 각종 실증연구결과를 통해 알아보았다. 이 부분에서는 정치인식(political perception)에 대해 알아보기로 한다. 정치의식이 근원적으로 형성된 태도와 관련된 것이라면 정치인식은 현실정치에 대한 사고나 가지고 있는 느낌을 말하는 것이다.

동일한 정치현상을 경험하며 각 개인은 그에 대한 생각이 다를 수 있다. 이러한 생각은 정치에 대한 '마음의 지도'(cognitive map) 또는 '인식틀'(schema, paradigm)에 의해 좌우되기 때문이다. 정치적 인식틀의 유형을 찾아낼 수 있다면 이에 따라 개인의 정치적 생각이나 행동을 설명하는데 큰 도움이 될 것이다. 이같은 문제의식에서 국내 심리학자들이 정치인식의 유형화를 시도한 연구가 있다.(김도환, 황상민, 최윤식, 2011)

이들은 정치적 사안에 대해 우리나라 사람들이 어떤 심리적 인식을 하고 있으며 그 인식유형이 개인의 정치적 입장이나 행동에 어떤 영향을 미치고 있나를 탐색하고자 했다. 이 연구는 두 단계로 진행되었다. 먼저 수도권 거주 성인 49명을 대상으로 정치, 경제, 사회, 문화와 관련된 86개 문항에 대한 반응을 설문조사하였다. 그 결과를 분석하여 3개 집단의 정치인식을 구분해

내었다. 다음의 두 번째 단계에서 연구자들은 수도권 성인 500명을 대상으로 이미 도출된 3개 집단의 정치인식을 구체적으로 확인해보는 설문조사를 실시하였다. 이 정치인식 유형조사에서 투표행태, 역대 대통령에 대한 평가, 그리고 현 대통령에 대한 지지도에서 유의미한 차이가 있는 것이 발견됨으로써 정치인식 유형이 현실에서 구체적으로 작동하고 있음을 확인하였다.

첫 번째 조사결과 3개 집단, 6개 유형의 정치인식이 도출되었다. 도출된 정치인식 유형들을 살펴보기로 한다.

▲**유형1 공공사회형** : 이 인식틀은 정치사회 시스템이 예측가능하고 공적으로 작동하는 것으로 파악한다. 이런 사회가 되려면 개인의 자기정체성이 분명해야 하고 공적 시스템에 대한 신뢰가 높아야 한다. 스웨덴. 네덜란드, 덴마크 같은 북유럽 국가와 유사한 이미지를 갖고 있다.

▲**유형2 사적 사회형** : 이 유형의 이미지는 구성원들이 사회 시스템에 불만이 많고 상중하 계층구분이 뚜렷하다고 인식한다. 기존 기득권층에게 유리한 사회인데 이들은 오히려 자신들이 역차별을 받는다는 불만을 갖고 있다. 의식주와 관련한 기본적인 생활문제는 해결된 상태이며 구성원 각자가 다양성을 추구하며 살고 있기 때문에 사람들의 관심을 하나로 집합시키기가 어렵다.

▲**유형3 공정사회형** : 공평이 아니라 공정이 강조된다. 따라서 사회는 규칙과 규범의 명확성이 중요하다고 인식한다. 처벌, 평가, 절차를 분명히 하려는 사회이며 정치적 리더의 역할은 운동경기의 심판과 비슷하다. 이 같은 사회에서는 무엇을 잘하는 것보다 잘못하지 않는 것이 중요하다. 패자부활전이나 사회적 유동성이 존재하기 때문에 개인이 노력하면 잘살 수 있다는 인상을 준다. 경쟁이 치열하다.

▲**유형4 안티사회형** : 대부분 구성원들이 불평등한 사회라고 인식한다. 내집단과 외집단을 분명히 구분하며 외집단에 대해 배타적인 태도를 갖고 있다. 경제는 대기업 중심으로 작동되며 정치인은 개인의 이익에만 관심이 있다. 구성원들의 생각이 논리적이지 않고 감성적이다. 정치적 관심이 지나치게 많은 인터넷 폐인이 이런 유형에 해당된다.

▲**유형5 공약사회형** : 이 유형이 갖는 인식은 우리 사회가 개혁보다는 개선이 필요하고 갈등은 피해야 한다고 본다. 실용성과 탈이념성을 강조하며 정치보다는 시사에 관심이 많다. 브랜드를 선호하며 강함을 추구한다.

▲ **유형6 이념사회형** : 이념적 틀에서 정치현상을 인식한다. 자기확신이 강하기 때문에 합리적 토론이 힘들다. 공이 사보다 중요하다고 주장하며 현실은 약육강식의 법칙이 지배한다고 믿는다. 국가정체성을 중요시하기 때문에 안보를 강조한다.

이러한 6개 유형은 전자와 후자로 나눠져 3개의 집단으로 묶여진다. 먼저 집단1은 사회 시스템 작동 방식에 따라 공공사회 유형과 사적 사회 유형으로 구성된다. 공공사회는 공적으로 작동되고 사적 사회는 개인의 이해 관계에 따라 움직인다. 집단2는 공정사회와 안티사회로 구성되는데 공정사회 유형은 현실은 규범과 질서에 따라 공정하게 움직여야 한다고 인식하는 반면, 안티사회 유형은 사회는 모두가 평등해야 한다는 심리가 강하다. 마지막으로 집단3은 공약사회와 이념사회의 대칭으로 구성되어 있다. 공약사회 유형은 외적으로 드러난 정책과 결과를 기준으로 판단하는 반면 이념사회 유형은 겉으로 나타난 것보다는 내적인 신념이 무엇인지에 주목한다.

집단을 구성하는 두 유형의 대칭적인 의미는 후자 유형(사적 사회, 안티사회, 이념사회)의 모습이 강조될수록 전자(공공사회, 공정사회, 공약사회)의 모습을 지향한다는 것이다. 즉, 집단1에서 우리 사회를 사적 사회라고 인식할수록 공공사회를 더욱 이상형으로 생각한다. 마찬가지로 안티사회로 볼수록 공정사회를, 이념사회로 생각할수록 공약사회를 선호한다. 이를 반대로 보면, 공공사회은 사적 사회를, 공정사회는 안티사회를, 그리고 공약사회는 이념사회를 혐오한다.

이렇게 도출된 유형의 분포와 특징을 파악하기 위해 두 번째 연구단계에서 수도권 성인 500명을 대상으로 설문조사를 실시하였다.(2009년 9월) 조사

방법은 인식유형을 구분할 수 있는 22개 문항을 제시하고 본인이 가장 동의하는 3개, 그 다음으로 동의하는 5개, 그 다음 7개 순으로 선택하게 하는 것이다. 3개, 5개, 7개에 선택된 문항은 각각 5점, 4점, 3점을 부여하고, 선택되지 않은 7개 문항은 0점 처리하였다. 이러한 응답자의 반응에 가중치를 곱해 나온 합산결과에 따라 인식유형을 구분하였다. 참고로 이 설문조사에서 인식유형은 6개 유형 중 전자 유형(공공사회, 공정사회, 공약사회) 3개만 도출하였다. 조사대상자들은 남녀 동수로 구성되었으며 연령은 30대가 29.4%를 차지하여 가장 많았고 직업, 학력, 그리고 소득은 사무직 38.0%, 대졸 47.4%, 월 300만원대 23.4%로 가장 큰 비중을 차지하였다. 조사결과는 〈표 31〉에 정리되어 있다.

표 31: 정치인식 유형의 분포

정치인식 3개집단의 분포				
	공공사회	공정사회	공약사회	합계
	249(49.8%)	172(34.4%)	79(15.8%)	500(100%)
3개 집단의 연령 차이				
	공공사회	공정사회	공약사회	전체
평균연령	36.23세	39.97세	39.94세	38.10세
3개 집단과 성별				
	공공사회	공정사회	공약사회	전체
남자	115(46.0%)	89(35.6%)	46(18.4%)	250
여자	134(53.6%)	83(33.2%)	33(13.2%)	250

이 결과를 바탕으로 3개 집단의 이념성향, 지지정당, 그리고 역대 대통령에 대한 평가를 분석해보았다. 〈표 32〉에 따르면 먼저 이념성향과의 관계에 있어 진보에 속하는 사람들이 상대적으로 공공사회 집단에 좀더 많았고 보수에 속하는 사람들은 공정사회 집단에 상대적으로 높은 빈도를 보였다. 지지정당의 경우, 한나라당 지지자들은 공정사회 유형이 가장 많았으며 공약사

회 유형은 가장 적었다. 민주당 지지자들은 공공사회 유형의 비중이 가장 높았으며 공약사회 유형이 가장 적었다. 역대 대통령에 대한 평가에 있어 박정희 대통령을 가장 높게 평가한 사람들은 상대적으로 공공사회 유형에서는 적게, 공정사회 유형에서는 많은 것으로 나타났다. 김대중 대통령과 노무현 대통령을 선호하는 사람들은 공공사회 유형에 더 많이 분포되어 있으며 공정사회 유형에는 빈도가 적었다.

표 32 : 정치인식 유형에 따른 태도

3개 집단과 이념성향				
	공공사회	공정사회	공약사회	전체
진보	71(61.2%)	33(28.4%)	12(10.3%)	116(100%)
중도	154(48.9%)	107(34.0%)	54(17.1%)	315(100%)
보수	24(34.8)	32(46.4%)	13(18.8%)	69(100%)
전체	249(49.8%)	172(34.4%)	79(15.8%)	500(100%)
3개 집단과 지지정당				
	공공사회	공정사회	공약사회	전체
한나라당	26(28.3%)	51(55.4%)	15(16.3%)	92(100%)
민주당	31(48.4%)	21(32.8%)	12(18.8%)	64(100%)
지지정당 없음	157(54.3%)	89(30.8%)	43(14.9%)	289(100%)
전체	214(48.1%)	161(36.2%)	70(15.7%)	445(100%)
3개 집단과 역대 최고 대통령 평가				
	공공사회	공정사회	공약사회	전체
박정희	82(39.4)	90(43.3%)	36(17.3%)	208(100%)
김대중	66(60.0%)	27(24.5%)	17(15.5%)	110(100%)
노무현	85(61.6%)	38(27.5%)	15(10.9%)	138(100%)
전체	233(51.1%)	155(34.0%)	68(14.9%)	456(100%)

이러한 정치인식 유형은 실제 현실에서 작동되고 있는가? 이를 정치인들의 구체적인 발언을 통해 확인해보기로 한다.

“반대를 위한 반대가 있는 것 같다.”(2008년 1월 14일, 이명박 대통령 당선자)

“정부가 하는 모든 일을 반대만 하는 야당, 또 사사건건 발목만 잡는 야당에 굴복했다면 오늘 날의 대한민국은 없었을 것이다.”(2009년 10월 26일, 안상수 한나라당 원내대표)

이러한 발언의 정치인들은 현재 한국사회를 안티사회로 바라보고 있다. 그렇다면 이들이 지향하는 사회는 공정사회라고 판단할 수 있다.

마찬가지로 “국가권력을 사유화한 한나라당 이명박 정권”(2009년 11월 10일)이라고 비판한 유시민의 발언은 그가 현재 한국사회를 사적 사회로 인식하고 있음을 말해준다고 하겠다. 그렇다면 유시민이 지향하는 사회는 북유럽 국가와 같은 공공사회라 하겠다. 또한 “신뢰가 먼저냐, 민주주의가 먼저냐, 신뢰가 먼저입니다.”(2004년 5월 27일)라고 발언한 노무현 대통령의 인식은 공공사회 유형이라고 하겠다.

이러한 정치인식 유형들은 우리나라의 정치현상을 설명하는데 어떤 역할을 하고 있는가? 정치현상에서 갈등은 항상 발생하고 있다고 해도 과언이 아닐 것이다. 그러한 갈등이 발생하고 격화되는 가장 큰 이유 중 하나는 동일한 현상을 전혀 다른 관점에서 바라보고 해석하기 때문이다. 즉, 당사자들의 정치인식이 다르기 때문이다. 즉, 동일한 현상에 대해 어떤 정치인식 유형은 사적인 이해관계에 유발된 것이기 때문에 반대하지만 다른 유형은 그러한 반대를 단지 반대를 위한 발목잡기라고 인식하는 것이다.

예를 들어 2009년 1월 발생한 용산철거민 사망사건의 경우, 공공사회 유형은 그 사건이 정부, 서울시, 개발업체 등의 이익을 극대화하기 위해 가난한 철거민을 무자비하게 탄압한 것이라 생각하고 근본적인 해결책을 요구한다. 하지만 공정사회 유형은 공정한 절차에 의해 집행된 것이기에 이러한 반대의견을 트집잡기로 인식한다. 한편 공약집단은 이러한 갈등을 좌파와 우파의 구시대적 대립이라고 생각한다.

이 연구는 우리나라 사람들의 정치인식 유형을 공공, 공정, 공약 등으로 도출하였다. 정치인식 유형을 구체화시켰다는 점에서 큰 의미를 갖는다. 그렇지만 이러한 구분이 과연 전국민을 대상으로 적용할 때 어느 정도의 타당성을 갖는가 하는 문제는 향후 계속 검증되고 보완되어야 할 것이다.

제 12 장

정치불안

I. 서론

앞서 우리는 물질주의적 가치관, 혼합형, 탈물질주의적 가치관에 대해 살펴보았다. 그리고 결론적으로 탈물질주의적 가치관을 가진 사람들의 비중이 높아질수록 민주주의 공고화가 잘 진행될 것이라는 희망적인 기대를 해보았다.

그렇다면 이렇듯 이질적인 가치관이 병존하는 사회는 안정적인 것인가? 가치관은 정치의식을 반영하는 것이며 이 정치의식은 정치문화를 형성하여 사회구성원들의 정치적 행태를 결정한다. 우리나라의 정치문화는 어떠한 모습을 띠고 있으며 그것이 한국정치에 어떠한 영향을 미칠 것인가? 이를 정치문화와 정치불안이라는 관점으로 축약시켜 살펴보기로 한다.

어떤 국가에서 정치적 쟁점이나 통치행태의 기본원칙에 대해 대부분의 국민들이 일관성있는 일정한 정향을 보인다면 국민적 합의도출이 쉬울 것이다. 이는 정치적 갈등이 별로 없고 따라서 정치가 안정되어 있다고 말할 수 있다. 반면 국민의 정치적 정향이 정책이나 이념에 따라 그 선호도가 뚜렷이 구분되는 제각기 다른 집단이 존재하고 있다면 국민적 합의도출이 매우 힘들고 집단간의 반목이나 갈등이 심각하게 되며 정치는 불안해질 것이다. 우리나라도 지난 김대중 정권 이후 대북정책에 대한 국민들의 선호가 이념적 성향이나 세대에 따라 매우 현격한 차이가 나는 집단으로 갈라짐으로써 소위 남남갈등이 발생한 경험이 있다.

이같이 정치적 정향에 따라 여러 집단이 형성될 경우, 일정한 하위정치문화(sub-political culture)를 공유하는 하위집단(sub-group)이 생겨난다. 그리고 이러한 하위집단 사이의 하위정치문화가 매우 이질적이고 그 격차가 현격할 때 정치는 불안해지며 이같은 정치문화를 다극적 정치문화(polarized political culture)라고 한다.(Almond · Powell, 1978) 그것과 반대되는 정치문화를 합의적 정치문화(consensual political culture)라고 한다. 합의적 정치문화에서는 하위정치문화가 서로 이질적이지 않고 동질성이 강하므로 정권교체가 발생해도 정책적 변화가 크지 않으며 정치체제에 도전하는 반체제세력이 없기 때문에 정치적 안정을 도모하기 쉽다.

II. 한국정치문화에 대한 경험적 분석

이같은 정치문화의 분석틀을 우리 정치에 적용해보았을 때 과연 어떤 결과가 나올 것인가? 이에 관한 한배호와 어수영의 연구를 살펴보기로 한다.(한배호 · 어수영, 1987, 1996) 이들은 1984년과 1995년 두 차례에 걸쳐 실증연구를 통해 한국인의 정치적 태도에 대해 조사하였다. 1984년 첫 번 째 조사에서 15개 문항을 이용하여 한국정치문화의 일곱 가지 속성을 추출하였다. 그 속성들은 ▲ 묵종성향, ▲ 의인주의 성향, ▲ 형식주의 성향, ▲ 신뢰성, ▲ 평등의식, ▲ 관용성, ▲ 개인의 권리의식 등이다.

이후 1995년 조사에서는 시대의 변화로 의미가 퇴색된 2개 문항을 제외시키고 새로운 4개 문항을 넣어서 같은 목적의 연구를 진행하였으며 〈표 33〉은 이를 정리한 것이다.

표 33: 한국정치문화의 속성에 대한 문항

속성	1984년(15개 문항)	1995년(17개 문항)
묵종성향	윗사람이나 높은 지위에 있는 사람에게는 복종하는 것이 마땅하다.	같음
	사회라고 하는 것은 대중의 의사보다 몇 사람의 훌륭한 지도자가 다스릴 때 잘되는 법이다.	같음
	정부가 하는 일에 잘못이 있더라도 그 지시에 따르는 것이 마땅하다.	같음
의인주의	관청과 어떤 문제가 있을 때 친지의 도움을 받아야 일이 잘 해결된다.	같음
	웬만한 일은 법적으로 해결하기보다는 잘 아는 사람을 통해서 해결하는 것이 더 빠르고 현명하다.	같음
		친척의 큰 죄는 고발해서는 안된다.(추가)
형식주의	며느리를 선택할 때 본인도 중요하지만 가문을 더 중요시해야 한다.	같음
	외국으로부터 상품을 수입할 때 조건이 약간 불리하더라도 가까운 우방국으로부터 수입해야 한다.	삭제
		직원고용은 능력과 성격보다 학벌이 더 중요하다.(추가)
		물품구입은 가격과 품질보다 브랜드가 더 중요하다.(추가)
평등주의	우리 사회에서는 능력있고 노력하면 성공할 수 있다.	같음
	일을 열심히 하는 사람은 그만큼 더 보수를 받든가 버는 것이 마땅하다.	같음
관용성	다수의 의견에 반대되는 의견을 발표하는 것을 허락해서는 안된다.	같음
	대부분의 국민이 원하는 것이면 소수가 그것을 비판해서는 안된다.	같음
개인의 권리의식	가끔 법은 권력과 돈있는 사람을 위해 만들어진 것 같은 느낌을 준다.	같음
	권력있는 사람에게 억울한 일을 당했을 때는 참는 것이 현명하다.	삭제
		국회에서 나에게 불리한 법을 만들 경우, 이를 막아야 한다.(추가)
신뢰성	사람이란 믿을 수 없으므로 사람들과 접촉할 때 조심해야 한다.	같음
	누구든지 기회만 있으면 나같은 사람을 이용하려고 한다.	같음

(1) 묵종성향

지난 1984년 1차 조사에서 발견된 이들 일곱 개 속성이 우리 국민들의 정치정향을 전부 대변한다고 볼 수 없으나 적어도 한국정치문화의 중요한 특징임은 틀림없다. 〈표 34〉에 따르면 먼저 묵종성향(obedience)이란 권력소유자나 높은 지위 또는 신분을 가진 사람에게 순응하는 것이 당연하다는 가치관을 의미하는 것이다. 그런데 1995년 조사를 통계분석한 결과, 묵종성향을 측정하기 위해 사용된 세 문항이 큰 의미가 없는 것으로 나타났다. 다시 말하면 1984년 조사대상자들은 세 문항에 대해 동의한다는 응답을 과반수가 넘거나 과반수에 가깝게 하였는데, 1995년 조사에서는 그 수치가 현저히 줄어들었다는 것이다. 즉, 1984년 조사와 1995년 조사 사이의 11년 기간 중 응답자들의 의식이 바뀐 것이다. 1차 조사 당시는 강압적인 권위주의 시기였고 2차 조사 때는 민주주의 공고화가 한창 진행되고 있을 때였다. 따라서 그 기간 중 국민들의 묵종성향이 변했을 것이라는 분석은 충분히 설득력이 있다고 하겠다.

표 34: 묵종성향 측정결과

설문 1 윗사람이나 높은 지위에 있는 사람에게는 복종하는 것이 마땅하다.

시기 / 응답	1984		1995	
	%	N	%	N
전적 동의	28.4	441	13.8	204
약간 동의	25.7	398	26.4	391
약간 반대	25.3	392	34.3	508
전적 반대	20.0	310	25.2	373
무응답	0.6	10	0.3	5
합계	100%	1551	100%	1481

설문 2 사회라고 하는 것은 대중의 의사보다 몇 사람의 훌륭한 지도자가 다스릴 때 잘되는 법이다.

시기 / 응답	1984		1995	
	%	N	%	N
전적 동의	28.2	438	14.2	211
약간 동의	21.6	335	17.4	257
약간 반대	17.9	277	26.9	399
전적 반대	31.2	484	40.7	603
무응답	1.1	17	0.8	11
합계	100%	1551	100%	1481

설문 3 정부가 하는 일에 잘못이 있더라도 그 지시에 따르는 것이 마땅하다.

시기 / 응답	1984		1995	
	%	N	%	N
전적 동의	18.6	288	8.5	126
약간 동의	22.1	343	14.8	219
약간 반대	26.6	413	32.0	474
전적 반대	32.0	497	44.2	654
무응답	0.6	10	0.6	8
합계	100%	1551	100%	1481

(2) 관용성

관용성(tolerance)은 민주주의를 성공적으로 이룩하는데 필수적 요소라고 할 수 있다. 관용이란 자신과 다른 견해를 가지고 있거나 표방하는 사람을 용납하고 그 견해를 존중하는 것을 의미한다. 그런데 〈표 35〉의 조사결과에 따르면 우리나라 사람들의 관용성이 매우 낮은 것을 보여준다. 소수 의견이 존중되지 않고 있으며 관용성이 상당히 결핍되어 있는 것이다. 이는 타협의 여지를 봉쇄하는 직접적인 장애요인으로 우리 사회에서 의견이 상충될 때 대화를 통한 합의의 가능성이 낮음을 의미하며 민주주의가 정착되는데 문제가 될 수 있음을 보여준다.

두 차례의 조사를 비교해보면 1984년 조사에서 관용성은 연령에 따라 큰 차이를 보였는데 젊은 층은 비교적 관용성이 높으나 연령이 증가할수록 관용성이 하락하는 현상이 나타났다. 1995년 조사에서도 비슷한 경향을 보여 세대간 차이는 줄어들지 않고 있다. 여기서 관심이 가는 부분은 20대부터 50대까지 관용성이 10년 전에 비해 높아졌다는 사실이다. 비록 세대간 큰 차이를 보이고 있지만 60대를 제외한 응답자들의 관용성이 크게 높아졌다는 것은 좋은 현상이라 하겠다.

표 35 : 관용성 측정결과

연령	1984		1995	
	평균치	N	평균치	N
20-29세	29	532	29	373
30-39세	0.4	349	7	313
40-49세	-7	341	-1	302
50-59세	-292	16	-10	256
60세 이상	-33	100	-44	234

교육수준	1984		1995	
	평균치	N	평균치	N
초등교육	-40	488	-49	257
중등교육	-3	699	-9	616
고등교육	62	351	31	591

거주지역	1984		1995	
	평균치	N	평균치	N
농어촌	-22	508	-28	300
중소도시	-9	329	0	325
대도시	12	701	10	856

교육수준을 중심으로 볼 때, 교육수준이 높을수록 관용성이 증가하는 현상은 두 차례 조사에서 모두 동일하게 나타났다. 그러나 같은 교육수준을 비교했을 때 1995년 조사결과가 11년 전 조사보다 관용성이 떨어진 것으로 나타났다. 이같은 현상은 11년 기간 중 사회변화 과정에서 발생한 문제라 추론될 수 밖에 없다.

조사대상자가 사는 거주지역 또는 도시화의 정도와 관용성은 농어촌의 경우 차이가 크게 드러나지 않으나 중소도시와 대도시 사이의 격차는 줄어든 것으로 나타났다. 농어촌 지역의 경우 거주자들의 대부분이 노년층이고 또 저학력층이고 대도시의 경우 젊은 층과 고학력층이 상대적으로 많기 때문에 앞에서와 같은 차이를 보이는 것으로 분석된다.

(3) 신뢰성

신뢰(trust)는 타인에 대한 믿음을 말하는데 이는 여러 차원에서 존재한다. 신뢰란 가족, 친지, 친구와 같은 매우 가까운 주변 사람, 또는 제3자로서의 일반적인 타인 내지 정치지도자 등이 대상이 될 수 있다. 그런데 전반적으로 보아 우리나라 사람들의 타인에 대한 신뢰는 매우 낮은 것으로 보인다. 이는 자신 이외의 외부세계에 대해 부정적인 시각을 가지고 있는 것을 의미한다. 이같이 신뢰성이 낮은 것은 우리 사회가 짧은 기간 내에 너무 빠른 변화를 경험했기 때문으로 보인다.

표 36: 신뢰성 측정결과

연령	1984		1995	
	평균치	N	평균치	N
20-29세	12	530	31	373
30-39세	3	350	14	313
40-49세	-4	344	-3	302
50-59세	-21	217	-28	256
60세 이상	-11	103	-33	234

교육수준	1984		1995	
	평균치	N	평균치	N
초등교육	-5	480	-35	257
중등교육	-2	197	-106	16
고등교육	18	347	25	591

거주지역	1984		1995	
	평균치	N	평균치	N
농어촌	3	508	-32	300
중소도시	-6	333	4	325
대도시	1	703	10	856

〈표 36〉에 정리된 조사결과에 따르면 신뢰성은 젊은 세대에서 크게 향상된 반면 장년 및 노년층에서는 11년 사이에 오히려 하락하였다. 이러한 격차는 왜 발생하였을까? 여러 가지 해석이 가능하겠지만 1984년에서 1995년까지 우리 사회가 경험한 시기의 특성과 관련이 있다고 보여진다. 우리 사회는 그 기간 중 민주질서가 서서히 확립되고 민주주의가 제도화되었으며 물질적으로 풍요로와졌다. 그러한 시기에 인격형성기를 거친 20-30대는 신뢰성이 높아진 반면 장노년층은 오히려 그 시기에 새롭게 경험한 민주주의로의 전환과정에서 나타난 일부 부정적 현상에 거부감을 가졌을 것이다.

신뢰성은 교육수준과 정비례하는 사실이 조사결과 확연히 나타났으며 초등교육과 중등교육을 받은 사람들은 신뢰성 수준이 낮은 반면 고등교육 수혜자들은 높은 신뢰성을 가지고 있는 것으로 나타났다. 또한 1984년 조사결과와 비교할 때 1995년 조사에서 초등교육과 중등교육 수혜자들의 신뢰성이 낮아진 것은 적절한 해석이 매우 어려운 내용이라 하겠다.

(4) 의인주의

의인주의(personalism)는 일차연고집단에 대한 애착과 의존이 큰 것을 말하는데 개인간이나 집단관계에 있어서 혈연이나 사적 친근관계가 중요한 역할을 하는 경향을 의미한다. 즉, 공식화된 집단이나 제도보다 사람과 인맥을 중히 여기는 경향인데 이것이 높으면 공사구분이 모호해진다

표 37 : 의인주의 측정결과

연령	1984		1995	
	평균치	N	평균치	N
20-29세	-4	527	-12	373
30-39세	1	348	0	313
40-49세	0	342	-7	302
50-59세	12	214	5	256
60세 이상	4	100	-9	234

교육수준	1984		1995	
	평균치	N	평균치	N
초등교육	21	483	27	257
중등교육	-9	701	-3	616
고등교육	-9	347	-9	591

거주지역	1984		1995	
	평균치	N	평균치	N
농어촌	12	504	12	300
중소도시	-1	328	-19	325
대도시	-3	699	3	856

이에 관한 설문조사결과를 요약한 〈표 37〉에 따르면 1995년 조사에 새롭게 조사대상에 편입된 20대와, 40대의 의인주의 평균치가 11년 전의 같은 연령대보다 낮았다. 나머지 연령대는 큰 차이가 나타나지 않았으며 60대 이상은 오히려 의인주의 성향이 높아졌다. 교육수준과 의인주의는 두 차례 조사에서 의미있는 차이가 발생하지 않았으며 교육수준이 높아지면 의인주의가 약화되고 있으나 차이는 크지 않았다. 중등교육을 받은 사람들과 고등교육을 받은 사람들의 평균치는 비슷하게 나타나 교육의 효과가 의인주의에는 큰 영향을 미치지 않고 있음을 말해주고 있다. 한국인의 의식구조에 뿌리깊게 자리잡고 있는, 제도보다는 인적 관계를 더 중시하는 태도는 쉽게 변하지 않는 사실을 말해주고 있다.

(5) 형식주의

형식주의 성향은 어떤 행동이나 결정이 가져올 결과보다는 그 행동이나 결정이 어떤 윤리적 원칙에 어느 정도 부합되느냐 하는 문제에 관심을 두는 성향을 의미한다. 단순화시키면 실질적 이해보다는 명분이 의사결정에 더 큰 영향을 미치는 것을 말한다.

표 38: 형식주의 측정결과

연령	1984		1995	
	평균치	N	평균치	N
20-29세	-16	526	-34	373
30-39세	-0.1	348	-20	313
40-49세	11	343	3	302
50-59세	17	215	17	256
60세 이상	11	99	55	234

교육수준	1984		1995	
	평균치	N	평균치	N
초등교육	15	484	47	257
중등교육	-3	699	-10	616
고등교육	-15	348	-11	591

거주지역	1984		1995	
	평균치	N	평균치	N
농어촌	8	505	12	300
중소도시	-6	330	-19	325
대도시	-3	696	3	856

〈표 38〉에 나타난 1984년 조사결과를 보면 2-30대는 비형식주의 성향을 나타내고 있고 40대 이상은 높은 수준의 형식주의를 보이고 있다. 이러한 현상은 1995년 조사에서도 반복되고 있다. 형식주의는 연령과 밀접한 관계가 있는 것을 말해주며 연령이 높아질수록 명분에 집착하는 성향이 증대하고 있다.

교육수준과 관련하여 조사결과는 흥미있는 사실을 보여주고 있다. 교육수준이 높아지면 형식주의 성향이 둔화되는 것이다. 초등교육 수준에 그친 응답자들의 형식주의 성향은 중등교육이나 고등교육을 받은 사람들보다 훨씬 높았다. 이는 초등교육 응답자들의 연령층이 높다는 사실과 무관하지 않을 것이다.

거주지역에 따른 차이를 살펴보면 1984년 조사에서 대도시의 형식주의는 평균보다 낮은 것으로 나타났는데, 1995년 조사는 평균보다 높은 것을 보여주고 있다. 전반적으로 농촌지역 거주자의 형식주의 수준이 가장 높고 중소도시 거주자의 수준이 가장 낮은 경향을 보이고 있다. 중소도시 거주자들의 의식이 가장 실용적이라는 의미를 갖는다 하겠다.

(6) 평등의식

평등이란 다차원적인 개념이다. 민주주의에서 평등은 시민적 평등, 평등한 신분보장, 법 앞에 평등, 차별을 받지 않는 사회적 평등 등 다양한 의미를 내포하고 있다. 이 조사에서는 "기회의 평등"에 초점을 두어 평등의식을 측정하였다.

표 39: 평등주의 측정결과

연령	1984		1995	
	평균치	N	평균치	N
20-29세	16	532	34	373
30-39세	-4	349	11	313
40-49세	-5	344	-7	302
50-59세	-11	218	-15	256
60세 이상	-20	102	-43	234

교육수준	1984		1995	
	평균치	N	평균치	N
초등교육	-16	490	-41	274
중등교육	-3	703	-4	616
고등교육	31	352	23	591

거주지역	1984		1995	
	평균치	N	평균치	N
농어촌	-9	507	-39	300
중소도시	-9	332	-7	325
대도시	12	706	16	856

〈표 39〉에 정리된 1984년 조사결과에 따르면 20대를 제외하고 30대 이후는 우리 사회가 평등하지 않다고 생각하는 것으로 나타났다. 3-40대는 비슷한 비율로 부정적인 견해를 보였는데 50대는 이들보다 2배가 넘는 수준의 부정적 견해를 갖고 있다. 60대는 50대보다 더 부정적이다. 11년이 지난 1995년 조사에서 20대와 함께 30대도 한국사회의 평등성에 대해 긍정적 평가를 내리고 있다. 그런데 40대 이상의 연령대는 우리 사회의 평등성에 대한 부정적 견해가 오히려 늘어났다. 이같은 현상은 경쟁사회에서의 경험이 늘어날수록 평등성에 대한 회의감이 더욱 증가하기 때문인 것으로 보인다.

1984년 조사에서 교육수준이 낮을수록 평등성에 대해 부정적인 견해를 갖고 있는 것으로 나타났는데 이러한 현상은 1995년 조사에서도 그대로 재연되고 있다. 그리고 초등교육 수준 응답자들의 부정적 견해는 11년 전에 비해 훨씬 심화되었다. 이는 기간 중 사회의 정보화와 세계화가 진행되면서 학력이 낮은 사람들의 소외감이 늘어났기 때문으로 해석된다.

주거지역과 관련하여 전반적인 경향은 두 차례 조사에서 비슷하게 나타났다. 농어촌지역과 중소도시 거주자들은 평등성에 부정적인 견해를 갖고 있는 반면 대도시 거주자들은 긍정적인 견해를 가지고 있는 것이다. 11년 기간 동안의 차이는 크지는 않지만 농어촌 지역과 중소도시 거주자들의 부정적 견해와 대도시 거주자들의 긍정적 견해가 강화됐다는 점이다. 이는 그 기간 중 대도시와 기타 지역간의 소득불균형이 심화되고 산업화의 혜택이 대도시에 집중되고 있다는 인식에 근거한 것으로 보인다.

(7) 개인의 권리의식

개인의 권리의식(individual right)은 자기 권익에 대해 적극적으로 주장하는 의식을 말한다. 개인의 권리의식이 약하다는 것은 집권층에 대한 자기 주장이 약한 것과 직결되기 때문에 정부에 대한 감독과 비판기능이 제대로 작동되지 않는 결과를 가져올 수 있다.

표 40: 개인의 권리의식 측정결과

연령	1984		1995	
	평균치	N	평균치	N
20-29세	13	533	0	373
30-39세	2	347	12	313
40-49세	5	345	1	302
50-59세	-16	216	-10	256
60세 이상	-20	102	-6	234
교육수준	**1984**		**1995**	
	평균치	N	평균치	N
초등교육	-17	487	-11	274
중등교육	4	703	7	616
고등교육	7	353	-2	591
거주지역	**1984**		**1995**	
	평균치	N	평균치	N
농어촌	-12	507	-6	300
중소도시	4	331	6	325
대도시	7	705	0	856

두 차례의 조사결과를 직접적으로 비교하는 것은 오류의 가능성이 있다.

왜냐하면 1984년 지표와 1995년 지표의 설문문항이 동일하지 않기 때문이다. 그러므로 공통적으로 사용된 문항을 중심으로 조사결과를 분석하기로 한다.

〈표 40〉에 나타난 1984년 조사결과에 따르면 연령이 증가할수록 권리의식이 미약해지는 것으로 나타났다. 반면 교육수준이 높아지면 권리의식이 향상되는 현상이 뚜렷이 보인다. 또한 대도시 거주자들이 농어촌지역이나 중소도시 거주자들에 비해 권리의식이 높은 것으로 나타났다.

그런데 1995년 조사결과에서는 다른 현상을 보이고 있다. 연령의 증가가 권리의식을 일률적으로 하락시키지 않는다는 점이다. 30대의 권리의식이 20대보다 높았으며 20대는 전체 응답자의 평균치 수준을 보이고 있다. 또한 권리의식이 가장 낮은 연령대가 60대 이상이 아니고 50대로 나타났다.

교육수준과 권리의식의 관계에서도 비례적인 상관관계가 나타나지 않았다. 권리의식은 중등교육 수준의 사람들이 가장 높았다. 거주지역에서도 같은 현상이 보이는데 농어촌지역 거주자들이 권리의식이 가장 낮았지만 권리의식이 가장 높은 응답자들은 대도시가 아니라 중소도시 거주자들이었다.

이같은 현상은 응답자들의 권리의식을 그대로 반영하는 것이 사실이겠지만 1984년과 1995년 두 차례의 조사에서 설문문항이 일치하지 않은 점에 영향을 받았을 수도 있다.

1984년과 1995년 조사에서 공통적으로 사용된 문항은 "가끔 법은 권력과 돈있는 사람을 위해 만들어진 것 같은 느낌을 준다." 하나이다. 그러면 이 문항과 관련해 두 차례의 설문조사는 어떤 차이가 있나를 살펴보기로 한다.

표 41: 개인의 권리의식 시기별 비교

설문 가끔 법은 권력과 돈있는 사람을 위해 만들어진 것 같은 느낌을 준다.

시기 / 응답	1984		1995	
	%	N	%	N
전적 동의	25.3	392	42.4	628
약간 동의	38.9	604	42.4	628
약간 반대	17.8	274	9.5	141
전적 반대	17.5	272	5.1	75
무응답	0.5	7	0.6	9
합계	100%	1549	100%	1481

우리 사회에서 법의 공정성과 형평성에 대해 강한 의구심을 보이는 응답자는 1984년 조사에서 25.3%를 차지했으나 1995년 조사에서는 42.4%로 크게 증가하였다. 약간 의구심을 표현하는 응답자도 같은 기간 38.9%에서 42.2%로 다소 늘어났다. 1984년 조사에서 응답자의 64.2%가 법의 공성성에 회의적인 반응을 보였는데 11년이 지난 1995년 조사에서는 응답자의 절대다수인 84.8%가 법의 공정성을 의심하고 있는 것이다. 그 기간 동안 한국사회는 민주화가 진행됐고 또 경제적으로 발전하였으나 국민들의 법에 대한 기대심리는 오히려 줄어든 것이다. 같은 설문조사를 현재 시점에서 조사했을 때 어떤 결과가 나올지 예측하기 어려우나 이러한 추세가 지속된다면 국민들은 법적인 방법이 아닌 다른 방법에 의해 자기의 권리를 지키려는 경향이 심화되는 심각한 현상이 벌어질 것으로 우려된다.

(8) 결론

종합적으로 보면 일곱 가지 정치문화적 속성 중 묵종성향, 의인주의 성향, 형식주의 성향 등 이 세 가지는 권위주의적 문화를 반영하는 것이고 신뢰성, 평등의식, 관용성, 개인의 권리의식은 민주주의적 정치문화를 말해주는 것이라 하겠다. 1995년 조사결과 그 전 조사에서 나타났던 묵종성향은 별다른 의미가 없는 것으로 나타났다. 즉 권위주의적 속성 중 하는 사라진 것이다. 이는 매우 바람직한 현상이라 하겠다.

그러나 의인주의는 아직 강하게 의식 속에 자리잡고 있는 것으로 나타나고 있다. 또한 평등의식은 상당히 높은 편이나 다른 의견에 대한 관용성과 개인의 권리의식은 아직 확실히 정립되지 않은 혼재된 모습을 보이고 있으며 타인에 대한 신뢰는 낮은 것으로 보인다. 전체적으로 권위주의적 속성과 민주주의적 속성이 혼재된 상태라고 하겠다.

일반적으로 우리 국민은 단일민족, 단일문화, 단일언어 등 동질성이 강한 집단이므로 그 정치의식과 문화 또한 동질성이 강한 것으로 평가되어왔다. 그러나 실증적인 조사결과를 보면 이질성이 높은 혼합문화이며 구분이 뚜렷한 하위정치집단으로 구성된 동태적 정치문화인 것을 알 수 있다.

도시화 정도에 따른 지역과 연령, 그리고 교육수준 등을 중심으로 살펴보았을 때 이들 하위집단이 보유하고 있는 정치적 태도와 가치정향은 심한 차이를 보이고 있다. 이러한 정치정향의 격차는 한국정치에 균열구조가 내재되어 있음을 말해주는 것이며 갈등이 잠복되어 있다고 할 수 있다. 이들 집단간 이익다툼이 첨예화되었을 때 타협의 가능성이 매우 낮은 것을 말해주며 최근 직능별, 지역별 집단이기주의 등이 만연해지는 현상의 배경을 말해주고 있다. 특히 지난 2002년 제16대 대통령선거에서 나타난 세대별 지지후보의 양극화는 세대간 가치관의 차이를 극명하게 보여주었다고 할 수 있다.

그러면 이같은 현상을 어떻게 극복할 수 있을까? 간단히 말하면 전반적인 교육수준의 향상은 배타적이고 권위에 묵종적인 정향을 불식시키고 타인에 대한 신뢰를 바탕으로 그들의 의견과 가치를 존중하는 민주적 가치관의 확대와 심화가 이루어질 것으로 기대된다. 오늘날 우리나라는 고등교육의 수혜자가 빠른 속도로 늘어나고 있으므로 장기적인 시각에서 볼 때 정치가 점점 안정되고 민주주의의 공고화가 꾸준히 진행될 것으로 전망된다.

제 13 장

정치불신

"우리나라의 행정규제와 권위의식이 없어지지 않으면
21세기에는 제 밥도 찾아먹기 어려울 것이다 ...
우리나라의 기업능력은 2류, 행정력은 3류, 정치력은 4류이다.

1995년 4월 13일, 삼성 이건희 회장의 북경발언

I. 서론

최근 국민들이 정부를 믿지 못하는 현상은 매우 우려할만한 수준에 이르렀다. 정부를 신뢰하지 않는다는 말은 단순히 정책을 집행하는 행정부에 대한 불신만을 의미하는 것이 아니라 정치권력을 장악 · 행사하고 있는 입법 · 행정 · 사법 3부를 모두 포함하는 불신을 말하는 것이다. 정치 전반에 대한 총체적인 불신이 심화되고 있는 것이다. 국민의 절대적인 기대수준에는 못미치지만 지난 1980년대 말부터 권위주의의 해체가 진행되면서 우리 사회는 인권이 향상되고 복지혜택이 증대되어 왔다. 그럼에도 불구하고 정치불신은 더욱 심화되고 있다. 국민생활이 향상되는데 불신은 오히려 높아지는 현상은 매우 이해하기 힘든 일이라 하겠다. 그렇다면 도대체 어떤 노력을 기울여야 하는 것일까?

정치불신은 우리나라만의 독특한 문제가 아니고 거의 전세계적인 현상이라 할 수 있다. 하버드대학교 연구팀의 조사결과에 따르면 미국민의 정부에 대한 신뢰는 지난 1960년대 중반 75% 수준에서 지난 1990년대 중반 25% 수준으로 하락하였다. 기본권 보장이나 제도의 합리성은 한국보다 월등히 높고 정치인과 관료들의 부패비리 수준은 훨씬 낮은 미국에서도 정부에 대한 불신 수준이 높아지고 있다는 사실은 정치불신의 대상자들 뿐 아니라 정치현상을 연구하는 정치학자들에게도 매우 곤혹스러운 문제를 제기하고 있는 것이다.

과연 정치불신은 치유될 수 있는 문제인가? 또한 정치불신은 정치과정을 왜곡시키고 민주주의를 훼손시키는 악영향만 있는 것인가? 아니면 이익의 배분 및 조정역할을 하는 정치에 순기능으로 작용할 수 있는 것인가? 그리고 정치불신의 대상은 무엇인가? 정책을 집행하는 정부인가? 정권을 담당하고 있는 집권세력인가? 여야를 포함하는 정치권 전체인가? 아니면 더 나아가 국가에 대한 불신인가?

그러면 우리 사회의 구성원 대다수가 심각하게 인지하고 있으면서도 그 개념정립이나 연구가 미흡한 정치불신을 분석해 보기로 하자. 이를 위해 먼저 정치불신이 의미하는 것이 무엇인가에 대한 개념정립을 시도하고 그 원인을 밝히고자 한다. 정치불신에 대한 원인분석을 위해서는 외국의 선행연구에서 적용된 가설을 활용하고자 하며 이중 우리 현실에 적합한 가설들을 살펴보기로 한다. 마지막으로 원인분석을 통해 나타난 문제점을 치유할 수 있는 구체적인 방안들을 제시하고자 한다.

참고적으로 정치불신과 관련된 학계의 연구업적이 미흡한 관계로 실증적인 자료의 활용이 매우 제한적임을 밝힌다.

II. 정치불신의 개념

정치현상을 연구하는 정치학의 주요 개념에 정치불신(political distrust)이라는 용어는 사용되지 않고 있다. 이와 유사한 현상을 외연하는 개념으로 정치적 불만(political discontent), 정치적 냉소주의(political cynicism), 정치적 소외(political alienation) 등이 사용되고 있는데 이들 개념은 모두 정치현상에 만족하지 못하거나 신뢰하지 않는 태도를 의미한다고 하겠다. 정치불신의 반대현상을 나타내는 개념은 정치신뢰(political trust)이다.(Muller · Jukam, 1977) 이러한 두 현상을 모두 포함한 것이 정치적 지지(political support)라는 개념이다. 즉, 정부나 정책에 대한 지지가 높을 경우 국민들의 신뢰감이 높고, 지지가 낮을 경우 신뢰감이 낮다고, 다른 말로 불신이 높다고 해석하고 있는 것이다. 이 글에서도 정치불신에 대한 분석을 시도하며 불신을 신뢰에 반대되는 개념으로 정의한다.

정치불신은 정치체제에 대한 부정적이고 평가적 정향 내지 판단을 가리키는 것이다.(Easton, 1975) 이는 행태적 개념이 아닌 정치적 태도(political attitude)를 지칭하는 것인데 심리학적 분류에 의하면 태도란 행동 이전의 심리적 준비상태를 의미한다. 태도와 행위 내지 행동은 반드시 일치하는 것은 아니다. 부연하면 선거 전에 실시되는 여론조사에 나타나는 여야에 대한 지지도는 유권자들의 태도를 측정한 것이기 때문에 그같은 결과에 일치하여 실제 득표를 하는 것은 아니다. 태도는 특정정당을 지지하는 것으로 나타나도 투표라는 행위로 연결되지 않을 수 있으며 또는 아예 태도를 바꾸어 상대측에 투표할 수 있기 때문이다.

따라서 태도를 나타내는 구체적인 지표들을 현실세계에서 찾아내 측정하기란 쉽지 않다. 정치적 태도를 측정하는 방법으로 여론조사가 많이 이용되는 이유가 바로 앞의 설명 때문이다. 정치불신과 관련된 지표로 정치적 시위나 파업, 시위의 폭력 수준 등을 예로 들 수도 있다. 이러한 집단행동은 불신과 불만의 표출이기는 하나 정상적인 정치과정을 심각히 왜곡시킨다는 면에서 정치불신의 차원이 아닌 정치불안의 차원에서 다루어지고 있다.

David Easton은 정치현상에서 나타나는 불신과 신뢰의 평가적 대상을 ▲ 정치공동체(political community), ▲ 정부체제(regime), ▲ 당국자(authorities) 등의 세 가지로 분류하고 있다.(Easton, 1965)

먼저 정치공동체란 국가의 정치권력이 작동되는 전체 영역을 의미하며 쉽게 말하면 국가 자체를 지칭한다. 이에 대한 불신의 예는 분리독립주의자들이나 소련 해체 후 대중들이 갖고 있는 불만, 북한이탈주민 등이 예가 될 수 있다. 정부체제는 권력 또는 권위구조와 그 정당화의 원리를 포괄하는 것으로, 흔히 쓰이는 "문민정부," "김대중 정권"보다는 넓은 개념이다. 국가의 헌법적 질서를 부인하거나, 정부정책의 이념적 성향에 불만을 가지는 것이 이에 해당된다. 당국자라 함은 입법 · 사법 · 행정 3부를 모두 포함한 권력행사자들을 의미한다. 이 경우 대개 행정부나 정부권력을 장악한 집권세력이 불신의 일차대상이 된다.

Easton의 분류를 국내정치에 적용해보자면 국가가 수여한 훈장을 반납하고 이민을 떠난다거나 하는 것은 정치공동체에 대한 불신이라 하겠으며 이념적 성향에 의해 대북정책에 근본적인 불신을 갖는 집단은 정부체제에 대한 불신을 하고 있다고 하겠다. 그러나 대부분의 정치불신은 권력행사자와 그들로 구성된 집단에 대한 불신이라고 하겠다. 따라서 불신의 일차 대상은 집권세력이 되겠지만 국민들이 야당을 대안세력이라고 인식하지 않을 경우, 정치권 전체에 대한 불신으로 확대되는 것이다. 집권여당에 대한 지지도가 지속적으로 하락하는데도 불구하고 야당에 대한 지지율이 상승하지 않는다면 이는 국민들이 정부에 대한 불신의 수준을 넘어서 정치권 전반에 대한 정치불신으로 이어진 것이라는 분석이 가능하다.

최근 정치불신은 국내정치에만 해당되는 얘기가 아니다. 미국의

NES(National Election Studies) 결과에 따르면 미국국민들의 정부에 대한 신뢰는 지난 1964년 75% 수준에서 1996년 25% 수준으로 저하된 것으로 나타났다.(나이, 2001) 지난 10년간 신뢰도가 30%를 넘은 적이 없다. 정부불신에 대한 극적인 사건이 지난 2000년대 초 사형집행을 둘러싸고 논란이 벌어진 적이 있는 티모시 맥베이(Timothy McVeigh) 사건이다. 티모시 맥베이는 지난 1995년 오클라호마시에 있는 연방정부 건물을 폭파하여 168명의 목숨을 잃게 했다. 그는 재판결과 사형선고를 받았는데, 사형제 반대주의자들의 형집행 반대시위로 사형집행이 연기되다가 2001년 6월 인디애나주 테러호트 연방교도소 사형집행실에서 독극물 주사에 의해 형이 집행되었다. 그는 걸프전에 참전하여 무공훈장까지 받은 경력이 있으나 정부에 대한 불신의 도를 넘어선 극도의 증오심에서 연방정부청사를 폭파한 것이다.

그림 4: 미국민의 정부에 대한 신뢰도

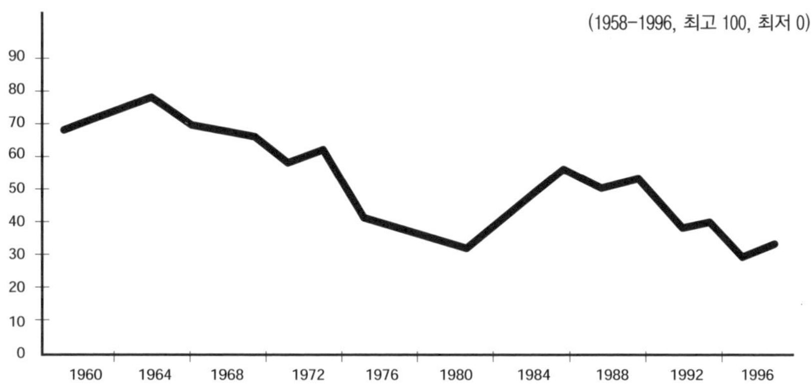

* 자료출처: Rosenstone, Steven J., Donald R. Kinder, Warren E. Miller, and the National Election Studies, American National Election Study, 1996 (웹싸이트: http://www.icpsr. umich.edu:8764/ICPSR/)

가까운 일본도 마찬가지이다. 지난 1980년대 말까지 전후 고속성장을 기록한 일본은 경제발전과 국민생활 향상에도 불구하고 정치에 대한 환멸과 불만이 팽배해왔다. 일본국민들의 정치에 대한 인상은 이미 오래 전부터 "부패,

리더십 실종, 무능, 밀실담합, 요정정치, 금권정치" 등으로 점철되어 있다. 지난 2000년대 초 물러난 모리총리에 대한 지지도는 한 때 10%를 밑돈 적도 있으며 지난 1989년부터 최근까지(2015년) 26년 동안 모두 18명의 총리가 바뀌어 평균 재임기간이 1년 반에 불과한 실정이다.

표 42: 미국민의 정부에 대한 신뢰도 (1994년) 최고 100, 최저 0

구 분	전체평균	26
성	집단	신뢰도
	남	26
	여	26
인종	백인	26
	흑인	26
지역	남부지역	29
	북부지역	25
학력	고졸 미만	29
	고졸	25
	대학중퇴	25
	대졸 이상	27
소득	고소득층	28.5
	중산층	25
	저소득층	26
직업	전문직	27
	사무직	25
	기술직	25
	단순노동	28
	농민	26
	주부	25
연령	1959-1974 생	27
	1943-1958 생	25
	1927-1942 생	25
	1911-1926 생	29
	1910 이전 생	30

* 자료출처: Rosenstone, Steven J., Donald R. Kinder, Warren E. Miller, and the National Election Studies, American National Election Study, 1994 (웹싸이트: http://www.icpsr. umich.edu:8764/ICPSR/)

지난 1976년 록히드사건이 발생하자 일본에서 경영의 신이라고 불리우는 마쓰시다 고소스케는 사재 70억엔을 들여 깨끗한 정치인을 양성하기 위한 "마쓰시다 정경숙"을 설립하였다. 우리나라에서도 지난 1992년 현대그룹의 정주영 회장이 정치인에 대한 극도의 혐오감을 표현하며 직접 대통령에 출마한 적이 있다. 유럽의 선진민주국가들도 비슷한 상황으로 알려져 있다.

정치와 정치인에 대한 국민들의 신뢰저하, 즉 정치불신은 전세계적으로 거의 보편적인 현상이다. 여기서 일반적이라 함은 집단에 따라 신뢰와 불신의 편차가 존재하는 것이 아니라 모든 집단과 계층에서 불신의 정도가 비슷하게 나타난다는 것이다. 〈표 38〉은 지난 1994년 미국에서 조사된 정치신뢰에 대한 결과이고 그래프는 미국민들의 정부에 대한 신뢰도를 그린 것이다. 〈표 42〉에 나타나듯이 불신의 정도는 성, 인종, 지역, 학력, 소득수준, 직업, 연령 등과는 무관하게 비슷한 수준을 보이고 있다.

III. 정치불신의 원인

그러면 이같은 정치불신의 원인은 무엇일까? 앞에서 정치불신은 정치신뢰와 반대되는 개념이라고 정의내렸다. 이 부분에서는 정치불신의 원인을 살피기에 앞서 국민들이 정치신뢰를 갖게 되는 이유를 먼저 살펴보기로 하겠다. 전통적으로 공공정책을 다루는 정치는 일정한 행위규범을 요구받고 있으며 이 규범들이 제대로 준수될 때 국민들은 신뢰감을 갖는다. 정치에 요구되는 기본적인 행위규범은 ▲반응성, ▲신뢰성, ▲공정성, ▲정직성으로 지적되고 있다. 정치행위에서 이러한 규범의 준수는 정치신뢰와 비례하고 정치불신과 반비례하는 것이다. 풀어 말하면 국민의 요구에 정치체제가 적절히 반응을 보이고, 정책결정이 국민의 이익을 위한 것이라는 믿음이 가면서 정책집행이 공정하고 정치인과 관료들이 비리에 연루되어 있지 않고 정직하다는 인식이 들면 국민들은 정치와 정치인을 신뢰하게 되는 것이다.

미국의 공공정책학자 Gary Oren은 정치불신 및 신뢰에 대한 기본공식을 다음과 같이 간단히 제시하고 있다.(오렌, 2001)

$$정치만족도(불신\ 또는\ 신뢰) = \frac{정치에\ 대한\ 인식}{국민의\ 기대}$$

여기서 정치에 대한 인식이란 실제 정치활동의 효과성과는 관계없이 국민들이 정치를 어떻게 이해하고 있느냐 하는 인식적 차원의 문제이다. 우리나라의 경우 지난 1980년대 이후 국민복지가 대폭 확대되었다. 그러나 국민들이 향상된 생활수준과는 관계없이 정부가 잘못하고 있다고 인식하고 있다면 그 평가는 나쁠 수 밖에 없다.

국민의 기대(expectation)는 ▲ 실질적 요구(wants)와 ▲ 희망적 기대(anticipation)라는 두 가지 요소로 구성되어 있다. 실질적 요구는 정책적 요인과 유사한 것으로 국민들이 정치가 해결해주기 바라는 구체적인 사안들이다. 실업해소, 깨끗한 환경, 소비자보호, 복지혜택 확대, 주택난 해소 등 직접 정부정책과 관련되어 있다. 희망적 기대는 구체적인 정책과 직결되지는 않으나 뭔가 잘되겠지 하는 막연히 부푼 꿈을 갖는 것이다. 그런데 실질적 요구는 국민들에 의해 자생적으로 발생하지만 희망적 기대는 정치인들이 이를 유발하는 경우가 많다. "신한국을 창조하겠다," "정의가 하수처럼 흐르는 사회를 만들겠다," 반칙과 특권이 없는 세상"을 만들겠다라는 등의 발언은 국민의 기대를 높이는 것이다. 미국의 경우도 비슷하여 선거 때마다 이러한 구호성 발언이 쏟아져 나오지만 국민들의 항체 형성으로 최근 전체적으로 기대수준이 떨어지고 있다.

정치에 대한 인식이 안좋고 반면 국민의 기대가 높다면 정치만족도는 저하되며 정치불신은 증가하는 것이다. 그런데 국민들의 부정적인 정치인식을 단기간 내 전환시키기는 거의 불가능하므로 국민들의 희망적 기대수준을 적절히 조정하는 노력이 필요하다고 하겠다. 지난 1996년 재선을 추구하는 미국의 클린턴 대통령은 선거공약을 적게 내걸어 국민의 기대수준을 낮추려고 시도한 적이 있다. 그런데 문제는 그렇게 할 경우, 유권자를 실망시키거나 언론으로부터 내용이 부실하다는 비판을 받을 위험성이 있다.

하바드대학 케네디행정대학원은 미국민의 정부에 대한 불신을 집중적으로 연구하여 그 결과물을 내놓았다. 그 연구는 정치불신에 대해 다음과 같은 7가지의 주요 접근방식과 관점을 제시하고 있다.(나이, 2001) 그 관점들을 요약하면 다음과 같다.

1. **경제적 관점** : 정부 경제정책의 실패가 국민들의 불신을 키운다는 것을 강조한다. 너무나 당연한 지적이라 하겠는데 개혁을 통해 국가경쟁력을 키운다는 명목으로 대대적인 구조조정을 시도하였으나 결과는 실업율만 높아진 것으로 나타난다면 불신이 커질 수 밖에 없을 것이다. 그런데 실증적 연구를 보면 특정 경제정책에 의해 득을 본 계층도 손해를 본 계층과 비교하여 신뢰도가 높지 않다는 결과도 있다. 이는 경제정책이 불신의 필요충분요인이 아니라는 사실을 말해주는 것이다.

2. **사회학적 관점** : 현대대중사회의 개인주의적 성향이 불신의 만연을 초래하고 있다는 것을 강조한다. 일부 연구에 따르면 개인 사이에서 다른 사람에 대한 불신감이 큰 사람이 정치불신지수도 높다는 결과가 있다.

3. **정치학적 관점** : 현대민주주의는 다원주의의 확산으로 인해 국민들이 정부나 정치에 대해 일관성있는 충성이나 지지를 보내지 않는다고 지적하고 있다. 그리고 정

치인의 스캔들이나 관료의 부정부패가 불신을 심화시킨다는 것이다.

4. **기술 · 관리적 관점** : 선거를 중심으로 한 정치과정의 산업화로 인해 오히려 국민들이 정치로부터 심리적 거리감이 생김으로써 정치불신이 발생한다고 주장하고 있다. 정치관리의 과학화는 유권자들의 관심을 끌려는 이벤트성 행사에 치중하게 되었다. 이벤트성 행사의 빈발은 국민들로 하여금 "정치는 쇼다"라는 인식을 갖게 만들고 자신이 여론조작의 대상이라는 의구심을 불러일으킴으로써 정치를 불신하게 된다는 것이다.

5. **구조적 관점** : 정당이 그 역할을 정책개발이나 제시를 통한 지지기반의 확대가 아니라 오로지 정권을 장악하기 위해 전력투구함으로써 반대를 위한 반대와 상대방 공격에 치중하게 되었는데 이것이 정치불신을 야기한다는 것이다. 여야는 전문성과 각종 정보를 총동원하여 자신들의 입장을 합리화시키려 노력하며 이것이 오히려 국민들을 혼란에 빠뜨린다는 것이다. 즉, 권력장악을 위한 상시적인 정쟁이 정치불신을 초래한다는 것이다.

6. **언론책임론** : 언론은 시청율을 의식하여 정치를 선정주의와 상업주의에 입각하여 묘사하고 이것이 정치불신을 심화시킨다는 것이다. 언론은 여권비판에는 야당과 공동보조를, 정치권 전체에 대해서는 시민단체들과 공동보조를 맞추는 등 대안없는 비판만 한다는 것이다.

7. **정부역할 기인론** : 국민들은 큰 정부(big government)에 익숙해져 있어 국민생활 전체에 대해 정부가 책임지고 있다고 기대하고 있으며 이러한 과잉기대가 충족되지 않을 경우 정부와 정치를 비난하게 된다는 것이다. 이러한 기대와는 달리 정부의 역할수행에 필요한 비용, 즉 세금부담은 피하려고 하는 모순된 태도를 보이고 있다.

한편 게리 오렌(Gary Oren)은 국민의 정치에 대한 만족과 불신을 결정하는 요인들을 좀더 세밀화시켜 다음과 같이 제시하고 있다.(오렌, 2001) 먼저 장기적인 요인으로 ▲ 전통적 회의주의와 ▲ 탈물질주의적 가치관의 확산이다. 일반 대중은 권력행사에 대해 전통적으로 의구심을 갖고 있으며 후기산업사회에 진입하면서 정치를 비롯한 사회의 모든 권위를 부인하고 이에 도전하려는 경향이 나타난다는 것이다. 이러한 지적은 우리나라에도 적용된다고 하겠다.

이와 함께 단기적 요인으로는 ▲ 성과, ▲ 정책, ▲ 도덕성, ▲ 정부비난을 제시하고 있다. 장기적 요인은 정치 외적 요인이라는 점에서 외부적 요인이며, 단기적 요인은 정치권 내부의 문제라는 점에서 내부적 요인으로 분류될 수 있을 것이다.

성과란 정치와 정부업무의 효율성에 대한 평가를 의미한다. 그런데 그 평가가 과거와 비교되는 것이 아니라 현재 국민의 기대치를 얼마나 충족시키느냐에 달려 있으며 정치와 관련된 모든 성과지표가 똑같은 비중으로 평가되지 않는다는 점에서 정치불신의 가능성은 높아지는 것이다. 쉽게 말하면 잘하고 있는 것은 당연한 것으로 받아들이고 마음에 안들거나 못하는 것을 기준으로 정치를 평가하는 경향이 있기 때문에 국민들은 정치만족보다 정치불신의 감정을 갖게 되는 것이다. 정책부분은 특정정책에 대한 거부감을 말한다. 이 거부감은 정책에 따른 불이익 때문에 발생할 수도 있고 이념적 성향에 의해 나타날 수도 있다. 예를 들어 노무현 정권 당시 정부적 차원의 대북지원은 전임정권에 비해 그 액수가 적음에도 불구하고 대북유화정책에 거부감을 갖는 집단이나 계층은 정부정책을 불신하게 되는 것이다. 반대성향이 불신으로 이어지는 이유는 국내 실업문제나 교육문제와 같은 급한 사안이 산재되어 있는데도 불구하고 정권이 엉뚱한 일에 노력을 기울인다는 인식이 들기 때문이다.

앞의 단기적 요인들이 정치의 효율성과 관련된 것들이라면 도덕성은 정치행위자의 정당성과 관련된 요인이라 하겠다. 정치나 정부가 신뢰를 유지할 수 있는 가장 중요한 요인은 정치인들이 공익을 다룰 자격이 있다는 것을 국민들로 인정받아야 하는 것이다. 그런 점에서 최근 정치인과 정부의 품위는 국민들이 생각하기에 급격하게 악화됐다고 판단된다. 미국의 경우, 클린턴 대통령 임기 중 르윈스키 스캔들, 우리나라의 경우 정치인이 연루됐다는 의혹을 가진 금융사고의 발생은 국민들이 정치인에게 부여했던 정당성을 철회하기에 충분한 것이다.

이 도덕성은 비리로부터의 자유스러움이나 정직성, 즉 전체적인 윤리성과 관련이 있지만 일관성도 중요한 요소를 형성하고 있다. 일관성 유지에 실패할 경우 비록 거짓말을 한 것은 아니지만 신뢰감을 주지 못하기 때문에 정부나 정치인의 말을 불신하게 되는 것이다. 어느 나라를 막론하고 정치에서 등장하는 언어적 수사와 실제와의 괴리폭은 크기 때문에 정치인은 거짓말쟁이라는 인식이 국민들 사이에 깊이 박혀 있는 것이다.

마지막으로 정치불신의 단기적 요인으로 정부비난을 들 수 있다. 이와 관련하여 언론을 그 주역으로 생각하기 쉽다. 여야 정당 사이에서 상호비방이 끊임없이 진행되고 이를 언론은 확대재생산하여 보도함으로써 정치 전체에 대한 불신감을 고조시키는 것이다. 언론 내부적으로는 일선기자들이 권위에 도전적인 탈물질주의적 가치관을 가지고 있기 때문이다. 그리고 정치현상을 다루는 정치기사들이 현상의 내용인 정책을 취급한다기 보다는 인물 위주로 기사가 작성되는 것도 정치불신을 가중시키는 요인이라 하겠다. 정책 위주의 기사는 정치에 대한 이해를 높이나 인물 중심의 기사는 긍정적 내용보다는 부정적 내용을 다룰 수 밖에 없기 때문이다.

또한 언론은 중립적 태도를 강조하며 정치쟁점을 진상규명이 아닌 진상나열식으로 다루며 양비론적 시각을 적용하는 사례가 많다. 구체적인 예를 들면 "폭로와 대치, 고발과 수사, 새해 벽두부터 정치권은 이런 일그러진 얼굴을 하고 있습니다," "여야의 공방전은 고발과 맞고발로 이어지면서 갈수록 거칠어지고 있습니다," "농성과 몸싸움으로 시작해 하루종일 지루한 말싸움과 줄다리기를 계속했던 의회표정을 전해드리겠습니다" 등이다.(MBC 뉴스데스크, 2001년 9월 10일)

Ⅳ. 한국정치와 정치불신

앞에서도 언급하였지만 국내정치의 정치불신을 심도있게 다룬 연구결과는 없다. 일반 국민은 물론 정치인 집단 스스로 정치불신이 높다고 인식하고 있지만 이를 측정한 여론조사결과는 없다. 다만 한 여론조사결과를 보면 가장 시급히 해결해야할 국내과제로 경제불안(24.6%), 물가상승(18.3%)에 이어 정치불신(13.3%)이 3위를 차지하고 있다. 정치불신의 이유로 정치가 민생문제의 해결에 등한시하고 있다는 응답이 주종을 이루고 있다.(『동아일보』, 2000년 10월2 0일)

(1) 정치불신과 정당비호감도

국내정치의 정치불신과 관련한 간접적인 지표로 정당호감도와 투표율이 원용되고 있다. 여론조사에 나타나는 "지지하는 정당이 없다"라는 응답과 투표율의 하락을 정치불신으로 판단하는 경향이 있다. 그러나 정당지지도와 정치불신의 상관관계는 매우 조심스럽게 해석되어야 할 부분이다. 대부분의 경우 지지정당이 없다는 응답은 정치적 상황에 따라 일시적인 반응일 수 있으며 실제 주요 정당의 득표율은 여론조사의 결과보다는 높게 나타나고 있다. 정당에 대한 호감도를 정치신뢰로, 비호감도를 불신으로 해석한다면 역대 여론조사결과로부터 유추해볼 때 호남주민의 정치신뢰가 가장 높고 강원주민의 정치불신이 가장 큰 것으로 해석될 수 있다. 그런데 강원도 지역의 투표율이 전국평균보다 높은 것은 이해가 되지 않는 일이다.

지역성에 근거한 정당구조라는 국내정치의 특수성을 고려해볼 때 정당에 대한 호감 · 비호감은 정치불신을 직접적으로 말해주는 지표라고 단정지을 수는 없는 것이다. 유권자들이 정치불신이 높다면 선거를 통해 변화를 추구해야 할 것이다. 그러나 지난 1985년 12대 총선 이후 기존 정당과 차별성을 갖는 정당이 제도권 진입에 성공하여 뿌리를 내린 예는 매우 드물다. 정당에 대한 지지도가 전체적으로 낮아지고 있는 추세를 보이는 것은 지역성에 기반한 정당일체감이 약해지고 있는 것을 반영하는 것일 수도 있다. 다만 여권에 대한 지지철회가 야당에 대한 지지로 이전되지 않는다면 이는 국민들이 여야 모두를 신뢰하지 않는다는 것을 의미하므로 정치불신이 심화되었다는 의미로 받아들여도 큰 무리는 없다 하겠다.

(2) 투표율과 정치불신

흔히 투표율의 저하를 정치불신의 지표로 삼는다. 그러나 선거참여에 영향을 주는 요인들에 대한 체계적인 분석없이 그렇게 단정짓는 것은 호도적일 위험성이 있다. 대개 투표율은 대선, 총선, 지방선거의 순으로 높게 나타나는데 대통령, 국회의원, 자치단체장 및 의원 순으로 불신의 폭이 커진다고 해석할 수는 없는 것이다. 그러나 신뢰대상에 대한 관심보다 불신대상에 대한 무관심이 더 크다고 볼 때 투표율 하락에는 정치불신요인이 내재되어 있는 것은 사실이다.

표 43: 역대 대통령선거 및 국회의원선거 투표율

선거명	투표율(%)	
	대선	총선
1대	간접선거	96.5
2대	88.1	91.9
3대	94.4	91.1
4대	97.0	90.7
5대	85.0	84.3
6대	83.6	72.1
7대	79.8	76.1
8대	간접선거	73.
9대	간접선거	73.0

10대	간접선거	77.1
11대	간접선거	78.4
12대	간접선거	84.6
13대	89.2	75.8
14대	81.9	71.9
15대	80.7	63.9
16대	70.8	57.2

* 자료출처: 중앙선거관리위원회 웹싸이트(http://www.nec.go.kr/tgm_index.html)

위의 〈표 43〉에 나타나듯이 대통령선거와 국회의원선거의 투표율은 비슷한 추세를 보이고 있는데 권위주의가 해체되고 민주화가 시작된 지난 1980년대 말부터 두 선거의 투표율이 하락추세를 보이고 있는 가운데 국회의원 선거의 투표율 저하는 매우 급격히 발생하고 있다. 이를 정치적 무관심 및 정치불신과 관련하여 분석할 때 오랜 정치투쟁 끝에 얻은 민주화로 정치에 대한 관심이 일시적으로 낮아진 것인지, 민주화의 결과 출범한 정권의 국정운영의 효율성과 생산성이 낮아져 정치불신이 심화된 것인지, 두 요인 다 작용한 것인지 명확한 해석이 어렵다고 하겠다.

V. 정치불신 해소방안

정치가 국민들로부터 신뢰를 회복하여 불신으로부터 벗어나려면 정치권의 도덕성 확립이 최우선 과제라 하겠다. 이익을 둘러싼 다양한 집단들 사이에 갈등이 충돌하는 민주주의에서 정치의 효율성은 그 한계가 있기 마련이며 그렇다면 신뢰의 유지는 효율성이 아닌 도덕적 품위의 유지가 관건이라 하겠다. 이와 함께 현재의 국내정치 상황과 관련하여 정치불신을 해소할 수 있는 방안을 다음과 같은 여섯 가지로 정리해 보았다.

1. 개혁의 확대 및 강화: 진보진영의 지식인들이 강조하고 비슷한 성향의 정치인들이 동조하는 방안이다. 지속적인 개혁의 추진을 통해 비리구조를 일소하여 정치를 비롯한 사회 각 분야의 효율성을 제고시켜 국가경쟁력을 강화하는 것만이 정치가 국민들로부터 신뢰를 회복할 수 있다는 주장이다. 그러나 이것의 문제점은 경험적으로 지난 20년 넘게 개혁을 추진해왔으나 국민들은 가시적인 성과를 느끼지 못하고 오히려 정치불신이 심화된 사실이다. 개혁론은 국민들의 기대수준을 상승시켜 그 결과가 기대에 미흡할 경우 정치불신을 가중시킬 위험성이 있다. 또한 개혁은 주도권을 장악 · 유지하고 있을 때 의도된 효과를 거둘 수 있는 것이다. 권력행사의 한계가 명백할 때는 아무리 좋은 명분을 내세워도 새로운 규율과 관행의 창출을 시도하는 개혁조치는 실패할 가능성이 높다. 실패는 정치불신을 높일 것이다.

2. 정치과정의 투명성 제고: 정치와 행정의 투명성을 높여 국민들의 오해나 의구심을 해소시키는 것이 정치불신을 없애는 방안이라는 주장이다. 투명성 제고는 전통적으로 우리 국민들이 가지고 있는 그릇된 정치에 대한 인식을 바로 잡을 수 있는 수단이라는 것이다. 또한 투명성이 높아지면 정치권의 자정능력 수준도 비례될 수 밖에 없기 때문에 정치발전을 이룰 수 있다는 것이다. 정보의 공개 등을 통한 정부가 가지고 있는 자료의 공유는 국가 전체의 경쟁력을 높이는 효과를 가져올 것이다. 한편, 정치와 행정에서의 정책집행과정, 정치자금 및 예산사용내역 등이 투명화의 내용에 반드시 포함되어야 하는데 이는 현실적으로 불가능하다. 이러한 것들이 적나나하게 공개될 경우 오히려 국민들의 실망을 초래할 수 있다.

3. 상호비방 자제: 여야간의 상호비난은 결국 제살깎아 먹기나 다름이 없다. 비판의 수준을 낮추는 것이 국민들의 실망을 적게 하는 것이다. 상호비방은 여야 사이의 불신을 깊게하고 타협의 여지를 좁히는 결과를 가져와 극한대결로 이어질 개연성이 높다. 국민에게 불신받는 정치권이 스스로 상호비방을 하는 것은 공멸을 자초하는 것이다. 그러나, 공익을 다루는 정치에서 잘못된 점은 비판받아야 한다. 특히, 권력의 오만이 심각한 국내정치에서 권력의 오 · 남용을 심각히 비판하지 않을 경우 국민의 기본권이 침해 당할 위험성이 높으며 정치가 권위주의화할 가능성도 있다. 국내정치는 아직 "승자독식" 원칙이 기본틀을 형성하는 주요 요소 중의 하나이다. 비판의 강도가 낮을 경우, 상대방의 존재를 인정하지 않고 아예 멸절시키려는 것이 한

국정치문화이다.

4. 공약남발 자제: 정치가 국민에게 제공하겠다는 서비스의 양을 줄여 국민의 기대수준을 낮추는 방안이다. 무리한 선거공약의 남발은 집권 후 역기능을 가져온다. 최근 국책사업의 비효율성이 문제가 되고 있는 것은 공약의 남발 때문이다. 대선공약의 졸속추진이 예산편성 및 집행의 왜곡성을 심화시키고 결국 정책실패로 이어짐으로써 정치불신을 가중시키는 것이다. 반면, 정책으로 구성된 공약은 정당이 국민들에게 제공하겠다는 서비스의 내용이다. 이를 인위적으로 줄인다는 것은 정당의 의무를 유기하는 것이다. 공약은 정치쟁점의 선점 및 주도권 장악과도 밀접한 관계가 있으므로 이를 자제하는 것은 선거라는 전투에서 전력을 스스로 약화시키는 것이다. 실제 지역개발과 관련된 공약은 득표율과 밀접한 관계가 있으므로 이를 자제하는 것은 선거에 이길 의지가 없는 것이나 다름없다.

5. 정치권 물갈이 및 세대교체: 결국 정치불신은 제도보다는 사람에 대한 것이다. 이를 해소하는 방안은 불신받는 정치인을 퇴출시키고 신뢰받을만한 인물로 충원하는 것이다. 과거 여러 차례의 선거를 통해 세대교체, 정치권 물갈이, 젊은 피 수혈 등의 시도는 우리나라 정치사에서 꾸준히 실행되었다. 그러나 그러한 시도가 국민들의 정치불신 해소에 기여했다는 실증적인 증거는 없다. 더군다나 정치불신 시대에는 도덕성, 전문성을 갖춘 인물들이 정치에 참여하기를 기피한다. 책임감있고 유능한 예비정치인들은 정치존경시대에 수혈될 수 있다. 이 방안에 내포되어 있는 패러독스는 정치존경시대에는 물갈이가 필요없고, 물갈이가 필요한 정치불신 시대에는 좋은 인물을 영입할 수 없다는 점이다.

6. 정계개편: 앞의 방법보다 좀더 획기적이고 근본적인 방안으로 소위 판을 새로 짜는 것이다. 정치발전을 저해하고 정치불신을 야기하는 가장 큰 요소의 하나로 지적받는 지역주의를 극복하기 위해 국내정치의 정당구조를 헤쳐모여 방식을 통해 완전히 바꾸어 놓는 것이다. 현 정치상황에 대한 불만족이 정치불신의 원인이고 정치불신의 대상집단이 획기적인 변화를 원한다면 정계개편을 통해 변화를 보여줌으로써 불신감을 약화시키고 일단 국민들의 기대감을 불러일으킬 수 있다. 이러한 방안의 문제점은 무엇보다도 개편을 주도할 세력이 없다는 점이다. 현 정당구조에서의 기득권을 포기하고 불확실성이 높은 새로운 정당구조로의 전환에 동의할 세력이 많지

않다는 점이다. 또한 개편에는 새로운 축이 필요하다. 기존 정당구조의 축은 지역성이다. 그렇다면 정계개편이 구축하려고 하는 정당구조의 축은 무엇인가? 남북문제, 이념, 세대, 정책 등 여러 가지가 거론될 수 있으나 아직 국내정치에서 가장 강력한 균열요소와 행위규범의 축은 지역성이다. 이를 극복하고 정계개편을 성공시키기란 쉽지 않다.

VI. 결론

"역사의 종언"으로 유명해진 프랜시스 후쿠야마(Francis Fukuyama)는 그 후 발간된 그의 저서에서 "강한 공동체적 연대를 가진 사회는 고신뢰사회이며 공동체적 연대가 무너진 사회는 저신뢰사회이다. 공동체적 연대와 결속은 경제적 도약의 기초이다"라고 주장하고 있다.(후쿠야마, 1996) 그의 말을 빌리지 않더라도 신뢰가 사회적 자본이라는데는 대다수가 동의하고 있다. 한 사회에 불신이 팽배하면 신뢰가 높은 사회에서는 부담할 필요가 없는 일종의 세금을 정치, 경제를 포함한 모든 사회활동의 대가로 지불해야 한다. 이는 그 사회 또는 국가 전체의 생산성과 효율성을 저하시키기 마련이다.

정치와 공공정책을 집행하는 정부가 신뢰를 상실하였을 때 정부프로그램을 시의적절하게 개혁하고 이를 철저하게 집행하기가 어려워진다. 정부기능의 불능상태로 이어질 수도 있다. 그 결과 정부정책에 대한 기대감이 지속적으로 훼손됨으로써 언론의 지지와 국민의 동의 및 만족을 이끌어내지 못하는 악순환이 반복되고 만다. 정치과정에서도 불신은 합의를 어렵게 만들고 대화와 협상, 그리고 타협문화의 형성을 불가능하게 한다. 즉, 국가의 실패로 이어질 가능성이 있는 것이다.

정치에서 신뢰와 불신의 문제는 다음과 같은 세 가지 질문을 통해 살펴볼 수 있다. 정치불신이 높은 경우,

1. 국민들은 세금과 같은 자원을 기꺼이 제공하겠는가?
2. 유능한 젊은 이들이 정치엘리트나 정부관료를 지망하겠는가?
3. 국민들이 자발적으로 법을 준수하겠는가?

이에 대한 답은 분명히 부정적이라 하겠다. 조세저항이 일어나고 똑똑한 젊은 이들이 공직을 기피하며 국민들이 법을 안지키는 사회. 이것이 정치불신이 가져올 수 있는 최악의 예상결과이다. 그런 조짐이 이미 우리 사회에 발생하고 있지는 않는가?

앞의 비관적인 견해와는 달리 정치불신을 좀더 적극적으로 해석할 수 있다. 민주주의는 정부와 정치지도자들에 대한 경계심과 회의에 의해 발전될 수 있다는 주장이 설득력이 있다면 이 경계심과 회의가 바로 정치불신으로 나타난다는 것은 정치의 활성화에 기여하는 부분이 되는 것이다. 정치권이 국민들 사이의 정치불신을 느끼지 못한다면 또는 국민들의 불만이 정치불신으로 나타나지 않고 무관심 수준에 머물러 있다면 정치는 국민들의 기대와 요구에 관심을 보이지 않을 것이다. 그것은 정치정체를 가져올 것이다. 둘 중 어느 견해가 국내정치의 정치불신을 해석하는데 더 효용성이 있는 것일까?

현대정치에서 보편화되고 있는 정치불신은 불가피한 측면이 있다. 근본적으로 국민들은 정치와 정부가 돈을 많이 쓰면서도 자신들의 요구를 충족시키지 못하고 있다고 생각하고 있다. 이차세계대전 이후 대부분의 국가가 복지국가를 지향하면서 정부의 역할과 기능은 비약적으로 확대되어 왔다. 국가가 국민의 기대수준을 너무 높여 놓은 것이다. 반면, 그러한 기대가 충족되려면 국민은 더 많은 세금을 부담해야 하나 이같은 세금인상을 환영하는 국민은 소수이다.

미국의 경우 1929년 연방예산이 국민총생산의 3% 수준에도 못미쳤다. 최근은 약 20% 수준이며 정부의 모든 공공지출은 국민총생산의 1/3에 이른다.(Rivlin, 1992) 정부의 프로그램이 지속적으로 확대되었고 이는 국민의 기대를 비례적으로 상승시켰다. "요람에서 무덤까지"라는 현대복지국가를 상징하는 구호가 정치불신의 배태 가능성을 말해주고 있는 것이다.

민주주의가 심화되고 경제가 발전하여 다원주의가 확산될수록 정치는 사회통합의 정책을 만들어내기가 힘들다. 국가영역에서 다원성을 보장하는 원심력은 혼란과 혼돈으로 이어질 가능성이 있고 국가권력을 중심으로 한 구심력의 강화는 독재와 권위주의라는 비판과 동시에 사회의 역동성을 저하시킬 수 있는 위험성이 있다. 이것이 현대민주정치의 딜레마이다. 국가권력을 축으로 하는 구심력을 이용해 사회 각 분야의 원심력을 제고하겠다는 신자유주의가 국가 전체의 경쟁력은 강화시켰을지 모르지만 부익부 빈익빈 현상의 심화로 인해 사회통합을 저하시키는 결과를 빚은 것이 바로 그 예이다. 경쟁력 강화로 인해 국부가 증대되었다고 해도 자신이 실직을 했다면 누가 그 정부와 정치를 신뢰하겠는가?

우리나라의 경우 임진왜란 이후 정치엘리트를 포함한 지배계층이 민중의 신뢰를 받은 적이 있을까? 삼정의 문란이 시작된 조선 중기 이후 지배계급은 지속적인 민란에 시달렸고, 구한 말 개혁을 상징하는 조치의 하나인 단발령에 반발하여 전국적으로 의병이 거병하고, 인민군이 서울을 향해 물밀 듯이 쏟아져 내려오는데 정부는 "국군이 점심은 평양에서 저녁은 신의주에서 먹을 것"이라는 녹음을 남긴 채 피난을 떠나고, 쿠데타가 발생했는데 총리는 잠적하고, 국정최고책임자가 수 천억원의 정치자금을 비축하고, 경제정책운용 미숙으로 국민경제를 10년 이상 후퇴시키는 등의 정치행태가 반복되었는데 국민들의 신뢰를 기대할 수는 없다. 정치불신은 역사적 경험을 통해 우리 국민들에게 내재된 태도라고 할 수 있다.

앞의 지적이 타당성이 있다면 국내정치와 관련하여 정치불신이 가지고 있는 의미를 두 가지만 지적하기로 한다.

첫째, 일단 한국정치에서 정치불신은 상수로 간주해야 한다. 특히 국민성에 내재되어 있는 양가적 태도(ambivalent attitude)는 정치불신과 정치신뢰의 전환을 즉시적으로 발생시키는 경향을 보이고 있다. 김영삼 정권 초기 대통령에 대한 지지도가 정치적 비우호집단인 호남주민들 사이에서도 급격히 치솟아 전국적으로 90%를 상회하였는데, 그후 불과 2년도 안돼 지방선거에서는 참패를 경험하였다. 김대중 정권 초기 외환위기를 극복하는 강력한 수단 중의 하나가 장롱에 비축되어 있는 금을 모아서 수출하자는 정부의 "금모으기" 캠페인에 전폭적인 신뢰를 보이며 349만 명이 참가한 것은 불신과 신뢰의 전환성을 말해주는 대표적인 사례라 하겠다. 정치불신을 상수로 놓았을 때 그것의 일차적인 대상은 집권세력이다. 야당이 국민들로부터 대안세력으로 인정받을 경우, 반대급부를 향유할 수 있다.

둘째, 정치불신은 단기간 내에 불식시킬 수 없다. 또한 불신도를 낮추기 위해 국민들에게 기대를 너무 하지 말라고 요구할 수도 없다. 즉, 국민의 신뢰를 회복하는 지름길은 없다. 다만 정치인으로서 공직윤리의 강화는 신뢰회복에 어느 정도 효력을 발휘한다. 공직윤리는 도덕성, 책임감, 성실성, 정직성 등 고도의 자기희생과 전문성이 뒷받침되어야 하는 것이지만 실제 현실정치에서 가장 요구되는 것은 정직성과 함께 일관성이다. 지난 1980년대 초반 레이건 대통령 초임 기간 중 지지도와는 별개로 미국민들의 그에 대한 신뢰도가 높았던 이유는 비록 그의 정책에 동의하지는 않았어도 정책의 철학적 일관성을 인정했기 때문이다. 일관성이 있어야 예측이 가능하고 불확실성이 제거되는 것이며 국민들의 불안감이 완화될 수 있다. 그러면 신뢰감이 생성된다고 하겠다.

현대사회에서 정치에 대한 불신은 전 세계적인 현상이긴 하지만 이는 의례적인 부정주의의 표출이며 지속적인 불화라기보다는 일시적인 동요일 수 있다. 국민들의 정치불신에 정치엘리트들이 관심을 가져야 하지만 그것을 불안요인으로 삼아서는 발전을 위한 장기적인 국가대계를 세우기가 힘들다. 민주정치는 여론정치이고 대부분의 민주국가에서 정치인들은 국민들에게 다가가 여론을 청취하고 이를 정책에 반영하려 노력해왔다. 그럼에도 불구하고 정치불신의 수준은 높아지는 것이 현대정치의 딜레마이다.

제 14 장
지역감정

우리나라 정치의 가장 큰 문제점으로 많은 사람들이 지역갈등을 지적하고 있다. 지역감정의 치유와 지역갈등의 해소를 위해 정부와 시민단체들이 많은 노력을 기울였지만 큰 성공을 거두지 못했다. 지역갈등이 논의될 때 가장 많이 사용되는 용어인 지역감정은 사실 모호한 개념이다. 개념 자체만 보면 자기 지역이 아닌 타지역과 그 지역 주민들에게 느끼는 주관적 감정을 의미한다. 이 감정에는 긍정적, 부정적, 중립적 의미 모두가 포함된다. 우리 사회에서 문제가 되고 있는 지역감정은 주로 부정적인 측면이다.

지역감정에 바탕을 둔 지역갈등은 둘 이상의 지역간에 정치, 사회, 경제적 이해관계가 상충되면서 서로 상대를 경원시하고 적대적 관계로 발전한 것이다. 지역감정은 어떤 형태든 존재할 수 있으나 지역감정이 반드시 지역갈등으로 현재화하지는 않는다. 우리나라의 경우 선거 때마다 특정지역이 특정정당을 집중적으로 투표하는 행태가 반복됨으로써 지역갈등이 재현되고 있다.

한편, 지역주의는 지역감정이나 지역갈등보다 다소 약한 개념이다. 약하다는 뜻은 상대방을 경원시하는 노골적인 갈등이나 상호대립하는 직접적인 대립현상은 나타나지 않는다는 의미이다. 단지 자기 지역의 이익을 중심으로 생각하고 행동하는 것으로 지역중심주의와 동일한 뜻을 갖는다. 지역중심주의가 강화되면 지역이기주의가 되며 극단화될 경우 지역패권주의로 발전하게 될 가능성이 있다. 즉, 타지역을 무시하고 억압하면서 자기 지역의 이익만을 추구하는 형태이다.

지난 1980년대 말 권위주의의 해체 이후 우리나라에서 폭발적으로 나타난 지역감정의 대두원인을 찾기 위해 정치학은 물론 경제학, 사회학, 심리학, 사학 등의 분야에서 많은 학문적 관심을 기울여 왔다. 이들 연구의 공통된 가정은 지역주의 대두의 근원에는 정당과 정치인들의 권력경쟁보다는 좀더 근본적이며 구조적인 원인이 존재할 것이라는 것이다.

우리나라 지역주의의 원인에 대한 학계의 연구결과는 크게 다음과 같은 세 가지로 요약될 수 있다. 첫째, 급속한 국가주도의 산업화과정에서 발생한 지역간 사회경제적 발전의 격차, 둘째, 권위주의정권 하에서 폐쇄적 · 자의적인 정치사회 엘리트 충원, 셋째, 전통적으로 내려온 지역민 간의 고정관념 및 편견 등이다. 이들 원인에 대해 간단히 살펴보기로 한다.

I. 지역간 불균등한 사회경제적 발전

지난 1960년대 초 산업화 추진 이후 정부주도형 경제성장정책의 결과 영남지방과 호남지방의 격차가 발생했고 이것이 지역감정과 갈등의 원인이 되었다는 주장이 설득력을 얻고 있다. 지난 1990년 한국사회학회의 조사결과에 따르면 우리나라 사람 가운데 상당수가 경제발전과정에서 영남지방이 혜택을 가장 크게 보았고(응답자 중 41%) 호남지방이 가장 낙후되었으며(46%) 이는 근본적으로 정부의 차별적 정책에 기인한다고 생각(65%)하고 있는 것으로 나타났다.(이갑윤, 1998)

영남과 호남지역 사이에는 그동안 산업화과정의 결과, 여러 사회경제적 부문에서 격차가 발생하였다. 1995년을 기준으로 먼저 인구수에서 호남은 영남의 2/5 수준, 지역총생산은 1/3 수준에 불과하였다. 1차산업 구성비는 영남 10%인 반면 호남은 21%, 도시화율은 영남 90%, 호남 66%였다. 1인당 소득수준도 영남이 호남보다 30% 이상 높다. 그 외에도 투자액, 재정자립도, 교육 및 사회서비스 등 거의 모든 부문에서 영남과 호남의 지역격차는 뚜렷하게 나타나고 있다.

그러나 영남과 호남의 사회경제적 격차를 좀더 자세히 살펴보면 영남의 혜택과 호남의 소외라는 가설은 지나치게 단순화된 것임을 알 수 있다. 먼저 인구변화를 살펴보면 1955-95년 기간 중 전체 우리나라 인구 중 호남지역의 인구 비율은 24%에서 12%로, 충청지역은 16%에서 10%로, 영남지역은 33%에서 29%로 감소된 반면 서울과 경기지역의 인구비율은 18%에서 45%로 증가하였다. 지역별 총생산의 비중을 보면 서울 · 경기지역이 37%에서 52%로, 영남지역이 26%에서 30%로 증가한 반면, 호남지역은 18%에서 11%로, 충청지역은 12%에서 9%로 감소하였다.

이러한 지표를 통해 알 수 있는 것은 지난 1960년대 초 산업화 추진 이후 가장 크게 발전한 지역은 서울 · 경기지역이며 가장 발전이 더딘 지역은 호남지역이라는 사실과 함께 발전한 지역 중 서울 · 경기와 영남지역은 발전정도의 차이가 큰 반면 저발전지역 중 호남과 충청의 낙후 정도는 그리 큰 차이가 없다는 점이다. 따라서 논리적으로 볼 때 만약 지역갈등이 지역간의 사회경제적 발전의 격차를 단순히 반영한 것이라고 한다면 영 · 호남 간의 대립보다는 서울 · 경기 지역과 다른 지역간의 대립이 지역대결의 중심축이 되어야 할 것이다. 그러나 실제로 지난 1980년대 후반 이후 선거에서 나타난 지역대결의 중심축은 영 · 호남 간의 대결이었다. 이는 영 · 호남간의 지역대결이 위와 같은 지역간의 사회경제적 발전의 격차를 자동적으로 반영하는 것은 아니라는 점을 보여주는 것이다.

그러나 산업화 과정에서 두드러지게 나타나는 지역간 불균등발전이 정부의 경제정책의 결과라면 과연 정부의 정책이 효율성에 기반하여 특정지역을 집중개발지역으로 선택하였는지 아니면 정치지도자의 출신지역이나 연고주의 등에 의해 특정지역을 채택하였는가 하는 의문이 대두될 수 있다. 이와 관련하여 서울 · 경기지역이 가장 발전된 지역이 되었고 또한 영남지역 중에서도 경남이 경북보다 더 발전된 지역이라는 사실은 소위 경북출신 집권세력이 연고주의나 지역패권주의보다는 정책적 합리성에 따라 성장정책을 집행한 결과 지역불균등이 불가피하게 발생되었다고 해석된다. 이같은 지역불균등은 정부의 의도적인 정책의 결과라기보다는 호남과 영남의 발전격차는 이미 일제시대부터 시작되었고 한국전쟁 등을 거치면서 더 강화되었다는 사실도 지적되어야 할 것이다.

Ⅱ. 지역감정 및 편견

지역갈등을 설명하는데 자주 등장하는 요인 중 하나는 지역주민 사이에 존재하는 호오감정(好惡感情), 고정관념, 편견 등의 심리적 · 정서적 태도이다.(이갑윤, 1998) 이와 관련된 연구에 따르면 우리나라 사람에게 발견되는 일관되고 보편적인 심리적 태도는 같은 지역 출신의 내집단을 다른 지역출신의 외집단보다 더 선호한다는 것이다. 이와 함께 호남 이외의 지역인들이 호남인에 대해 다른 외집단들에 비해 낮은 평가를 한다는 점이다.

〈표 44〉에 나타나듯이 내집단에 대한 선호도는 평균 61.1인 반면 외집단 선호도는 평균 55.5로 나타나고 있다. 여기서 발견할 수 있는 것은 같은 지역 출신을 좋아하는 것은 사실이지만 다른 지역출신들에 대해 부정적이거나 비판적이라기보다는 대체로 중립적이라는 사실이다.

외집단에 대한 낮은 선호 중 가장 두드러진 것으로 호남출신 사람들에 대한 다른 지역사람들의 거리감이다. 외집단으로서의 호남출신은 48.1인 반면 다른 지역인들의 평균 선호도는 58.0(55.6+56.9+61.6/3)으로 나타났다. 또 산업화 과정에서 기득권 세력이었다고 비판을 받는 영남인들에 대한 다른 지역인들의 태도도 부정적이라기 보다는 오히려 약간 긍정적인 것으로 나타났다. 즉, 이는 정치권력을 둘러싼 갈등이나 경쟁이 지역주민간의 감정이나 태도에 영향을 미치지 않는 것으로 해석될 수 있다.

표 44: 지역주민간 호오도

척도 100: 아주 싫어한다 1, 아주 좋아한다 100

응답자지역	대상지역			
	서울	충청	전라	경상
서울	59.3	56.0	48.8	60.4
충청	57.0	58.9	45.6	66.0
전라	53.1	55.8	61.5	58.3
경상	56.7	59.0	49.8	66.7
평균	56.5	57.4	51.4	62.8
외집단 평균	55.6	56.9	48.1	61.6

자료출처: 이갑윤(1998), 50쪽.

그러면 외집단들의 평가가 호남출신에 대해 낮게, 영남출신에 대해 높게 나오는 이유는 무엇일까? 이에 대해 송복은 우리나라 지역이동의 특성을 중심으로 지역갈등의 원인을 분석하였다.(송복, 1989)

산업화 과정에서 지역이동은 크게 두 가지로 구분할 수 있는데 하나는 농촌에서 도시지역으로, 다른 하나는 전지역에 대한 이동, 즉 행정구역경계를 벗어난 이동이다. 먼저 농촌지역과 도시지역간의 이동을 살펴보면 1960년 농촌인구와 도시인구의 비율은 72:28이었으나 1985년 35:65로 역전되었으며 21세기에 들어선 최근에는 농촌인구가 10% 미만으로 추산되고 있다. 이 기간 중 도시인구는 1960년대 초 약 700만명에서 지난 80년대 중반 3천만명 가까이로 늘어났다. 이는 1950-60년간 유럽의 경우보다 16배 가량 빠르고 비교적 이동속도가 높다고 하는 미국보다 8배나 빠른 것이다. 미국이나 유럽은 1970년대 이후 농촌지역에서 도시지역으로의 이동이 거의 정체되어 있는 상태이다.

둘째로 전지역간 인구이동을 보면 지난 1987년의 경우 총인구이동은 980만 8,750명으로 22.6%의 이동율을 보여주고 있다. 이는 다시 말해 1987년 전 인구의 약 1/4가량이 주민등록을 이전하는 이사를 했다는 말과 의미가 같다고 하겠다. 또한 우리나라 사람들이 한 지역에 거주하는 기간이 평균 4년 반이 채 못된다는 것을 의미한다. 1981년부터 1987년 기간 중 우리나라에서 이동한 인구는 6천 230만명 가량이고 이중 시 · 도간을 넘어 이동한 인구는 2,100만명이 된다. 이러한 인구의 비정착성은 산업화 과정에서 흔히 발견되는 현상이나 우리나라의 경우 그 속도나 규모가 비정상적으로 높아 비교대상을 찾기가 어렵다고 하겠다. 이러한 급속하고 대규모의 인구이동은 지역이동의 급격성(suddenness)과 과격성(radicalness)을 보여주는 것이다. 비슷한 기간 중 일본은 5-6%, 노르웨이 4.1%, 대만 8%, 대부분의 유럽국가들은 2% 내외의 이동율을 기록하고 있다.

미국은 예외적으로 인구이동율이 높은 국가인데 비슷한 시기에 16.6%를 기록하고 있다. 그러나 이 역시 Km^2 당 이동속도를 비교하면 우리나라와 비교가 되지 않는다. 즉, 미국은 그 이동율을 16%로 따질 경우 국토면적 1천만 Km^2에 연평균 3,200만명이 이동하고 있지만 한국은 면적 10만 Km^2에 연평균 900만명 이상이 움직이고 있어 단위면적당 이동율이 미국보다 25배 이상이 되는 것이다. 이는 다른 말로 단위공간당 우리나라 사람들의 상호작용속도 또는 접촉빈도가 인구이동율이 높다는 미국에 비해서도 매우 급격한 것임을 말해주는 것이다.

이러한 급속한 인구이동 속에서 사람들 사이에 맺어지는 사회관계는 마음의 문도 함께 열려져야 건강성을 유지할 수 있으며 의식개방속도가 이에 미치지 못할 경우 사회관계는 부정적 현상이 일어나게 되고 이 부정적인 면이 갈등으로 이어질 수 있는 것이다. 즉, 빠른 이동속도는 사회관계에서 전반적인 불신풍조를 조장하고 인간평가의 범주화 현상을 초래했다. 이에 따라 사람들의 관계는 피상성, 부분성, 간접성, 익명성으로 이루어질 뿐 全인격성으로 이루어질 시간적 여유가 없는 것이다. 대인관계에서 극히 소수의 친한 사람을 제외하고는 불신이 최상의 방법이 되는 풍조가 조성되며 상대방을 평가할 때 지극히 단순화시킨 카테고리로 단정을 해버리는, 다시 말하면 학력이 뭐냐, 학벌이 뭐냐, 고향이 어디냐 하는 범주화에 근거하게 된다. 이 과정에서 개인이 갖고 있는 특성과 차이는 무시되고 모든 개인들을 특정집단의 공통된 속성을 지닌 존재로 평가하는 탈개성화가 일어난다.

지역감정과 지역갈등의 문제는 사람들이 이처럼 자기의 정체성과 남의 정체성을 각각의 개인에서 찾지 않고 출신지역이라는 집단범주화에 근거하기 때문에 발생하는 것이라 할 수 있다. 이 과정에서 왜곡된 어떤 편견과 고정관념이 형성됨으로써 내집단에 대해서는 수용태도가, 외집단에 대해서는 거부태도가 형성됨으로써 갈등수준이 높아진다고 하겠다.

그러면 앞의 설명이 어떻게 영남지역민에 대한 외집단의 높은 평가로, 호남지역민에 대한 낮은 평가로 이어지게 되었는가? 1960-85년 기간 중 인구현황을 살펴보면 영남지역은 1960년 인구 803만명으로 전체의 32.1%에서 1985년 1,205만 5천명으로 전체 인구의 29.8%로, 충청지역은 1960년 389만명 15.6%에서 1985년 439만명 10.8%로, 호남지역은 1960년 594만명 23.8%에서 1985년 549만 9천명 14.7%로 변화하였다. 즉, 타지역으로의 지역이동이 가장 심한 지역이 호남이고, 그 다음 충청, 영남 순이다.

다시 말하면 1960-85년 기간 중 지역이동은 호남지역이 다른 지역에 비교가 되지 않을 정도로 급격성을 보여주고 있으며 영남지역은 시 · 도간 지역이동보다는 같은 지역 내 이동이 더 많은 것으로 나타났다. 이는 사회관계속도와 의식개방 속의 격차가 호남지역민들과 타지역민들 사이에 크게 벌어질 수 있는 가능성을 보여주는 것이다. 따라서 사회관계의 불신화와 범주화 역시 호남출신들에게 가장 많이 적용될 가능성이 높다고 하겠다. 즉, 타지역주민들의 외집단에 대한 평가에서 호남, 충청, 영남 순으로 부정적인 평가가 이루어진다고 하겠다.

한편, 앞의 연구에 대한 방법론적 비판이 제기된다. 이러한 연구들은 조사대상자들에게 "그 지역 주민들을 좋게 생각하느냐," "안좋게 생각하느냐"와 같은 직설적인 형식으로 지역감정 여부를 묻는다. 그러나 이러한 측정방식이 문제가 되는 것은 조사효과(testing effect)가 발생할 수 있기 때문이다. 지역감정이나 지역갈등이 사회적으로 큰 문제가 되는 분위기 속에서 이와 관련하여 직설적으로 물어보게 될 경우, 사회적 규범에 맞는 답변을 할 가능성이 있다. 이러한 효과가 발생하면 설문조사는 객관적인 의견을 반영 못할 수 있는 것이다.

이러한 문제를 감안하여 직설적인 설문방식보다는 우회적이고 간접적인 설문방식으로 지역감정을 측정한 연구결과를 소개한다. 최준영은 쿠클린스키와 그의 동료들이 인종차별주의를 측정하기 위해 개발한 측정방법을 이용하여 지난 2007년 지역감정에 대한 설문조사를 실시하였다.(최준영 2008). 이 연구는 조사대상자를 호남지역 거주주민과 비호남지역 거주주민으로 구분하였다. 그리고 각각의 주민들을 다시 통제집단과 실험집단으로 구분하였다. 그리고 통제집단에게는 세 개의 항목을, 실험집단에게는 네 개의 항목을 제시하였다. 그것을 정리하면 다음의 〈표 45〉와 같다.

표 45: 지역감정 설문조사 문항

질문	"다음의 항목 중 선생님을 화나게 하거나 불쾌하게 만드는 것의 개수를 말해주세요."			
집단구분	호남		비호남	
통제집단 항목(3개)	1	세금을 올리는 정부	1	세금을 올리는 정부
	2	연봉 수십억원 프로 운동선수	2	연봉 수십억원 프로 운동선수
	3	환경을 오염키는 재벌	3	환경을 오염키는 재벌
실험집단 항목(4개)	1	세금을 올리는 정부	1	세금을 올리는 정부
	2	연봉 수십억원 프로 운동선수	2	연봉 수십억원 프로 운동선수
	3	환경을 오염키는 재벌	3	환경을 오염키는 재벌
	4	경상도 출신의 직장 상사	4	전라도 출신의 직장 상사

앞의 방식이 기존의 방식과 구별이 되는 것은 응답자들에게 화나게 하는 것이 어떤 항목이냐고 구체적으로 묻는 것이 아니라 그 "개수"만을 답하게 했다는 점이다. 이 경우 응답자들은 개수만 말하기 때문에 설문자가 자신의 속마음을 알 수 없을 것이라고 판단하여 진실된 의견을 제시할 가능성이 높아지는 것이다. 조사효과의 발생할 여지가 줄어드는 것이다.

그러면 이 방식을 통해 지역감정의 존재여부를 어떻게 확인할 수 있을까? 간단히 설명하면 통제집단과 실험집단이 응답한 항목 "개수"의 평균을 비교하면 알 수 있다. 예를 들어 지역감정이 존재하지 않는다면 4번 항목에 대해 화가 난다고 생각할 사람은 없을 것이고 그러면 실험집단과 통제집단이 응답한 "개수"의 평균은 비슷할 것이다. 반면 지역감정이 존재한다면 4번 항목에 대해 불쾌감을 느끼는 사람들이 있을 것이고 따라서 실험집단과 통제집단이 밝힌 "개수"의 평균을 비교할 때 실험집단의 수치가 높아질 것이다. 조사결과는 〈표 46〉에 정리되어 있다.

〈표 46〉에 따르면 호남인들 사이에 영남인에 대한 지역감정은 존재하지 않는 것으로 나타났다. 통제집단과 실험집단 사이의 평균값도 미미한 차이만 있고 그 차이도 통계학적으로 유의미하지 않기 때문이다. 마찬가지로 비호남인의 호남인에 대한 지역감정도 존재하지 않는 것으로 나타났다. 두 집단간

평균의 차이는 통계적으로 의미가 없는 수치이다.

이같은 결과는 앞서 살펴본 1980년대와 1990년대 실시했던 연구결과와 차이를 보이는 것이다. 그 당시 연구결과는 호남인에 대한 비호남인의 지역감정이 존재한다고 결론을 내리고 있었다. 그러나 20여년이 지난 2000년대에 실시한 같은 목적의 연구결과는 그러한 지역적 편견이나 감정이 존재하지 않는다는 것을 보여주고 있다.

그러나 지역별로 타지역에 대한 지역감정이 발견되지 않았다고 해서 모든 국민들이 지역감정이 없다고 단정지을 수는 없다. 이는 집합자료에 나타난 평균값을 비교한 결과일 뿐이다. 각 지역은 다양한 종류의 사람들로 구성되어있으며 개인에 따라 지역감정 수준은 다를 수 있기 때문이다. 즉, 각 집단 내에 상대집단에 대해 호감과 비호감을 가진 사람들이 비슷하게 섞여 있다는 뜻이지 대부분의 사람들이 중립적인 태도를 가지고 있다는 의미는 아닌 것이다.

표 46 : 지역별 지역감정 측정결과

지역	통제집단		실험집단	
	평균값	N	평균값	N
호남	2.046	108	2.064	94
영남	1.876	212	1.911	214
수도권	1.843	159	1.919	174
충청	1.887	97	2.022	93
강원	1.833	24	2.115	26
비호남 전체	1.876	492	1.945	507

따라서 이 자료를 이념, 교육수준, 그리고 소득수준을 변수로 하여 2차 분석해보았다. 먼저 이념적 성향에 따라 지역감정이 어떤 차이를 보이나를 살펴보기로 한다. 결과는 〈표 47〉에 요약되어 있다.

표 47 : 지역감정과 이념성향

지역		통제집단		실험집단	
		평균값	N	평균값	N
호남	진보	2.046	22	2.095	21
	중도	2.015	65	2.125	56
	보수	2.143	21	1.824	17
비호남	진보	1.948	77	1.902	92
	중도	1.851	262	1.946	279
	보수	1.882	153	1.971	136

이념적 성향에 따라 지역감정의 수준이 다를 수 있을 것이라는 가설은 보수적 이념을 가진 사람은 중도나 진보적 성향의 사람보다 폐쇄적이어서 타지역인들에 대한 편견을 가지고 있을 것이라는 가정 때문이다. 그러나 조사결과를 보면 이념적 성향은 지역감정 수준에 아무런 영향을 미치지 않는 것으로 나타났다. 이 결과는 호남인이나 비호남인의 구분없이 보수주의자라고 지역감정 수준이 중도나 진보주의자보다 높지 않았으며 반대로 진보주의자라고 다른 성향의 사람들보다 그 수준이 낮지도 않았다.

다음은 교육수준과 지역감정의 상관관계를 살펴보자. 일반적으로 교육수준이 낮으면 관용성도 낮고 비합리적인 지역감정에 빠지기 쉬울 것이라는 판단을 하게 된다. 그러나 〈표 48〉에 나타난 조사결과는 그러한 예상이 틀렸음을 말해주고 있다. 통제집단과 실험집단 사이의 평균값에 유의미한 차이가 없었다. 또한 호남인과 비호남인 사이의 차이도 없었으며 중졸 이하, 고졸, 대졸 이상으로 구분한 교육수준에 따른 차이도 없는 것으로 나타났다. 즉, 교육수준과 지역감정의 수준은 상관관계가 없는 것으로 밝혀졌다.

표 48 : 지역감정과 교육수준

지역		통제집단		실험집단	
		평균값	N	평균값	N
호남	중졸 이하	2.091	11	2.546	11
	고졸	2.098	41	2.148	27
	대졸 이상	1.982	55	1.929	56
비호남	중졸 이하	2.052	58	1.859	85
	고졸	1.911	135	2.057	124
	대졸 이상	1.829	298	1.925	294

마지막으로 소득수준과 지역감정 수준과의 관계에 대해 살펴보자. 〈표 49〉에 나타나듯이 결론적으로 호남인들의 경우 저소득, 중간소득, 고소득의 세 범주로 나눈 소득수준의 차이와 지역감정은 상관관계가 없는 것으로 나타났다. 반면 비호남인의 경우 중간소득층의 사람들이 다른 소득수준의 사람들보다 지역감정이 다소 높은 것으로 나타났다. 소득수준을 삼분위로 나눴을 경우, 경제적으로 안정과 불안의 경계선에 있는 계층이 중간계층이며 이들이 경제문제에 가장 예민하게 반응한다. 따라서 이같은 결과 나온 것에 대해 당시 경제상황에서 중간소득 비호남인들이 어떠한 생각을 하게 되었는지에 대한 분석이 필요하다고 하겠다.

종합적으로 말하면 이 연구의 결과에 따른 결론은 지연에 기초한 타지역 주민들에 대한 부정적이고 편견적인 지역감정은 거의 존재하지 않는다는 사실이다. 물론 이에 대한 반론이 제기될 수도 있다. 예를 들면 "호남인 (또는 영남인) 직장상사"라는 문항이 지역감정을 측정하기에는 너무 약하다는 지적이 있을 수 있다. 그러나 전체적으로 보아 연구설계 자체에서 큰 문제가 발견되지 않는다. 일단 이 연구의 결론은 타당성이 있다고 하겠다.

표 49: 지역감정과 소득수준

지역		통제집단		실험집단	
		평균값	N	평균값	N
호남	저소득	2.097	31	2.053	38
	중간소득	2.041	49	2.114	35
	고소득	1.957	23	2.000	19
비호남	저소득	2.019	153	1.947	147
	중간소득	1.822	197	2.010	199
	고소득	1.796	142	1.863	161

그렇다면 선거 때마다 재현되는 지역주의는 어떻게 설명되어야 하는가? 타 지역 주민들에 대한 지역감정이 없다면서 영남과 호남 유권자들은 왜 지역대표성을 갖는 정당에 몰아주는 투표를 하는가? 이에 대한 심리적 요인을 확인하기 위한 실증연구는 아직 없다. 한 연구(이갑윤, 2002)는 우리나라 선거에서 나타나는 지역균열은 지역주민들의 정치적 정향이나 이데올로기 또는 가치관의 차이에 기인하는 것이 아니라 권력의 획득과 유지를 중심으로 하는 정치적 갈등에 의한 것이라고 주장하고 있다. 선거에서의 정당경쟁은 정부가 어떤 정책을 어떻게 실행할 것인가보다도 누가 정권을 장악하는가를 둘러싼 싸움이라는 것이다.

그렇다면 같은 출신지역 정치인들이 권력을 장악하는 것이 유권자들에게 어떤 이득을 주는가 하는 의문이 제기된다. 이러한 경향에 대해 유권자의 기대효용감으로 설명하는 연구가 있다.(문우진, 2005) 이 연구는 선거 때 발생하는 지역주의를 자신의 출신지역을 대변하는 정당이 승리하였을 때 자신의 효용이 올라갈 수 있을 것이라는 기대감, 그리고 상대지역의 정당이 이겼을 때 자신의 효용이 감소할 수 있다는 우려감이 상호작용한 결과라고 분석한다. 이러한 기대감과 우려는 타지역 주민들의 편견으로 차별을 받았다는 과거에 대한 집단적 기억에 기인한다고 추측할 수 있다. 그러나 지역감정이 존재하지 않는다는 앞에서 살펴본 연구결과를 감안하면 이러한 집단기억이 더 이상 지역감정과 연동되지 않을 수 있다는 가능성 또한 발견된다고 하겠다. 이 밖에 유권자들이 기대하는 효용의 구체적인 실체가 무엇인가 하는 의문이 제시될 수도 있다. 실제 2014년 7월 30일 실시된 전남의 순천 · 곡성의 국회의원 보궐선거에서 새누리당 이정현 후보가 민주화 이후 처음으로 전남지역에서 당선된 사례가 발생하였다.

III. 역사적 접근

영남인과 호남인 사이에 존재하는 경쟁의식이나 비호남인이 호남인에 대해 갖는 좋지 않은 감정을 설명하기 위해 편견이 형성된 배경을 역사적으로 접근하여 설명하려는 시도도 있다. 이러한 연구 중에는 삼국시대를 현재의 지역감정이나 지역간 경쟁의 시원으로 보는 견해도 있으나 백제의 중심지가 현재의 호남지역이 아니라는 점에서 대체로 후삼국시대나 고려시대를 그 시초로 보기도 한다. 특히 후백제의 견훤과 치열한 전쟁을 통해 건국한 고려시조 태조 왕건이 풍수지리설에 입각해 차령산맥과 공주강 이남의 지세가 배역(背域)이기 때문에 인재등용을 금하라고 유시를 남겼다는 훈요십조가 지역차별의 시작이라는 것이다.(이갑윤, 1998) 그러나 이러한 차별은 단지 엘리트 충원과정에 적용되었을 뿐이고 그나마 고려 중기 혹은 후기에 와서는 사라졌기 때문에 차별의식이 일반백성들 사이에 존재했다고 볼 수 없다.

조선시대에 들어와서 관리등용의 차별은 호남지역보다 오히려 평안, 함경, 황해 등 북부지방에 대한 것이 더 심하였다. 또한 조선시대 인재등용의 차별은 특정지역에 대한 차별이라기보다는 중앙의 지방에 대한 차별이라고 하겠다.

따라서 특정지역에 대한 차별을 밝히기 위해 역사적 접근을 하는 연구는 현재의 지역갈등을 설명하는 적절한 방법이 아니라고 하겠다.

Ⅳ. 기타 접근방법

그 밖에 우리나라의 지역갈등을 분석하는 시도로 권위주의 시대의 폐쇄적 인사정책으로 인한 엘리트 충원의 특정지역 편중현상이다. 1961년 군사쿠데타 이후 30년간 경상도 출신 지도자들에 의한 장기집권은 영남출신을 우대한 반면 기타 지역 특히 호남지역인사들은 충원과정에서 배제되어 왔다고 지적되고 있다. 이를 소위 지역패권주의라고 부르며 이로 인한 타지역의 소외감이 지역갈등의 원인되었다는 분석이다.

또한 정치지도자들이 선거 때마다 특정지역에서의 득표율 제고를 위해 지역감정을 조장하고 이용함에 따라 지역간 갈등이 높아졌다는 정치동원론도 있다. 이 동원론이 강조하는 것은 1980년대 말 우리나라의 권위주의가 붕괴되면서 민주 대 반민주의 정치균열이 약화되었으며 이에 따라 정당들은 법과 질서, 민주화, 경제성장 등의 공약으로 차별화를 시도할 수 없는 상황에 처하게 되었다. 이러한 균열의 공백상태에서 출신지역민들로부터 높은 지지를 받던 김영삼, 김대중 두 정치지도자가 지역주의에 호소하여 지지자들을 동원함으로써 지역투표가 등장했다는 것이다. 그러나 2000년 초반 3김씨가 정치일선에서 퇴장하고 정당 사이의 이념적 지평이 보수와 진보로 다양해지고 있는 현 상황에서도 지역투표가 지속되고 있다는 점에서 정치동원론의 설득력은 한계를 보이고 있다.

인용 및 참고문헌

게리 오렌. "잃어버린 은총: 정부에 대한 국민의 신뢰상실," 조셉 나이 저, 박준원 역, 『국민은 왜 정부를 믿지 않는가』(서울: 굿인포메이션, 2001).

김도환, 호아상민, 최윤식. "정치현상에 대한 한국인의 인식유형과 심리적 기제," 『한국심리학회 지』 제25집 2호(2011).

김종철 · 최장집. 『지역감정연구』(서울: 학민사, 1991)

남영신. 『지역패권주의』(서울: 학민사, 1992)

문석남. 『지역사회의 연고주의』(서울: 일진사, 1990)

백운선. 『호남의 지역지배구조 형성배경』(서울: 백산서당, 2001).

송복. "지역갈등의 구조적 요인: 지역이동의 특성을 중심으로," 한국정치학회 편, 『한국 정치의 민주화: 현실과 과제』(서울: 법문사, 1989).

____. 『한국사회의 갈등구조』(서울: 경문사, 1997)

어수영. 『민주주의와 한국정치』(서울: 법문사, 1994).

______. "가치변화와 민주주의 공고화: 1990-2001년 간의 변화 비교연구," 『한국정치학회보』 제 38집 1호(2004).

윤천주. 『한국정치체계』(서울: 고려대학교 출판부, 1961).

이갑윤. 『한국의 선거와 지역주의』(서울: 오름, 1998).

조기숙. 『합리적 선택: 한국의 선거와 유권자』(서울: 한울, 1996)

조셉 나이 저, 박준원 역. 『국민은 왜 정부를 믿지 않는가』(서울: 굿인포메이션, 2001).

최준영. "지역감정은 존재하는가?" 『현대정치연구』 창간호(2008).

프랜시스 후쿠야마 著, 구승회 譯. 『신뢰』(서울: 한국경제신문사, 1996).

한국정치학회 편. 『한국정치의 민주화 : 현실과 과제』(서울: 법문사, 1988)

한배호 · 어수영. 『한국정치문화』(서울: 법문사, 1987).

______. "한국정치문화의 지속성에 관한연구," 『한국정치학회보』 제30집 3호(1996).

Almond, Gabriel A., Sidney Verba, *The Civic Culture*(Princeton, NJ: Princeton University Press, 1963).

_______, Bingham Powell. *Comparative Politics*(Boston: Little Brown, 1978).

Barner-Barry, Carol, Robert Rosenwein. *Psychological Perspectives in Politics*(Prospect Heights, IL: Waveland Press, 1985).

Cole, David C., P. Lyman, *Korea Development: The Interplay of Politics and Economics*(cambridge, MA: Harvard University Press, 1971).

Easton, David. "A Reassessment of the Concept of Political Support," *British Journal of Political Science*, 5, October 1975.

______. *A System Analysis of Political Life*(New York: Wiley, 1965).

Iyengar, Shanto, William J. McGuire, Ed. *Explorations in Political Psychology*(Durham, NC:Duke University Press, 1993).

Kim, Se-Jin. "Additional Orientations of Korean Workers," *Korea Journal* 12(a), Sep. 1972.

Lee, Hong-Koo, "Political Culture and Political Development in Korea: An Aspect of the Political Behavior of Low-Income Groups in Seoul," *Korea Journal*, January 1978.

Lipset, Seymour Martin, William Schneider, *The Confidence Gap: Business, Labor, and Government in the Public Mind*(Boltimore: Johns Hopkins University Press, 1987).

Muller, Edward, Thomas Jukam, "On the Meaning of Political Support," *American Political Science Review*, 71, December 1977.

Rivlin, Alice M. *Reviving the American Dream: The Economy, the States, and the Federal Government*(Washington, D.C.: Brookings Institution Press, 1992).

제 4 부

정치커뮤니케이션과 선거

제 15 장

여론과 대중설득

I. 여론의 특성

현대민주정치를 여론정치라고 한다. 민주국가의 정치지도자는 국민의 뜻에 맞는 정치를 해야하고 그 국민의 뜻은 여론을 존중하는 것이라고 한다. 그렇다면 과연 여론이란 무엇을 의미하는가?

여론에 대한 개념이나 정의는 학자들에 따라 매우 다양하게 나타나는데 그러한 다양함 속에서도 공통점을 찾아보면 먼저 여론은 한 개인의 의견이 아니고 집단을 형성하는 다수인의 의견이며 어떠한 문제를 계기로 형성된 의견이라고 할 수 있다. 다시 말하면 여론은 어떤 공통의 문제에 직면한 사람들이 그것에 대하여 여러 가지로 논의하는 가운데 나오는 의견인 것이다.

여론이 의견이라고 하면 그 의견은 태도를 전제로 하고 있으며 그 경우 심리학적 분석이 가능하다. 앞에서 다뤘듯이 태도는 어떤 대상에 대하여 특정의 방식으로 반응하는 비교적 일정한 영속적인 경향이다. 이에 비하여 의견은 태도보다 훨씬 의식적인 수준에 있고 덜 영속적이며 언어화되어 있다. 태도는 개인의 경험에 따라 어떠한 대상에도 표시된다. 그러나 의견은 개인의 감정이나 신념의 서술이고 개인 특유의 것이다. 따라서 개인의 태도에 대한 파악은 여러 개의 질문을 통해 가능하지만 의견이나 여론은 어떤 쟁점에 대해 단 하나의 질문으로 충분히 밝힐 수 있는 것이다. 우리가 흔히 접하는 여론조사의 문항을 보면 정부의 이라크 파병결정에 대해 찬성하십니까, 반대하십니까 하는 단 하나의 질문 형식으로 나타난다. 이에 대한 답변으로 조사대상의 의견을 충분히 알 수 있는 것이다.

(1) 잠재적 여론과 현재적 여론

일반적으로 의견과 태도는 동시에 발생한다. 한 개인이 집권당에 대해 부패했다는 의견을 갖고 있다면 그는 그 정당을 싫어하는 태도 또한 가지고 있다고 보아야 한다. 그러나 앞에서 살펴보았을 때 태도와 행동이 항상 일치하는 것이 아니듯이 의견과 태도가 늘 같은 것은 아니다. 즉, 개인의 태도 속에 있는 여론과 의견으로 표시된 여론을 구별하여야 한다. 지난 김대중 정부 때 추진된 화합과 포용의 대북정책인 소위 햇볕정책에 대한 여론조사를 보면 거의 절대적인 지지를 받는 것으로 나타났다. 그러나 햇볕정책의 구체적인 추진방안에 대해서는 비판적인 의견이 더 많았다. 이는 남북화합이라는 민족적 명제에 대해서는 반대의견을 밝히기가 꺼려져 찬성의견을 표시하지만 북한의 변화에 대한 확신부족, 정책 추진자에 대한 부정적 태도 등이 구체적인 방안에 대한 비판적 의견으로 나타나는 것이라 분석될 수 있다.

따라서 의견이 여론으로 표출되기 전에 형성된 태도를 잠재적 여론으로, 의견으로 표시된 여론을 현재적(顯在的) 여론으로 구분하기도 한다.(고영복, 1995) 잠재적 여론은 막연히 가지고 있기는 하지만 아직 결정화되지 않은 여론이다. 결정화되지 않은 이유는 공식의견으로 표명할 수단이 없거나 혹은 그 표명이 금지되거나 혹은 결정화에 필요한 자극조건이 부족하기 때문이다. 남북정상회담, 이산가족상봉 등으로 남북 사이에 평화무드가 고조될 때 햇볕

정책에 대한 비판적 여론은 그 수위가 낮았다. 그러나 2002년 연평해전에서 남한측 경비정 한 척이 격침 당하자 햇볕정책에 대한 비판적 의견표출이 급격히 증가하였다. 해상교전이라는 사건이 잠재적 여론을 자극하여 현재적 여론으로 결정화시켰던 것이다. 이렇게 환기된 상태의 여론, 즉 현재적 여론을 일반적으로 여론이라고 한다.

현대사회에서 대중매체는 잠재적 상태에 있는 사람들의 태도를 의견화하고 결정화하는데 중요한 자극을 제공한다. 그래서 대중매체가 여론을 조작하고 지배한다는 비판을 받게 되는 것이다.

(2) 여론형성과정

쟁점의 성격과 쟁점 발생 시점의 상황에 따라 여론형성과정은 매우 다양하게 전개될 수 있다. 그러나 여론형성과정을 일반화시켜보면 ▲ 쟁점의 제시, ▲ 개인의견의 형성, ▲ 개인의견의 결정, ▲ 집단 내 토의, ▲ 집단의견의 결정, ▲ 집단간의 토의, ▲ 사회적 결정화(結晶化), ▲ 사회적 압력의 행사 등의 순서에 따른다고 하겠다.(김영석, 1996)

이러한 여론형성과정은 크게 ▲ 개인적 차원, ▲ 집단적 차원, ▲ 사회적 차원으로 구분될 수 있다. 개인적 차원에서는 각 개인의 태도, 가치관, 성향, 동기 등 개인의 행동을 매개하는 심리학적 요인이 분석되어야 할 것이다. 집단적 차원은 그 개인이 속한 집단 내부의 구조, 예를 들어 리더와 구성원 사이의 관계, 성원간의 상호작용, 집단활동의 상황, 집단압력, 집단활동의 지향과 변화 등이 여론형성에 영향을 미치는 요인이 된다. 사회적 차원은 의견에 대한 사회적 대립의 양상, 사회계층의 분포, 그 변동상황이나 체제적 융통성 등 그 사회의 전체 구조 속에 있는 모든 과정이 여론형성에 영향을 미치게 된다.

제기된 어떤 쟁점에 대해 개인이 특정한 견해를 갖기 위해서는 자신의 지식, 신념, 태도, 경험, 욕구 등의 내적 요인과 그가 속해있는 집단 혹은 심리적 준거집단의 규범이나 사회의 물리적 조건과 같은 외적 요인이 복합적으로 작용하는 복잡한 과정을 거친다. 그러나 개인이 특정 쟁점이나 사안에 대해 확고한 견해를 갖기 위해서는 ▲ 문제상황에 대한 정확한 인식, ▲ 문제해결에 대한 적절한 수단, ▲ 장래에 대한 뚜렷한 전망이 전제되어야 하며 이것들이 결여될 경우, 그 견해는 사회성을 가질 수 없다.

개인의 의견은 그 상위체계인 집단으로 전해져 다른 성원들과 의견이 교환되어 집단의 통일적인 견해로 집결된다. 이 과정에서 집단 내 토의는 의견의 교환과 설득이라는 절차를 거치게 된다. 여기에는 토의 참가자들의 평등한 발언권, 각자의 책임의식, 적극성 등이 필요하며 하나의 의견으로 집약하려는 만장일치를 지향하는 협력정신이 더해져야 한다.

집단차원에서는 집단 구성원들의 의견을 흡수하고 반영하며 그 통합을 확보해야 하며 합의된 의견은 국민들로부터 지지를 확보할 수 있어야 한다. 따라서 집단들은 강연활동, 유인물 배포, 거리 캠페인, 대중매체에의 노출 등을 통한 선전활동을 적극적으로 펼쳐 한 사람이라도 더 많은 지지자를 확보하려는 노력을 하게 된다. 또한 쟁점의 제기와 함께 비슷한 견해를 가진 사람들이 모여 조직체를 결성하는 경우도 있는데 이것이 여론의 조직화 현상이다.

사회적 결정에 참여할 수 있는 집단 내지 조직체는 정당이나 이익단체 또는 시민단체 등이 있는데 궁극적으로는 자신의 지배적 지위를 유지하려는 집단과 그것을 반전시키려는 피지배집단의 대결이라는 이분화현상이 나타난다. 즉, 여론은 최종단계에 있어 체제긍정적인 것과 체제부정적인 것으로 대립되면서 각 진영이 지지세력을 확보하여 자신에게 유리한 정치적 결정이 이루어지도록 하는 정치과정이 되고 만다.

(3) 여론의 기능

여론은 어떠한 경우든 정치성을 띠게 된다. 따라서 그 기능은 ▲ 법의 제정

내지 무력화, ▲ 사회적 제도나 기관의 유지, ▲ 사회적 또는 도덕적 기준의 유지, ▲ 집단사기의 활성화 등을 가지고 있다. 이러한 기능을 가진 여론은 무엇보다도 다수자의 지지 내지 동조를 얻고 있다는 심리적 압력으로 작용하게 된다. 여론이 의미하는 지지자의 숫자는 바로 선거에서 표로 연결될 수 있기 때문에 의회주의를 채택하고 있는 민주국가에서 집권세력을 포함한 정치집단은 여론을 무시할 수 없는 것이며 여론의 추이에 늘 관심을 갖게 되는 것이다. 또한 특정여론을 형성하고 지지한 집단의 구성원들이 행동적이고 정서적 긴장이 높아질 경우 이는 시위를 비롯한 물리적 저항으로 표출될 수 있다.

여론은 민주주의의 발전과 함께 성장해왔기 때문에 체제변혁적인 기능을 가지고 있다. 이 기능이 발휘되기 위해서는 여론은 조직화된 실천력을 가져야 한다. 이런 필요성이 여러 압력단체의 결성을 유도하고 있는 것이다.

II. 대통령 지지도

정치와 관련된 여론조사에서 가장 많이 조사대상이 되는 것이 대통령의 공무수행에 대한 평가일 것이다. 그와 관련된 질문은 대개 "당신은 현재 대통령의 직무수행에 찬성하십니까? 아니면 반대하십니까?"하는 형식으로 나타난다. 이러한 여론조사의 결과에 따라 대통령은 물론 그 참모들은 사기가 올라가 국정수행에 자신감을 갖게 되며, 지지도가 낮을 경우 크게 동요하게 된다.

일반적으로 대통령에 대한 지지도는 그가 취임할 당시는 비교적 높게 시작했다가 임기 중 여러 조치와 정책들에 대한 하위집단들의 불만이 누적되면서 점점 하강하게 된다. 미국 트루만 대통령은(1945-1953 재임) 이차대전 종전과 전임 루즈벨트 대통령의 사망이라는 어려운 상황 속에서 대통령에 취임하였는데 87%라는 높은 지지를 받았다. 그러나 전쟁이 끝난 그 다음 해는 32%

로 하락하였다가 일시 재상승하였다. 그 이후 그에 대한 미국민들의 지지도는 임기 말까지 50%를 넘지 못했다. 트루만 대통령의 후임인 아이젠하워 대통령은(1953-1961년 재임) 초임 기간 중(1953-1957) 평균 70%라는 높은 지지율을 유지하였는데 이는 매우 괄목할만한 현상이었다. 그러나 그의 재임 기간 중(1957-1961)에는 50% 수준을 기록하였으며 임기 말 약 60%를 유지한 상태에서 퇴임하였다. 아이젠하워 대통령의 후임자들도 초기 높은 지지율, 그 후 지지율의 하강이라는 추세를 보여주고 있다.(홍대식, 1992)

케네디 대통령은(1961-1963) 취임 당시 70%에서 암살되기 직전 60%로 떨어졌으며 존슨 대통령은(1963-1969) 그 당시의 위기상황에서 80%의 지지를 받고 임기를 시작하였으나 월남전의 악화 등으로 임기 말에는 지지율이 40%를 밑돌았다. 워터게이트 사건으로 사임한 닉슨은(1969-1974) 60% 수준에서 임기를 시작하였는데 그후 다소 하강하다 월남전 종식 등에 힘입어 약 60%로 상승하였다가 사임 전에는 24%까지 하락하였다. 그의 후임인 포드는(1974-1977) 71%로 시작하였으나 그후 평균 40%에 지지도가 머물렀다.

대통령에 대한 지지도가 취임 당시와는 달리 임기가 진행됨에 따라 하락하는 일반적인 추세와 함께 때로는 뚜렷하지 않거나 실패한 업적이라고 하더라도 대통령이 확고한 결정을 내릴 때 잠시 상승하는 추세를 보이는 경향이 있다. 이를 깃발효과(rally-round-the-flag phenomenon)라고 부르는데 케네디의 경우 쿠바침공 실패 이후 지지도가 오히려 72%에서 83%로, 쿠바미사일 사건 이후 62%에서 76%로 상승하였다.(Mueller, 1973) 월남전 기간 중 존슨 대통령이 월맹의 하노이 근처에 대한 북폭명령을 내렸을 때 지지도가 10% 가량 상승하였으며 반대로 1968년 월맹에 대한 북폭중단을 결정하였을 때 지지도가 36%에서 49%로 상승하였다.

또한 대통령의 지지도는 경기침체 기간 동안에 급속히 하락하지만 경기가 회복한다고 해도 눈에 띠게 회복되는 것은 아니다. 이같이 대통령에 대한 지지도는 국민들의 여론을 반영하는 것이긴 하지만 과잉단순화되어 나타난다는 점에서 전적으로 신뢰할 것은 아니다. 대중들은 매우 감각적으로 반응하기 때문에 이러한 지지도에 일희일비하여 정책을 결정할 경우 대중영합주의에 흐를 수 있으며 이 경우 장기적인 국가목표의 설정이나 비전제시에 실패할 위험성이 있다.

III. 매스미디어와 대중설득

(1) 매스커뮤니케이션의 효과

현대사회를 대중매체가 지배하는 사회라고 한다. 우리는 늘 직 · 간접적으로 대중매체로부터 정보를 얻고 또 영향을 받으며 살아가고 있다. 현대인의 사고와 태도는 대중매체에 의해 세뇌되고 설득 당한다고 할 수 있다.

대중매체를 통한 매스커뮤니케이션이 갖고 있는 가장 큰 기능 중 하나는 정보전달이다. 수신자인 대중들은 이를 통해 지식을 늘려나간다. 자신이 직접 접촉할 수 없는 외부 세계에 대한 정보를 대중매체를 통해 입수한다. 대중매체는 현대인에게 외부 세계로 돌출시킨 촉각과 같은 것이다. 이러한 대중매체는 수신자의 머리 속에 스테레오타이프적 태도를 형성한다. 인간은 인종, 계급, 종교, 국가간 분쟁 등과 관련된 쟁점에 대해 대중매체가 전달하는 보도내용과 같이 사고하고 판단한다.

그렇다고 대중매체가 획일적으로 모든 사람에게 같은 효과를 미치는 것은 아니다. 각 개인의 심리적 요인과 사회적 배경에 따라 차이가 발생한다. 대중매체에 의한 매스커뮤니케이션의 효과에 대해서는 다음과 같은 세 가지가 지적되고 있다.(Larzarsfeld, 1948)

첫째, 유인효과이다. 잠재하는 태도나 의견을 현재화(顯在化)하는 효과를 말한다.

둘째, 보강효과이다. 기존의 태도나 의견을 강화하는 효과이다.

셋째, 개변효과이다. 기존의 태도나 행동체계를 반대방향으로 바꾸는 효과를 말한다.

이와 함께 부메랑 효과가 지적되기도 한다. 이는 메시지 전달자의 의도에 반대되는 효과가 발생하는 것을 의미한다. 그 이유는 ▲ 특정 집단을 위해 제작된 내용물이 다른 집단에 의해 수용되었기 때문에 잘못 해석될 경우, ▲ 메시지 내용 속에 포함되어 있는 여러 요소가 서로 모순되어 수신자의 해석에 혼란이 발생하는 경우, ▲ 메시지 내용이 수신자의 선입관이나 과거와 경험과 모순된 요소를 포함하는 경우, ▲ 특정내용이 그것과 전혀 다른 의도를 갖는 별개의 내용과 유사하기 때문에 원래 의도된 내용의 의미를 잘못하는 경우 등을 등 수 있다.

(2) 매개요인

대중매체의 효과를 규정하는 매개요인에서 중요한 역할을 하는 것이 준거집단의 유무이다. 이와 관련하여 "커뮤니케이션의 2단계 경로설"이론이 힘을 얻고 있다.(Katz, 1955) 그 내용은 대중매체가 전달하는 모든 메시지가 수신자에게 직접 전달되는 것이 아니라 먼저 오피니언 리더에게 수용되고 그 다음에 일반대중에게 개인적 접촉을 통해 전달되는 경우가 많다는 것이다. 즉, 메시지의 내용과 의미가 먼저 오피니언 리더에 의해 그 집단에 맞도록 해석되고 여과되어 집단 구성원들에게 전달되는 2단계의 경로를 거친다는 것이다. 따라서 먼저 오피니언 리더가 대중매체의 내용을 구성원들에게 전달하지 않거나 또는 그가 대중매체의 메시지 내용에 동의하지 않거나, 그 내용이 집단의 규범과 일치하지 않는 경우는 매스커뮤니케이션의 효과는 약화된다는 것이다.

이렇듯 매스커뮤니케이션에서 집단의 오피니언 리더가 차지하는 중요성을 좀더 살펴보면 다음과 같은 사실을 지적할 수 있다.

1. 대중매체는 정보제공의 역할에 머물며 개인적 접촉은 의견과 태도의 결정을 정당화하는데 크게 작용한다.
2. 오피니언 리더와 일반대중은 같은 집단의 성원으로 비슷한 사회경제적 특성을 갖고 있으며 상황이 불명확하고 불안정한 경우, 오피니언 리더의 영향력은 커진다.
3. 오피니언 리더는 소속집단과 외부 세계와의 정보소통 역할을 하므로 일반대중보다 대중매체에 많이 접촉하게 된다.
4. 오피니언 리더의 의견과 태도결정에는 대중매체 뿐 아니라 대인접촉도 큰 비중을 차지한다.
5. 대인관계는 첫째 정보의 통로이고, 둘째 사회적 압력원이며, 셋째 사회적 지지원이라는 세 가지 기능을 갖고 있다.

이러한 2단계설에 대한 반론도 있다. 반론의 요점은 매스커뮤니케이션과 퍼스널 커뮤니케이션의 영향은 서로 배타적인 관계에 있는 것이 아니라 노출기회의 유무나 쟁점의 성격에 따라 다소 차이는 있지만 상호보완적이라는 것이다.

Ⅳ. 선전

(1) 선전의 의의

선전은 대중설득의 방법이다. 선전(propaganda)은 넓은 의미로 물리적 강제에 의존함이 없이 상징조작을 통해 설득적인 방법으로 사람의 태도를 변화시키고 행동에 영향을 미치려는 시도이다. 좁은 의미의 선전은 특정집단이 어떤 쟁점과 관련하여 다중의 태도에 영향을 미치려고 하는 시도이다. 선전은 사회통제의 하나의 양식으로서 신화나 이데올로기를 의도적으로 창조하거나 변용하여 사람들을 납득시키려고 한다.

일반적으로 선전이란 용어는 허위나 악의를 내포한 부정적 함의를 담고 있는 것으로 인식된다. 선전이 사회통제의 메커니즘이나 정치기술의 한 부분으로 해석될 때 이같은 부정적 인식이 형성된다. 그러나 선전은 설득을 위한 기술적 방법이란 점에서 정치 뿐 아니라 종교, 기업, 비영리기관에서도 사용되고 전파되어 왔다.

선전이라는 용어는 번식, 발생, 재생산 등의 의미를 가진 라틴어 propagare에서 유래됐다. 역사적으로 1633년 로마 교황 우르반 8세가 카돌릭의 교리를 선전하기 위해 교의선전국을 설치하였는데 이것이 선전을 위한 최초의 조직으로 알려지고 있다.(고영복, 1995) 그후 선전은 18세기 말 프랑스시민혁명의 과정에서 대대적인 정치선전의 모습으로 등장했다. 이어서 자본주의가 발전함에 따라 선전은 상업선전으로 일반화되었다. 선전은 이렇게 종교, 정치, 상업분야로 확산되어 왔으며 대중매체의 급속한 발전과 확산과 함께 사회 모든 분야가 활용하는 설득수단이 되었다.

선전을 오늘날과 같이 보편적이고 지속적인 현상으로 만든 조건은 대중매체이며 대부분 선전의 과정은 대중매체를 통해 이루어진다. 선전의 목적달성은 대중매체의 사회통제 기능과 직접 결부되어 있으므로 양자관계를 떠나 선전에 대한 이해는 이루어질 수 없다.

(2) 선전과 교육

선전의 의미를 좀더 분명히 하기 위해서는 선전과 교육의 차이를 알아야 한다. 엄밀한 의미에서 그 둘을 구별할 수 없다는 주장도 있다. 그러나 몇 가지 명백한 차이점은 존재한다.

선전은 교육과는 달리 그 내용에 비합리적 요소를 포함하고 있다. 논리적이라기 보다는 심리적 기제를 이용하여 대상에게 작용한다. 교육의 기본목적은 주체의 주장을 받아들이게 하는 것이 아니라 수신자의 태도를 합리적인 방향으로 이끄는 것이다. 따라서 교육과정의 커뮤니케이션은 처음부터 끝까지 합리성에 바탕을 둔다. 교육자나 피교육자나 합리적 정신을 바탕으로 하고 유지하여야 하며 이를 배양하는 것이 교육의 원칙이다.

이에 반하여 선전은 사람들의 태도에 영향을 미치려는 것이 목적이므로 비합리적 감정에 호소하는 경우가 많다. 선전은 정보나 지식의 제공보다는 오로지 수신자의 행동을 좌우하는 것에 관심을 두는 것이다.

정치와 관련하여 선전과 교육의 차이를 살펴보자. 정치교육은 정치현상에 대한 이해를 높이기 위한 내용을 담고 있다. 정치교육 수신자는 그 내용을 자신의 입장에서 비판적으로 받아들여 나름대로의 합리적인 판단을 거쳐 자신의 정치적 태도를 결정한다. 그러나 정치선전은 정치적 내용을 담은 정보를 송신할 경우 수신자가 그것을 합리적으로 비판할 능력의 유무를 고려하지 않는다. 오로지 수신자를 일정한 정치적 방향으로 나가도록 할 목적을 가지고 있다. 따라서 오히려 감정적 호소 또는 편견, 선입관에 기초하여 특정한 정치적 태도를 형성하도록 유도한다.

(3) 선전의 종류

1) 직접선전과 간접선전

선전은 방법에 따라 직접선전과 간접선전으로 구분할 수 있다. 직접선전은 선전의 목적과 내용이 직접 수신자에게 알려지는 경우를 말한다. 이것은 수신자가 선전의 목적과 내용을 정확히 이해할수록 그 효과가 크다는 가정에서 출발한다. 따라서 직접선전은 해설이나 설명의 형태를 취하는 경우가 많다.

간접선전은 선전의 목적을 수신자에게 알리지 않으려고 하며 때로는 부인하려고 한다. 예를 들어 미국에서 시작된 “어머니날”은 꽃가게들이 판매증진을 위해 시작한 것이다. 그러나 그 선전에서 꽃은 부차적인 것이었으며 어머니에 대한 사랑과 효성을 강조하고 있다. 정치선전에서도 애국심과 국가에 대한 봉사 등을 강조하는 등 대의명분을 내세우지만 그것이 권력자의 이기적인 목적을 달성하려는 간접선전의 경우가 많다.

2) 매스커뮤니케이션 선전과 퍼스널 커뮤니케이션 선전

매스커뮤니케이션 선전은 대중매체를 이용한 선전을 말하며 퍼스널 커뮤니케이션 선전은 구두선전이나 개인편지나 전화, 문자 등을 이용하는 것을 의미한다. 전자에 의한 선전이 과도한 경쟁에 의해 일정한 한계에 도달하면 오피니언 리더 등을 이용한 퍼스널 커뮤니케이션을 병행하는 선전이 유효하다. 선거운동에서 어떤 후보자가 전날 TV에 출연하여 토론회를 가졌을 경우, 그 다음날 그 후보의 선거운동원 내지 지지자들이 사람들과 어울린 자리에서 그 후보의 토론내용을 칭찬하는 기회를 가졌다고 하자. 앞의 TV출연은 매스커뮤니케이션 선전이며 뒤의 지지자들의 직접 언급은 퍼스널 커뮤니케이션 선전인 것이다. 만약 TV에 나온 후보의 모습만으로 그에 대한 호 · 불호 판단이 잘 안되는 유권자가 퍼스널 커뮤니케이션을 통해 그 후보에 대해 좀더 좋은 정보를 듣고 얻는다면 효과를 거둘 수 있는 것이다.

(4) 선전의 방법과 효과

1) 선전방법의 형태

미국의 선전분석전문가인 McClung Lee는 파시즘의 선전을 분석하여 선전기술을 다음과 같은 7가지로 분류하고 있다.(고영복, 1995)

1. **딱지붙이기** name calling : 어떤 생각에 대해 나쁜 이름을 붙여서 합리적인 판단없이 무조건 그것이 나쁘다는 의식을 주입시킨다.(예: 수구반동, 조선노동당 2중대, 빨갱이)

2. **찬양의 강조** glittering generality : 딱지붙이기와는 반대로 어떤 대상을 무조건 찬양함으로써 그것이 좋다는 의식을 주입시킨다.(예: 정의, 개혁, 민주, 민중, 애국)

3. **전이** transfer : 권위나 위신 등을 어떤 것에 부여하여 그것을 받아들이기 쉽게 한다.(예: 장엄한 음악, 십자가, 국기)

4. **증언** testimonial : 사회적으로 권위있는 사람이 좋다고 추천, 또는 나쁘다고 말함으로써 그러한 평가에 권위를 붙인다.

5. **평민성** plain folks : 선전자가 자기도 모든 다른 사람들과 같은 국민의 한 사람이며 보통 인간임을 강조하여 공감을 얻는다.

6. **협잡효과** card stacking : 날조나 은폐를 통해 어떤 대상에게 좋거나 나쁜 인상을 지운다.

7. **악대효과** band wagon : 모두가 그렇게 하고 있다라는 인상을 줌으로써 선전자의 의도를 주입시킨다.

또한 정치선전의 형태로 다음과 같은 네 가지가 제시되고 있다.

첫째, "한번 누명을 쓰면 그만이다"라는 말처럼 공격하고 싶은 사람을 "파시스트," "적색분자," "수구반동"이라고 부른다.

둘째, "사회정의를 위하여," "자유평등을 위하여," 등과 같은 표현을 사용해서 자기의 행동이나 계획을 과시한다.

셋째, 신이라든가, 십자가, 깃발 같은 일반의 존경의 대상이 되고 있는 상징과 결부시킴으로써 자기정책에 대한 승인을 얻어낸다.

넷째, 선전자가 극단적으로 민주적이라든가 민중의 편이라는 것을 보임으로써 동정과 지지를 받아낸다.

2) 선전수용과정

선전은 선전자의 의도가 수용자에게 반응을 일으키려는 목적을 갖고 있다. 선전효과는 수용과정을 거치게 되는데 그 과정을 정리하면 다음과 같다.

1. **전달가능성의 차원**: 선전의 내용과 전달대상층이 어느 정도 부합되는가를 먼저 살펴야 한다. 예를 들어 어린이 전용채널에 건강보조식품을 선전해서는 효과를 기대할 수 없다.

2. **주목율의 차원**: 선전물은 오감을 통해 수용자들이 그 내용을 인지하는 것이다. 따라서 먼저 선전이 예상했던 수용자들에게 제대로 전달되었는가 하는 문제를 고려해야 한다. 대상으로 삼은 목표물에 제대로 도달하였다면 이를 주목율이 높다고 한다. 이것이 선전효과를 거두는데 가장 기본적인 문제이다.

3. **인지구조 변용의 차원**: 주목을 받은 선전물이 의도한 지식을 주고 그것이 이해되고 따라서 수용자의 태도에 영향을 주었는가 하는 것이 효과에 영향을 준다.

4. **행동화의 차원**: 선전물에 의한 태도변화가 행동을 유발하였느냐 하는 문제이다. 선전의 궁극적인 목적은 행동을 유발하는 것이다.

5. **정착화의 차원**: 선전자가 의도한 행동을 한 차례에 그치지 않고 그것이 습성화되어 반복적으로 일어난다면 선전의 효과는 충분히 거뒀다고 하겠다.

3) 대중매체의 선전효과

어떤 사실이 대중매체를 통해 알려지면 그것만으로도 가치가 있어 보이고 특정 견해일 경우 설득력이 높아진다. 이같이 대중매체 자체가 권위부여의 기능을 가지고 있다. 최근 설득력의 강도는 영상매체, 특히 TV가 가장 높고 신문과 같은 인쇄매체는 영상매체에 비해 설득력이 떨어지는 것으로 나타나고 있다. 보급이 확산된 인터넷의 경우 아직 TV보다는 영향력이 약하나 연령대에 따라 신문보다는 더 높은 설득력을 발휘하는 것으로 알려지고 있다. 즉 인터넷에 익숙하고 많이 사용하는 20대와 30대는 신문보다 쌍방향 커뮤니케이션이 가능한 인터넷을 정보수집의 매체로 활용하는 빈도가 높고 또 많은 영향을 받지만 40대 이상은 인터넷보다는 신문에 더 큰 영향을 받는 것으로 연구결과가 말해주고 있다.

수용자들에게 자극으로 전달되는 정보의 양이 많으면 많을수록 결과로서 나타나는 반응도 커진다. 반복해서 제시되는 선전물은 효과가 크다. 그러나 반복의 효과가 크다고 해도 단순한 반복은 오히려 역효과를 가져오는 경우도 있기 때문에 변화를 가미한 반복이 중요하다 하겠다.

선전의 효과는 정보제시의 순서와도 관련있다. 두 개의 의견을 제시하는 경우 대체로 먼저 제시하는 것이 뒤에 제시하는 것보다 유리하다. 그러나 이것도 수신자의 조건에 따라 다르다. 대체로 수신자에게 바람직스런 정보가 먼저 오고 바람직스럽지 않은 정보가 뒤에 오는 것이 유리한 것이고 가능하면 먼저 수신자의 욕구를 환기시켜놓고 그 욕구를 만족시키는 정보를 주는 것이 유리하다.

또한 어느 문제에 대해 한쪽 입장만을 말하는 일면제시와 그것과 대립되는 의견도 같이 말해주는 양면제시의 경우 어느 것이 효과가 있나하는 문제는 교육수준이 높은 사람에게는 양면제시가 교육수준이 낮은 사람에게는 일면제시가 효과적이다. 또한 양면제시는 역선전에 대해 저항력을 기를 수 있는 장점이 있다.

구체적인 결론을 제시하는 것이 효과적이냐 아니면 은유적이거나 간접적인 힌트만을 주는 것이 좋은 것이냐 하는 문제도 지적 수준이 높은 사람에게는 간접성도 효과를 발휘하나 복잡하고 어려운 문제의 경우 지적 수준이 낮은 사람들에게는 구체적인 결론을 제시해주는 것이 좋다.

그리고 일반적으로 선전효과는 이성에 대한 호소보다 감성 내지 정서에 대한 호소가 더 크게 나타난다.

4) 선전의 한계

직접대면이든 대중매체를 이용하든 잘 계획된 선전은 효과가 크다. 그러나 선전도 대중매체의 시설 및 기술, 국민들의 교육수준, 상대방의 반대선전 등에 의해 제한을 받는다.

첫째, 매스미디어 시설의 정도이다. 선전이 효과를 거두기 위해서는 대중에게 선전내용이 전달되어야 한다. 그러나 TV나 신문, 또는 인터넷의 보급률이 낮다면 효과를 거둘 수 없다. 또한 국민들의 문맹율이 높다면 인쇄매체는 효과를 거두기가 힘들다. 인도는 공용어가 여러 개이고 또한 국민들의 문자해득율이 낮기 때문에 정부가 선거홍보물을 제작하는데 어려움을 겪고 있다. 심지어 지폐의 액수표시도 여러 문자로 표시하고 있다. 대부분의 신생국들이 정부수립 이후 문맹퇴치운동을 최우선 과제로 추진하는 것은 이러한 이유 때문이다.

둘째, 국민들의 전반적인 교육수준이다. 의도적인 선전의 효과는 그 사회 구성원의 교육수준에 반비례한다고 알려져 있다. 지적 수준이 높은 사람은 선전자의 의도와 선전물 내용의 왜곡된 사실들을 알아차린다. 또한 이들은 비판의식이 높다. 따라서 이들을 대상으로 한 선전은 효과를 거두기가 힘들며 매우 정교하게 제작되어야 한다.

셋째, 반대선전의 유무이다. 특정선전은 반대선전이라는 반격을 불러일으킨다. 지난 1992년 대통령 선거운동 막바지에 부산지역 기관장들이 모여 부산 유권자들을 대상으로 지역감정을 불러일으켜 민자당 김영삼 후보에게 유리한 분위기를 조성하자는 논의를 하였다. 국민당 지지자들이 이를 몰래 녹음하여 언론에 공개하였다. 여당인 민자당이 정부고위관계자를 선거에 이용하고 특히 지역감정을 조장한다는 비판이 일어났다. 사태 초기에는 민자당에 매우 불리한 것으로 보였다. 그런데 민자당 김영삼 후보는 지역감정 조장문제보다 도청이 더 큰 문제라는 식으로 역선전하였다. 노무현 대통령 재임기간 중 청와대 의전비서관이 충북 청주에서 지역유지로부터 향응을 받다가 이것이 녹화된 내용이 공개되어 사임한 사건이 있었다. 야당은 이를 개혁을 강조하는 참여정부의 청와대 비서관이 향응을 받는 부도덕한 사례로 공격하였다. 청와대는 사건을 몰카사건으로 몰고갔다. 이렇듯 선전은 역선전을 불러일으키고 효과가 감소된다.

넷째, 집단조직의 성격이다. 동질성이 강한 집단, 즉 학생, 노동조합, 농민단체, 종교집단 등은 강력한 연대감으로 인해 선전효과가 적을 수 있다. 이 경우 여론주도자의 역할이 크므로 이들을 경유하는 것이 효과를 증대시킬 수 있다.

대중설득을 위한 선전은 선전가나 선동가에 의해 바람직하지 않은 목적으로 오용될 위험성이 있다. 고도의 설득기술은 인간의 피동적인 존재로만 인식하고 조정가능하다고 본다. 이 경우 인간의 존엄성마저 손상시킬 수 있다. 특히 선전기술에 관한 연구는 소수 지배자에게 설득에 의한 인간지배의 지식을 독점시키고 그러한 지식의 점유와 행사로 독재를 가능케하는 위험이 있다.

V. PR

PR(public relations)이라는 용어는 이미 일상적으로 많이 사용되고 있다. 이를 우리 말로 직역하면 “공중관계”라고 할 수 있다. 인간상호간의 다양한 관계의 총합을 “인간관계”라고 부른다면 PR은 공중과의 관계를 선전 등 여러 방법을 통해 개선하고자 하는 것이라 하겠다.

공중과의 관계라는 뜻의 PR은 한계가 불명확하므로 이에 관해서는 다양한 정의가 있다. 그중 가장 많이 인용되고 있는 것은 Irving Olds가 내린 “PR이란 양호한 여론에 반영할 수 있는 넓은 의미의 정책의 수립과 실천이다"라는 것이다. 그러나 이 정의도 추상적이어서 PR의 뜻을 명확히 이해하기 힘들다. 지난 1948년 미국 뉴욕시 주소국장 J. C. Seidel은 PR을 "경영자가 고객, 종업원 및 일반 공중의 신용과 이해를 얻기 위해 노력하는 지속적인 과정으로, 내부적으로는 자기분석과 반성에 의하여, 외부적으로는 표현수단을 통해서 이루어지는 노력이다"라고 정의 내렸다.(고영복, 1995)

앞의 정의에 근거하여 분석해보면 PR은 ▲ 지속적인 과정이고, ▲ 정책과 서비스 그리고 조직활동에 관한 것이며, ▲ 그 목적은 신용과 신뢰를 얻기 위한 것이다. 또한 ▲ 이 목적을 달성하기 위해 자신들의 정책, 서비스 및 활동에 관해 설명하는 활동이고, ▲ 그 활동은 공중의 완전한 이해를 얻기 위한 것이며, ▲ 그 이해란 공중의 의향과 반응을 알아서 조직의 운영에 반영할 때 가능한 것이다. 마지막으로, ▲ 그 주체는 단지 영리기업에 한정되는 것이 아니라 목표를 지향하는 모든 조직 및 개인을 포함한다.

PR의 기본에는 봉사정신이 바탕이 되어야 한다. PR이 공중으로부터의 이해획득을 목표로 한다면 그 주체의 경영철학이 사려 깊고 총명한 이기심을 근간으로 조직과 관련된 모든 의사결정을 내려야 할 것이다. 조직의 경영은 단지 자신들의 이익만을 목표로 해서는 안되며 조직과 관련된 직원, 고객, 유관기관, 주주 등을 넘어서 일반 공중에까지 만족을 준다는 사회적 책임의식에 근간을 두어야 한다.

PR은 종종 선전 및 광고와 혼동 내지 동일시된다. 그러나 영리증대나 지지확산을 위한 선전 및 광고와 PR은 구분되어야 한다. 즉 PR은 대중매체를 무료로 이용하는 것을 목표로 한다. 그것이 최대 효과를 발휘할 수 있다. 다시 말하면 자신이 전하고자 하는 메시지가 대중매체의 자발적인 협조에 의해 기사화되고 보도되어야 한다. 예를 들어 삼성생명은 맹도견을 길러 시각장애인들에게 무료로 분양하고 있다. 기업활동을 통해 얻은 이익을 사회적 소수 및 약자에게 환원하고 있는 것이다. 이 내용을 삼성이 스스로 광고를 통해 알리는 것보다 언론매체가 취재를 통해 기사화하여 보도하는 것이 기업이미지 향상에 더 큰 효과가 있을 것이다. 선전은 어떻게 보면 경쟁과 대립을 전제로 한다. 어느 시장을 독점하고 있는 기업이라면 활발한 선전이나 광고가 필요없을 것이다. 그러나 PR은 보다 장기적이고 단기적인 매출과 이익의 증대를 목표로 하지 않는다는 점에서 경쟁상대를 의식할 필요가 적다.

어떤 조직이나 사회구성원으로부터 신용과 신뢰를 획득하는데는 오랜 기간이 걸린다. PR이 경영상의 실패나 조직의 부도덕성을 감추기 위한 방편으로 공중을 호도하는 것이라면 그 사실은 조만간 밝혀질 것이고 그나마 쌓은 신뢰마저 실추될 것이다. 따라서 PR은 주체의 진실한 의도를 공중에게 알리는 것이며 왜곡이나 허위가 포함되어서는 안된다. 그러기 때문에 PR은 선전이나 광고보다 더 치밀한 기법이 요구된다.

제 16 장

선거와 미디어

I. 대중조작과 매스미디어

20세기 후반들어 대중매체는 정치에 본격적인 영향을 미치기 시작했다. 이제 TV를 중심으로 한 대중매체는 정치과정에서 하나의 도구수준을 넘어서 중추적 역할을 수행하고 있다. 현대정치에서는 대중매체를 활용하여 매우 세련되고 효과적인 대중조작이 이루어지고 있다. 대중의 욕구나 기대, 그리고 희망이 정치에 잘 반영되고 있다고 보여져도 사실 유심히 살펴보면 설득자의 상징조작에 그렇게 인식되고 있다는 사실이 발견되곤 한다.

특히 TV보급의 보편화는 정치를 획기적으로 변화시켰다. 과거 카리스마적 정치인이라고 하면 넓은 광장에서 수 만명의 대중을 상대로 절규와 같은 연설을 토해내는 히틀러를 연상케 하였다. 그러나 이제는 수 백만 아니 수 천만 명의 TV시청자 앞에서 부드러운 표정과 온화한 언변으로 이야기하는 지도자가 더 설득력을 갖는 시대가 되었다. 또한 인터넷의 발달은 정치적 이벤트나 내용에 대한 즉각적인 피드백(feedback)을 가능케 하였으며 쌍방향 커뮤니케이션이 가능해져 여론의 활성화가 즉시적으로 이루어지고 있다.

대중매체의 발달은 대중암시와 대중조작의 스타일에 변화를 가져왔다. 그러나 대중조작의 목적은 이성이 아닌 정서에 접근하여 대중을 자기편으로 만들려는 과거 나찌 시절의 정치선전과 크게 다르지 않다. 대중의 심리는 변하지 않았으며 대중심리가 암시에 의해 조작되고 설득된다는 메카니즘도 변하지 않는다. 다만 대중매체의 발달이 암시의 스타일을 변하게 했을 뿐이다. 이러한 변화를 가장 잘 보여주는 사례가 미국의 선거이다. 우리나라도 지난 1995년 광역단체장 선거에서 후보자들의 정책토론회가 실시되는 등 정치과정에 TV의 도입이 급속히 확대되고 있다. 지난 1997년 대선부터 본격적으로 실시된 대통령 후보 토론회는 유권자들의 판단에 많은 영향을 미쳤으며 이미 선거운동과정의 하나로 자리잡았다. 미디어의 영향과 정치에서의 활용을 미국 대통령 선거를 중심으로 살펴본다.

II. TV토론의 정착과 선거전문가의 등장

미국 대통령선거에서 TV가 처음으로 큰 영향력을 발휘한 시기는 1952년이다. 당시 공화당후보였던 아이젠하워는 "아이젠하워는 미국을 향해 답한다"라는 슬로건을 내세우며 TV광고시리즈를 내보냄으로써 미디어캠페인의 새로운 시작을 열었다. TV가 대통령선거의 승패를 가른 것은 1960년이었다. 당시 아이젠하워 대통령 밑에서 8년간 부통령을 지낸 공화당의 닉슨 후보와 변화를 내세운 민주당의 젊은 후보 케네디 사이의 TV토론이 처음으로 열렸는데 패기와 젊음의 이미지를 준 케네디 후보와 뭔지 모를 음울한 인상을 준 닉슨 후보가 대조되면서 TV토론을 지켜본 많은 유권자의 마음이 케네디 후보로 돌아섰다. 그 결과 토론내용은 닉슨이 이겼다고 분석되지만 선거는 케네디가 근소한 차이로 승리하였다.

그후 닉슨은 1968년 현직 부통령인 민주당의 험프리 후보와 대통령선거에서 다시 대결하였는데 1960년 대선패배의 경험을 교훈삼아 TV활용기술을 터득함으로써 선거에서 승리하여 대통령에 당선되었다. 이는 매우 중요한 사례로 간주되는데 닉슨은 외모나 성격, 스타일 자체가 일반대중은 물론 측근 참모에까지 친근감을 주지 못했으며 대통령선거에 이어 1962년 캘리포니아 주지사 선거에서도 패해 이미 정계은퇴한 인물로 인식되고 있었다. 또한 언론의 지지를 받지 못하고 있는 불리한 상황이었다.

그는 성격 자체가 남을 신뢰하지 못하고 매우 독단적이었다. 1960년 대통령 선거 당시 공화당 선거본부는 정치적 재능이 뛰어난 인물들로 구성되어 있었는데 닉슨은 그들의 진언을 받아들이지 않음으로써 실패했다는 평가를 받고 있었다. 자신의 약점과 실수를 깨달은 닉슨은 1968년 대통령 선거에서 선거참모들에게 권한을 대폭 위임하였다. 그들의 결정을 존중하였고 참모들이 조언하는대로 선거운동을 전개하였다. 즉, 닉슨은 1960년 선거에서 자신이 남에 의해 상품화되는 것을 거부하고 스스로 자신을 판매하려 노력하였지만 1968년 선거에서는 스스로 상품이 되어 선거참모들의 판매전략에 전적으로 의존하여 대통령에 당선되었던 것이다. 1968년 닉슨의 당선은 바로 선거전문가의 위력을 말해주는 사례라 하겠다.

후보를 상품화하고 선거과정을 마케팅과정으로 파악하여 선거운동을 전개하는 상업적 방식은 정치의 본질을 왜곡시키고 민주주의를 훼손하는 것이라는 비판을 받고 있다. 그러나 선거전략, 홍보, 유세일정, 발언내용 및 수준의 결정, 후보자의 포괄적 이미지 형성 등 득표를 위한 모든 활동은 후보 스스로 모든 것을 결정하기에는 너무 광대한 일이 되어버렸으며 부분별로 전문가의 도움을 받을 수 밖에 없는 상황이 현실로 되어버렸다.(뉴만, 2000)

1968년 닉슨의 선거운동을 상세히 살펴보면 먼저 닉슨의 선거참모들이 선거운동 돌입 전 가장 고심한 문제는 그의 차갑고 모가 나며 출세욕이 왕성한 모사가적 정치인이라는 일반인들이 가지고 있던 부정적 이미지의 극복이었다. 닉슨 진영이 목표로 한 것은 그가 성실하며 인상이 좋고 경험이 풍부하며 의지가 강하지만 독선적이지 않다는 이미지를 유권자들에 인식시키는 것이었다. 그리하여 닉슨의 과제는 당시 월남전으로 국론이 분열되어 있던 미국의 법과 질서를 회복하고 월남전의 구렁텅이에서 미국을 구출할 수 있는 후보라는 이미지를 구축하는 것이었다. 결국은 닉슨의 선거참모들은 이러한 이미지 구축에 성공하였다. 당시 닉슨에게 패했던 민주당 후보 험프리는 후에 TV활용법을 배우지 못했던 것이 최대의 실수였다고 술회했다.

현대정치 특히 현대선거는 TV선거이고 이 TV선거는 이미지 정치를 부추긴다는 비판을 받는다. 그러나 TV를 중심으로 한 미디어 선거는 선거운동의 모든 측면에 변화를 가져왔다. 이 변화의 요체는 첫째 매스미디어를 통해 유권자에게 직접 호소하여야 한다는 것과 둘째 그런 호소를 위해 사용되는 기술은 세련되고 과학적이어야 한다는 두 가지로 요약될 수 있다. 선거운동은 이제 분업화되어 선거전략수립, 광고, PR, TV연기, 여론조사, 자금조달, 연설문 작성 등으로 세분화되어 각각의 전문가가 담당하는 등 산업화되고 있다.

이렇듯 선거의 산업화를 촉진시킨 것은 도시화 현상이라고 하겠다. 인구의 도시집중과 높은 유동성은 과거 정치적 영향이 컸던 지연이나 혈연에 기반을 두었던 전통적 공동체를 해체시켰다. 인구가 집중된 도시유권자들에 대한 접근은 연고를 통한 개인적인 접근보다 대중매체를 활용하는 것이 훨씬 효과적이다. 이같은 선거의 산업화는 과거 지역에서 영향력을 발휘하며 전근대적 부정적 이미지를 가졌던 정치보스의 약화를 촉진시킴으로써 정치와 선거의 선진화에 큰 기여를 하였다.

그러나 한편으로는 선거산업의 발전은 민주주의의 본질을 훼손시킨 면도 있다.

첫째, 선거운동이 감각적, 정서적 선택을 촉진시켰다는 점이다. 이로 인해 정당간의 경쟁적인 정책에 기반한 유권자들의 선택이라는 선거의 기능이 상실되었다.

둘째, 대중매체가 선거운동의 주체로 등장하면서 의사소통의 일방향성이 심화되어 유권자는 선거전문가의 조작대상되었다는 것이다. 선거가 여론수렴의 장이 되어 국정운영에 그 여론이 반영되려면 유권자의 능동적인 접촉이 전제되어야 할 것이다. 그러나 TV를 중심으로 한 이미지 정치는 이러한 전제를 어렵게 하고 있다.

셋째, 선거의 산업화는 정치비용의 급증을 가져왔다. 종국적으로 정치비용이란 국민들이 그 대부분을 부담해야 한다는 사실을 염두에 둔다면 과도한 정치비용은 국민부담을 가중시키는 것이다.

Ⅲ. 미디어선거의 특징

(1) 커뮤니케이션 기술의 발달

인쇄매체, 전파매채, 뉴미디어로 이어지는 커뮤니케이션 기술의 발달은 정치에 큰 영향을 미쳤다.

먼저 신문과 활자인쇄물을 중심으로 하는 인쇄매체 시대에는 정치인의 행동범위가 교통수단이 도달할 수 있는 시간적 · 공간적 범위에 한정되어있었다. 따라서 전국적인 쟁점이 발생하기 어려웠다. 그러나 라디오와 TV로 이어지는 전파매체시대가 열리며 그 전의 인쇄매체와는 본질적으로 다른 변화가 일어났다.

첫째, TV는 정치를 국가 전역에 동시적으로 전하는 것을 가능케 했다.

둘째, TV는 정기적으로 정치인, 정당, 정치적 쟁점에 대한 정보를 수 백만 명의 국민들에게 동시에 전달할 수 있게 되었다.

셋째, TV는 영상에 의해 메시지가 가시화됨으로써 영향력이 다른 미디어를 압도하게 됐다.

넷째, TV는 정치인의 유권자에 대한 접근을 정당에서 TV네트워크로 대치해버렸다.

아직도 TV가 정치커뮤니케이션 부분에서 압도적인 영향력을 발휘하고 있지만 인터넷과 스마트폰 보급의 대중화로 인해 SNS가 정보화사회의 중추로 자리잡아 가고 있으며 정치에서도 그 영향력이 점점 증대되고 있다.

(2) 퍼스낼리티의 중시

TV의 정치에 대한 보도내용은 정치적 쟁점 이외에 정치인, 즉 퍼스낼리티에 관한 내용이 많은 부분을 차지하고 있다. 여기서 퍼스낼리티란 개인을 특징지우는 행동의 모든 양상을 의미한다. TV영상은 정치인의 퍼스낼리티를 전달하는데 가장 효과적인 수단이다.

TV는 정치인의 외모적 특징과 인간적 매력을 전달한다. 이에 따라 TV에 맞는 발언방법, 몸짓, 표정, 복장 등 소위 비디오형에 맞는 스타일의 습득이 요구된다. 유권자의 정치인에 대한 평가는 성실성, 전문성 등 정치활동에 필요한 기본적인 자질보다는 TV가 전달하는 개인의 이미지에 크게 의존한다. 이러한 TV의 퍼스낼리티에 대한 보도현상에 따라 첫째 성, 연령, 소득, 직업, 교육수준 등 유권자의 사회경제적 속성이 투표행태에 미치는 영향력이 감소됐으며 둘째, 부동표의 증가와 미디어의 발달은 유권자의 정당에 대한 충성심을 약화시켰다. 즉, 정당은 유권자들의 전통적인 정당일체감보다 정당지도자가 갖고 있는 개인적 매력에 의해 득표활동이나 정당지지도를 올리려는 노력을 하게된다. TV시대의 정당지도자는 TV에 맞는 비디오형인가, 어떻게 유권자들에게 보여지는가 하는 점이 승리의 중요한 요인이 된다.

(3) 정치컨설턴트의 등장

TV영향력의 확대와 퍼스낼리티 보도경향은 선거전문가를 출현시켰다. 커뮤니케이션 기술이 고도화되고 복잡성을 띠게 될 때 정치인이나 후보자들은 전문성을 가진 컨설턴트에 의존할 수 밖에 없으며 선거기술의 전문화는 다음과 같이 분류될 수 있다.

1. 매스미디어에 대한 후보자의 대응
2. 선거구에 대한 시장조사
3. 선거전략의 수립
4. 다양한 매체를 활용한 여론조사 및 결과분석

정치컨설턴트는 1970년대만 하더라도 지지율 조사와 미디어 대책 등을 담당하는 수준에 그쳤지만 1980년대부터는 업무가 좀더 세분화되었다. 여론조사결과를 분석하고 후보와 상대방의 장단점을 파악하여 유권자에 좀더 효과적으로 접근할 수 있는 방법을 찾아낸다. 이어 여기에 맞는 연설문을 작성하고 커뮤니케이션 스타일을 개발하여 후보자에게 습득시키는 역할을 한다. 이제 프로그램을 지휘하는 감독과 같이 최신 기술을 다양하게 활용하여 유권자의 구미에 맞는 이미지를 창출할 줄 아는 선거전문가의 확보없이 선거에서 승리를 기대할 수 없는 상황이 되었다. 이러한 정치컨설턴트는 대통령 선거 뿐 아니라 총선거, 지방선거에까지 확대되고 있다. 미국의 경우 현재 거의 1만명 가까운 선거관련 전문가들이 활동하고 있다. 이제 후보자는 정당 내에서 영향력을 행사하는 정당지도자보다 선거전문가에 의존하는 경향이 더 커지고 있다.(뉴만, 2000)

Ⅳ. 과학적 선거의 문제점

선거전문가의 등장을 선거의 과학화라고 부르기도 한다. 이들 선거전문가들은 상업마케팅에서 활용되는 광고기법은 물론 정치에 대한 전문지식까지 겸비하고 있다. 선거전문가인 정치컨설턴트는 미국정치에서의 경우 새로운 권력집단이라고 불리우고 있다. 심지어 현대선거에서 거의 독재자에 가까운 존재라고 비난받고 있다. 이들은 후보자 진영에서 일하며 정당의 정책영역 결정에서 각종 이벤트의 계획, 상대후보에 대한 공격방법, 연설원고의 작성에 이르기까지 과학적인 여론조사를 활용하여 선거운동을 전개하며 여기에는 정치학자, 문화인, 심지어 연예인, 스포츠 스타까지 동원하여 선거운동의 입안과 실행을 수행한다.

그러나 유권자의 심리를 파악하여 접근하는 과학선거는 위험성도 내포하고 있다. 오로지 승리를 목표로 하기 때문에 이를 위한 수단과 방법을 가리지 않음으로써 혼탁선거가 될 가능성이 있다. 선거법의 테두리 내에서 선거운동을 실행하기 때문에 불법 · 타락선거에 이르지는 않더라도 전국에서의 득표율 극대화를 목표로, 한 지역에서는 A란 정책을 내세우고 다른 지역에서는 A 정책과 상충되는 B란 정책을 홍보하게 된다. 이는 불법이 아니라고 하더라도 정치윤리를 심각히 훼손하는 부도덕한 선거운동이라 할 수 있다.

또한 과학선거는 충분한 자금을 확보해야 한다. 세련된 TV광고나 빈번한 여론조사의 실시는 많은 비용이 든다. 정치컨설턴트 고용도 고액의 보수를 지불해야 한다. 그러나 이들을 고용하여 소위 과학선거를 치르지 않으면 선거에 이길 수 없다. 즉, 아무리 훌륭한 인격과 비전, 정치력을 보유하고 있더라도 정치컨설턴트의 도움을 받지 않으면, 달리 말하면 이들을 활용할 수 있는 충분한 정치자금을 확보하지 못하면 당선되기 어려운 것이다.

미국에서 일반화된 현대적 과학선거의 특징은 다음의 두 가지로 요약될 수 있다.

첫째, 선거참모를 비롯하여 미디어전문가, 여론조사 전문가, 국내 및 국제 정세 전문가 등을 총동원하며 현대과학의 모든 기술을 활용하여 과학적이고 합리적인 선거운동으로 득표율 극대화의 전략을 수립 · 시행한다.

둘째, 이렇게 세워진 전략을 실행하기 위해 모든 대중매체를 활용하여 다양한 이벤트를 기획 · 실천한다. TV와 신문 등 대중매체에의 선전은 이 과정에서 결정적인 역할을 한다. 여기에는 엄청난 광고비용이 투입된다. 이어서 이같은 투입에 대한 실행효과를 곧바로 여론조사나 대중매체 보도경향에 대한 전문가들의 분석을 통해 측정하고 평가하여 피드백을 종합하여 이를 분석한 후 기존 계획을 수정하거나 새 전략을 수립한다. 이러한 과정이 선거운동 기간 내내 반복된다.

과학선거는 국민의 희망사항이나 불만을 즉각적으로 정확하게 파악하여 선거운동에 반영함으로써 여론수렴과 반영이라는 기능을 수행하는 긍정적인 면이 있다. 또한 유권자들에게 알기 쉽게 후보자들의 철학이나 정책을 전달함으로써 정치과정의 효율성을 높이는 것도 사실이다. 따라서 선거의 과학화나 정치컨설턴트의 활동 그 자체는 반드시 부정적으로 평가될 수 없다.

그러나 뉴폴리틱스(new politics)라고 불리우는 현대정치는 대중매체가 전달하는 이미지에 크게 의존하고 이는 정치선전과 정치조작에 바탕을 두며 이 과정에서 과도한 정치자금이 소요된다는 점에서 민주정치의 본질을 훼손시킬 수 있는 많은 위험성도 내포하고 있다.

V. 미국 대통령선거 사례

최근 미국 대통령선거는 후보들이 직접 유권자에게 접근하여 지지를 호소하는 방식이 아니라 먼저 대중매체를 이용하여 자신을 알리는 선거전략이 대세를 차지하고 있다. 즉, 후보자와 유권자 사이를 대중매체가 매개하는 미디어선거인 것이다. 미디어 활용 중 중요한 것은 ▲ TV토론, ▲ TV의 전당대회 중계, ▲ TV광고 등이라 하겠다.

(1) TV토론

미국 대통령 선거운동 기간 중 최대 이벤트는 주요 후보가 참여하는 TV토론이다. 우리나라도 지난 1997년부터 대통령 후보간의 TV토론이 이루어지고 있으며 유권자들의 후보선택에 중요한 기능을 담당하고 있다.

미국 대통령선거에서 TV토론이 최초로 도입된 것은 앞에서 예로 들었듯이 공화당 닉슨 후보와 민주당 케네디 후보 사이에 벌어진 1960년이다. 그 선거에서 TV토론만 없었으면 닉슨이 승리를 했을 것이라는 평가를 받을 정도로 TV토론의 위력은 승패에 결정적인 역할을 했다.

TV토론이라고 불리우지만 실제 후보자들 사이의 직접적인 토론은 이루어지지 않는다. 사회자와 4~5명으로 구성된 패널리스트들이 후보자들에게 질문을 하는 형식으로 진행된다. 토론내용도 새로운 것은 거의 없다고 하겠다. 정책과 신상에 관한 내용은 이미 예비선거와 전당대회를 거치며 유권자들에게 충분히 알려졌기 때문이다. 그럼에도 불구하고 TV토론은 큰 영향력을 발휘한다. 주요 후보들이 자리를 같이 하여 입장을 밝히는 TV토론은 후보자들을 상호비교할 수 있는 좋은 기회이기 때문에 평소 정치에 관심이 없는 유권자들도 이를 관심있게 시청한다.

TV토론의 가장 큰 긍정적인 영향은 TV라는 매체가 정치를 가정으로 직접 가지고 들어옴으로써 정치에 대한 국민의 관심을 높였다는 점이다. 예를 들어 1858년 미국 대통령 선거에서 링컨 후보와 더글라스 후보의 토론이 7차례 실시되었는데 당시 청중은 모두 합해 7만 5천명에 불과하였다. 그러나 TV토론이 처음 도입된 1960년 닉슨 · 케네디의 TV토론은 유권자의 90% 이상인 8천 5백만명이 총 4회의 토론 가운데 적어도 한 번 이상은 시청하였다.(정윤무, 1997) 우리나라도 TV토론이 도입되기 전인 1992년 대통령 선거 때까지만 하더라도 각 후보들은 선거운동을 대중동원에 의존하였다. 특히 지금은 공원으로 바뀐 서울 여의도 광장은 대중집회의 단골장소와 같은 곳이었다. 각 후보는 경쟁적으로 대중집회를 열며 보통 1백만명 이상의 인원을 동원하였다. 많은 비용이 소요되고 매우 비효율적인 선거운동방식이 아닐 수 없었다. 그 후 대중집회는 후보들에 의해 자제되었고 대신 TV토론이 도입됨으로써 우리나라도 안방에서 TV를 통해 후보자들에 평가를 할 수 있는 선거가 정착되고 있다.

TV토론의 최대 단점은 토론의 내용보다 후보자가 보여주는 이미지에 지나치게 관심이 집중되는 점이다. 토론이 목표로 하는 지적인 논쟁을 통한 후보자들 사이의 대결과는 반대로 오로지 후보자의 이미지를 돋보이게 하기 위한 경쟁으로 변질된 것이다. TV토론에서 리더십과 같은 정치적 능력보다는 연기자와 같은 언행이 더 큰 힘을 발휘한다. 이렇듯 내용보다는 스타일이 강조되다보니 TV토론을 통해 시청자가 이성적인 판단에 근거해 최종결정을 내릴 수 있는 내용이 부족해진다. 또한 TV토론은 한 번의 단순한 실수가 장래에까지 영향을 미치는 단판승부적 요소를 가지고 있다. 시간의 절박성과 제한성, 상황의 긴급성으로 TV토론에서 후보자는 말 한마디의 실수로 치명상을 입을 수 있다.

후보자의 말 실수가 선거결과에 영향을 미친 예는 지난 1976년 미국 대통령 선거이다. 첫 번째 TV토론에서 공화당 포드 후보는 "소련의 지배는 동구권에 크게 영향을 미치지 못하고 있다"고 발언하였다. 이에 대해 공산통치를 피해 동구국가로부터 미국으로 이민해온 유권자들이 크게 반발하였다. 상대방 민주당 후보인 카터는 두 번째 토론에서 이 기회를 놓치지 않고 포드의 실언을 계속 추궁하였고 신문과 TV도 이 문제를 계속적으로 보도하며 포드 후보의 동구권에 대한 인식에 문제가 있다고 지적하였다. 선거에서 패배한 후 포드 진영은 그의 동구권 실언이 선거결과에 치명적으로 불리하게 작용했다고 분석하고 있다. 따라서 선거운동 기간 중 여론조사에서 선두를 달리는 후보는 TV토론에서의 실수를 우려해 이를 회피하려는 경향이 있다. 단 한 번의 실언이 그릇된 이미지를 만들고 그것이 지지율 하락으로 연결될 수 있기 때문이다. 1964년 미국 대통령 선거의 민주당 존슨 후보, 1972년 공화당 닉슨 후보도 여론조사에서 앞서자 TV토론을 거부하여 성사되지 못했다. 우리나라도 1992년 대선 당시 여당인 민자당 김영삼 후보, 평민당 김대중 후보, 국민당 정주영 후보의 대결구조에서 여론조사에서 앞서가던 김영삼 후보가 다른 후보들의 TV토론 제안을 거부하여 토론이 이루어지지 않았다.

대통령선거의 TV토론에 대한 찬성자들은 그것이 어떤 커뮤니케이션 형식보다 후보자의 정치사상, 정책, 인물됨에 대해 명확한 정보를 전달해준다고 지적한다. TV는 대통령 선출과정과 정치 일반에 대한 주목도를 높임으로써 정치적 관심을 증대시키는 잇점이 있다. 따라서 결점이 있다고 하더라도 TV토론은 보완을 통해 계속되어야 한다고 주장한다.

이같은 긍정적인 평가와는 달리 TV토론에 반대하는 사람들은 먼저 후보자의 능력, 자격을 평가하는데 토론만으로는 충분하지 못한 점을 지적한다. 이미지에 지나치게 주목하게 되므로 정작 쟁점이나 논점의 토론이 등한시되는 문제점이 있다는 것이다. 앞에서 지적하였듯이 TV토론은 한 번 실언하게 되면 그 후에도 그 부분에 대해 집중적으로 추궁 당함으로써 쟁점을 왜곡시킬 수 있는 것이다. 그리고 토론형식이 기자회견과 대동소이하고 그 내용도 유세 도중에 유권자들에게 밝힌 것과 큰 차이가 없다는 점도 문제점으로 제기되고 있다.

이같이 찬성과 반대가 엇갈리고 있는 가운데 TV토론이 선거과정에 중요한 역할을 하고 있으며 유권자들의 관심이 크다는 것을 고려할 때 TV토론의 단점을 보완하면서 그대로 유지해야 할 것으로 보인다.

(2) 정치광고

TV나 신문을 중심으로 하는 정치광고는 이미 우리나라의 선거운동에서도 중요한 위치를 차지하고 있다. 미국의 경우 지난 1992년 대통령 선거에서 부시 진영은 3,850만불, 클린턴 진영은 3,500만불, 페로 후보는 4,000만불을 각각 정치광고비용으로 지출하였으며 이 액수는 각 후보자의 캠페인 비용의 약 2/3에 해당되는 액수이다.(뉴만, 2000) 그후 정치광고 비용은 급증하여 미국 대통령 선거와 하원의원 선거가 있었던 2008년에 약 45억불이 정치광고 비용으로 사용된 것으로 추정되는데 이는 그전 대통령 선거의 해인 2004년보다 무려 64%가 늘어난 수치이다. 그중 TV광고비용이 약 50%인 23억불을 차지하고 있으며 양대 대통령 후보가 약 4억불을 TV광고에 사용한 것으로 추정되고 있다.

정치광고에서 TV광고가 처음 등장한 것은 1952년 대통령선거였다. 공화당 후보인 아이젠하워 진영은 "아이젠하워는 미국을 향해 답한다"라는 타이틀로 일반시민의 질문에 후보인 아이젠하워가 답변을 하는 형식의 광고를 내보냈다. 이 광고는 질문과 답변을 별도로 촬영하여 비슷한 내용을 편집한 것이었다.

미국 대통령선거에서 가장 논란을 빚은 유명한 정치광고는 1964년 선거에서 민주당 존슨 후보진영에 의해 방영된 '데이지 소녀'를 들 수 있다. 이 TV광고는 단 1회만 방영되었는데 엄청난 반향을 불러일으켰다. 이 광고가 방영된 후 백악관의 전화교환대는 항의전화로 시달렸으며 공화당측은 이 광고가 정치윤리에 어긋나는 것이라고 비난하였다. 방영 다음 날 미국 3대 TV방송국은

이를 뉴스시간에 재방영하였다.(정윤무, 1997)

이 '데이지 소녀' 광고의 내용은 평화로운 시골의 들판에서 어린 소녀가 꽃잎을 하나하나 따는 모습과 전쟁의 상징인 핵폭발의 버섯구름이 피어오르는 장면이 겹쳐지면서 굵은 남성 목소리로 카운트 다운이 진행되는 것이었다. 평화와 전쟁을 교묘하게 대비시킴으로써 상대후보인 공화당 골드워터의 호전성을 강조하는 것이었다. 즉, 골드워터라는 이름을 한번도 사용하지 않으면서도 그에게 투표하면 핵전쟁의 위험성이 있다고 호소한 것이었다.

정치광고의 사용이 늘어나고 그 효과가 입증되자 광고제작도 점점 세련되어졌으며 상업광고의 전문가들을 활용하여 유권자들의 심리를 철저히 분석하여 광고를 제작하였다. 1960년 대통령선거에서 케네디는 경쾌한 리듬의 징글 음악을 사용하였다. "케네디, 케네디"라는 후보 이름이 징글음악과 함께 경쾌하게 연호되며 자유의 종이나 근로자들로 활기찬 공장의 모습을 보여주었다. 이는 우울한 인상을 주는 부정적 이미지의 닉슨과 활기찬 케네디의 이미지를 대조시키기 위한 기법이었다.

이렇게 상대후보를 공격하면서 자기진영에 대해서는 호의적인 이미지를 부여하는 기법은 1968년에도 사용되어 공화당 닉슨 후보는 상대후보인 민주당 후보인 험프리를 월남전, 빈곤, 폭동 등과 결부시키려는 광고를 제작하여 방영했다.

정치광고는 자신의 정책이나 업적을 알리는 포지티브 광고보다는 상대방 후보를 공격하는 네가티브광고가 대부분을 차지하고 있다. 지난 1988년 현직 부통령인 공화당 부시 후보는 민주당의 듀카키스 후보가 매사츄세츠 주지자 재임 기간 중 성폭행범을 가석방시켰다가 그가 다시 성폭행범죄를 저지른 사실을 찾아내 이를 비난하는 광고를 제작하였다. 듀카키스 후보의 나약한 정책이라는 점을 강조하기 위한 것이었다. 이는 전문가들로부터 비겁하고 지나치다는 비판을 받았지만 성범죄의 만연에 대해 불안감을 느끼고 있는 일반

유권자들에게는 상당한 호소력을 발휘했다고 평가받고 있다.

그러나 그 다음의 1992년 대통령선거에서 부시는 클린턴 후보의 네거티브 광고로 상당한 곤욕을 치뤘다. 부시는 대통령 재임 기간 중 세금을 올리지 않겠다고 굳게 약속했다. 그것이 바로 그 유명한 "제 입을 보세요. 더 이상의 세금인상은 없습니다."(Read my lips. No more tax increase.)라는 문구이다. 그런데 연방정부의 재정적자가 심화되자 부시는 세금을 올리고 말았다. 선거운동 기간 중 클린턴 진영은 부시가 "제 입을 보세요. 더 이상의 세금인상은 없습니다."라고 말하는 장면을 보여주면서 그 밑에 "부시는 역사상 두 번째로 세금을 많이 올린 대통령입니다."라는 자막을 내보내는 광고를 제작하여 방영하였다. 결국 유권자들에게 부시는 거짓말쟁이라는 인상을 주었으며 부시 진영에 큰 타격을 가했다.

정치광고의 효과는 후보자나 쟁점의 인지, 후보자에 대한 평가, 수신자의 행동이라는 세 가지 수준에서 검토되어야 할 것이다.

먼저 인지적 수준의 효과로서는 지식, 기억, 쟁점의 인지 등에의 효과를 생각할 수 있다. 지식에 관해서는 정치광고 자체가 지식의 획득에 효과가 있다는 연구결과가 주류를 이루고 있다.

정치광고와 관련하여 과연 광고가 선거의 전체 과정 중 어느 단계에서 효과가 있는가 하는 점이 밝혀져야 할 것이다. 이와 함께 전체 정치커뮤니케이션에서 정치광고가 어느 정도의 비중을 차지하고 있느냐 하는 점이다. 정치광고의 효과가 크다고 하더라도 그것 자체가 선거결과를 좌우하지는 않는다. 정치광고는 후보자 선거캠페인의 일부분일 뿐이다. 아무리 정치광고를 잘 제작하였다고 하더라도 그 내용이 유권자들이 일반적으로 인식하고 있는 후보자의 이미지와 너무 동떨어질 때는 오히려 역효과를 가져올 수 있다.

지난 2002년 우리나라 대통령선거에서 한나라당 이회창 후보는 귀족적 이미지로, 민주당 노무현 후보는 서민적 이미지로 고착되어 있었다. 이 상황에서 이회창 후보측이 서민층 유권자들을 공략하기 위해 이 후보의 서민적인 모습을 지나치게 강조하는 광고를 제작하여 방영하였다면 내용과 이미지가 일치하지 않음으로써 너무 인위적인 이미지 조작이라는 인상을 줄 수 있었을 것이다. 이같은 여러 문제점이 지적되고 있지만 분명한 사실은 현대정치에서 정치광고를 이용하지 않고는 효과적인 선거운동을 벌일 수 없다는 점이다.

선거에서 빈번히 등장하는 네거티브 캠페인이나 네거티브 광고는 부정적인 면이 있고 선거분위기를 혼탁시킬 위험성이 있으나 그것 자체가 반드시 나쁘다고만 할 수 없다. 상업광고에서도 비교광고나 경쟁광고가 법적으로 허용되고 있으며 유권자들이 잘 모르는 후보의 단점을 알려준다는 정보제공의 측면도 있다. 지난 2000년 총선을 앞두고 우리나라에서도 낙천 · 낙선운동이 시민단체를 중심으로 전개된 사례가 있다. 이는 대표적인 네거티브 캠페인이라 하겠다. 정치권의 부패와 국민들에게 고조되어 있는 정치불신 속에서 특정후보를 낙선시키자는 운동이 점점 지지를 얻어가고 있는 상황이며 네거티브 캠페인 방식이 하나의 선거운동 방식으로 자리잡고 있는 것이다.

VI. TV토크쑈의 영향력

지난 1992년 미국 대통령선거부터 후보들의 대중매체 활용기법에 큰 변화가 일어났다. 자신의 메시지를 TV광고를 통해 전하는 것에 그치는 것이 아니라 프로그램에 출연하여 시청자인 유권자들에게 직접 다가가는 방식이 등장한 것이다.

즉, 선거 사상 처음으로 토크쇼에 의한 캠페인이 활발해진 것이다. 토크쇼는 원래 전화의 보급확대와 함께 라디오 프로그램으로 발전해왔다. 이와 동시에 TV 네트워크도 토크쇼를 편성하여 시청율 경쟁을 벌이게 되었다.

토크쇼는 TV토론과는 달리 출연한 후보를 끈질기게 추궁하는 것과 같은 질문이 없이 유권자인 청취자나 시청자들과 직접 대화를 나눌 수 있는 형식을 갖는다. 1992년 대선 기간 중 클린턴은 모두 47회, 페로는 33회, 부시는 16회 등 후보들이 모두 96회나 토크쇼에 출연하였다.(뉴만, 2000) 부시에 비해 상대적으로 덜 알려졌던 클린턴과 페로가 토크쇼 출연에 더욱 적극적이었다. 비정치적인 토크쇼 출연은 정치무관심층을 포함한 다양한 시청자들에게 다가갈 수 있는 좋은 방법이었다.

이와 함께 지방방송도 위성방송기술을 이용하여 후보자와의 생방송인터뷰를 실시간으로 뉴스시간에 보도할 수 있었다. 이러한 미디어의 활용은 다음과 같은 특징을 보이고 있다. 첫째, 토크쇼는 지금까지의 일방향적인 대중매체 사용방식이 쌍방향식의 방식으로 전환됨으로써 후보자와 유권자의 직접커뮤니케이션의 길을 열어주었다. 이는 즉각적인 상호반응을 가능케하였다.

둘째, 후보자는 그동안의 중간매체인 미디어를 통하지 않고, 즉 기자의 입을 통한 기사나 뉴스보도를 거치지 않고 직접 유권자에게 자신의 메시지를 전달할 수 있게 되었다. 더군다나 토크쇼는 저널리즘과 오락성을 겸한 것으로 정치에 새로운 활력을 불어넣었다.

셋째, 그동안 기존 대중매체의 보도는 후보자에 대한 비판 일색 내용이 대부분을 차지했다. 그러나 후보자의 토크쇼 출연은 이러한 경향을 피해나갈 수 있게 만들었다.

넷째, 토크쇼는 말을 위주로 한 메시지 전달 및 이미지 형성에서 출연자인 후보자의 제스처까지 포함하는 영상 전체 중심으로 전환되었다. 지난 1992년 미국 대통령 선거의 경우 이같은 변화에서 부시 후보보다는 클린턴 후보가 유리한 고지를 차지하였다.

지난 1992년 클린턴 후보는 부시와의 차별화를 위해 시사문제 토크쇼보다는 오락성이 높은 토크쇼 출연에 더욱 치중하였는데 이는 당시까지 정치적인 것과 비정치적인 것을 구분하였던 미국 TV프로그램 사이의 차이를 매우 애매하게 만들어 버렸다. 미국TV의 아침 토크쇼는 시청자가 대부분 주부들이며 사실 정치와 거리가 먼 가벼운 이야기 거리를 다루는 것이었다. 그런데 여성과의 혼외 스캔들로 곤경에 처했던 클린턴은 오히려 이같은 아침 토크쇼에 출연하여 자신의 스캔들을 적극 해명함으로서 기사회생하는 전기를 마련하였다. 클린턴은 1996년 재선을 위한 대통령선거에서 문제가 되었던 불법적 성격의 정치자금모금에 대해서도 토크쇼에 출연하여 공화당측의 모금액이 민주당보다 많다는 점을 강조하며 쟁점을 흐리게 만들었다. 그리고 불법성에 대한 판정을 명확히 하기 위해 정치자금과 관련된 법을 개정하는 정치개혁을 추진해야 한다고 역공을 취함으로써 위기에서 벗어날 수 있었다.

이같이 토크쇼의 활용과 영향력 증대는 TV프로그램의 모든 영역과 정치가 점점 일치된다는 점에서 현대정치가 말그대로 텔레폴리틱스(telepolitics)화되고 있음을 말해주고 있다. 우리나라도 조만간 대통령 후보자들이 개그맨들이 사회를 보는 토크쇼에 출연하여 가벼운 신변잡기에 대해 대화하고 또 개인기를 보여줌으로써 시청자들에게 접근하려는 시도가 일어날 것으로 보인다.

인용 및 참고문헌

고영복.『현대사회심리학』(서울: 법문사, 1995).

김영석.『여론과 현대사회』(서울: 나남출판, 1996).

김욱. "투표와 기권: 누가, 왜 투표하는가." 이남영 편.『한국의 선거 II: 제15대 대통령선거를 중심으로』(서울: 푸른길, 1998).

김종림, 이남영. "투표자들은 후보자를 어떻게 선택하는가?: 이지과정이론 시각의 분석."『의정 연구』, 제3권, 제 1호(1997).

박종열.『정치선전과 정치광고』(서울: 청림출판, 1987).

브라이언 맥내어 著, 김무곤 · 안민호 · 양승찬 譯.『정치커뮤니케에션의 이해』(서울: 한울 아카데미, 2001)

브루스 뉴만 저, 김충현 · 이수범 역.『대통령 선거마케팅』(서울: 나남출판, 2000).

손병권 · 신유섭 · 이현우 · 임성호.『2000년 미국 대선: 민주주의의 위기인가』(서울: 오름, 2001)

유일상.『선전과 여론설득』(서울: 도서출판 아침, 2001).

이남영.『한국의 선거 Ⅰ』(서울: 나남, 1993)

이정복.『한국정치의 이해』(서울: 서울대학교 출판부, 1995)

이평구.『선거란 무엇인가: 선거전략과 선거운동의 효율적 방법론』(서울: 중앙출판, 1986).

정요섭.『선거론』(서울: 박영사, 1993).

정윤무.『현대정치홍보론』(서울: 경인문화사, 1997).

주관중.『정치공학』(서울: 한울, 1983).

토머스 패터슨 著, 미국정치연구회 譯.『미디어와 미국선거』(서울: 오름, 1999).

홍대식. 『응용사회심리학』(서울: 박영사, 1992).

Campbell, Angus, Gerald Gurin, Warren E. Miller. *The Voter Decides*(Evanston, Ill., Row, Peterson, 1954).

Katz, E., P. F. Larzarsfeld. *Personal Influence*(Glencoe, IL: The Free Press, 1955).

Larzarsfeld, P. F., B. Berelson, H. Gaudet. *The People's Choice*(New York: Columbia University Press, 1948).

Mueller, J. E. *War, Presidents and Public Opinion*(New York: Wiley, 1973).